减肥不吃药

——苗条身材的保健方案

主　编　应　舟
编　著　陆春华
　　　　蔡　明

金盾出版社

内 容 提 要

本书是一本非常实用的大众科普读物。它通过人们在减肥中经常遇到的一些问题，用通俗易懂的语言，科学地阐明了减肥与健康的关系，并针对不同的肥胖原因，传授了正确的减肥方法及减肥前的准备工作，提供了一个切实可行的苗条身材的保健方案，同时指出了当前减肥热中存在的各种有违科学的误区及其危害。本书内容丰富，观点新颖，集科学性、知识性、实用性于一体，适合社会各界需要减肥、希望健美的人士阅读使用。

图书在版编目(CIP)数据

减肥不吃药：苗条身材的保健方案/应舟主编 .—北京：金盾出版社，2006. 12

ISBN 978-7-5082-4322-1

Ⅰ. 减…　Ⅱ. 应…　Ⅲ. 减肥-普及读物　Ⅳ. R161-49

中国版本图书馆 CIP 数据核字(2006)第 130543 号

金盾出版社出版、总发行

北京太平路 5 号(地铁万寿路站往南)

邮政编码：100036　电话：68214039　83219215

传真：68276683　网址：www. jdcbs. cn

封面印刷：北京 2207 工厂

正文印刷：北京兴华印刷厂

装订：双峰装订厂

各地新华书店经销

开本：850×1168 1/32　印张：9. 125　字数：211 千字

2008 年 7 月第 1 版第 2 次印刷

印数：11001—17000 册　定价：18. 00 元

(凡购买金盾出版社的图书，如有缺页、倒页、脱页者，本社发行部负责调换)

前言

健康是幸福人生的基本前提，美丽是灿烂人生的一大财富。健与美自古以来就是人类追求的共同目标，尤其在当今社会，它显得更为重要，更为人们特别是广大女性朋友所关注，已经成为一种时尚。

然而，随着经济的快速发展、科技的日益进步及生活水平的不断提高，人们的体力活动逐渐减少而营养摄入却大大增加。其结果，导致人体发胖，不仅影响了身材，还滋生了多种疾病。这一点，对于生活富裕、条件优越的白领阶层，一年到头应酬不断的场面人士，年过四十的中年人和营养过剩的儿童，表现更突出，问题更严重。在这些人群中，由于少动多食、暴饮暴食、营养失衡而造成过度肥胖，并导致冠心病、高血压、高脂血、高血糖等病症的人，逐年增多。于是，如何通过减肥，保持苗条身材，防治各种疾病，成了社会各界人士普遍关注的一大问题。同时，各种减肥方法也应运而生。但是，其中有不少似是而非的保健观及有违科学的减肥法，不仅误导人们，达不到减肥的目的，甚至对健康造成了危害。对此，必须给予澄清和引导。这也正是我们编写本书的动机与目的。

无数人的经验和教训都充分说明，健美必须讲究科学，减肥务必注意方法。否则，不仅劳而无功，反而有损健康，甚至造成危险。据此，本书以通俗易懂的语言，科学地阐明了减肥与健康的关系，用具体的减肥案例，针对不同的肥胖原因，传授了正确的减肥方法及减肥前的准备工作，提供了一个切实可行的苗条身材的保健方案，同时指出了当前减肥热中出现的各种有悖于科学的误区及其危害。本书内容丰富、观点新颖、科学实用、易懂好学，适合社会各界需要减肥、希望健美的人士阅读使用。

愿本书给您带来健康、美丽与快乐！

编　者

2006 年 8 月

目 录

目 录

第一章 减肥的目的是健康

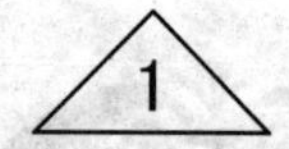

你需要减肥吗

体重的概念

体重是指人体各部分的总重量，它受年龄、性别、种族、遗传、饮食及地理环境的影响。因此，体重是在不断变化的，在某一个时期内相对地保持恒定。对于正常人来说，在某一种场合，每个人每天摄食和饮水得到的，大致与排出的汗液、尿液、粪便以及经呼吸道带出的水分基本相平衡，不会给机体内在生理变化稳定带来很大的影响，由此说来，保持一定的体重水平对整个身体健康都是十分必要的。

标准体重及其测量方法

人有胖瘦之分，体重过轻则为瘦，过重则为胖，那么以什么样的标准来衡量是胖还是瘦呢？这当然必须有个参照值，这个参照值，我们就把它称之为标准体重。目前在我国尚没有统一的标准体重数据。较普遍采用的计算方法有两种：

一种是：

成年[身高(厘米)－100]×0.9＝标准体重(千克)

另一种是：

男性身高(厘米)－100＝标准体重(千克)

女性身高(厘米)－100＝标准体重(千克)

以上两种计算方法,基本已被广泛采用。

此外,军事科学院还推出一种计算中国人理想体重的方法:

北方人理想体重＝[身高(厘米)－150]×0.6＋50(千克)

南方人理想体重＝[身高(厘米)－150]×0.6＋48(千克)

这一计算方法,似乎比较适合南北地区中国人。

但是,由于人的体重与许多因素有关,不同人体之间有差异,一天不同的时间也会有一定变化,加之地理位置(如地心引力的原因)、季节、气候、自身情况的不同,对体重也有一定影响,因而很难完全符合标准体重。也就是说,难以用一个恒定值来表示,而应当是一个数值范围,我们把这个数值范围称之为正常值,一般在标准体重±10%以内的范围。超过这一范围,就可称之为异常体重。

超重与肥胖

人的体重增加,与诸多因素有关,其中脂肪组织的堆积过多是一个重要方面。除此之外,组织或体腔中水分过分潴留,以及肌肉发达等,也可使体重增加。

一般来说,超过标准体重的10%,称为超重;而超过20%,就属于肥胖了。肥胖又根据超过标准体重的程度而分为轻度肥胖(超重20%)、中度肥胖(超重30%)和重度肥胖(超过50%)。但是健美运动员,即便体重超过20%,亦不属于肥胖范畴。

判断肥胖的方法

肥胖,除了用体重超重百分比来判断外,还必须考虑其他因素。由于引起体重增加的原因不只是脂肪组织增多,诸如运动员(特别是健美运动员)的肌肉发达,或者重度水肿的患者,他们的体重都有可能超过正常值范围,但不一定属于肥胖。相反,体重没有达到超重体重者,并非就不是肥胖者。

因其生活安宁,缺乏运动,热能没有消耗,脂肪在体内积聚,肌肉相对减少,其功能性的细胞组织减少,肌肉组织被脂肪组织与结缔组织所代替,但因其身体的脂肪超过正常,也属于肥胖。还有一种是局部脂肪堆积过重者,如"大福肚子",虽体重未超过标准体重20%以上,也可称之为"腹型肥胖"。

因此,目前有许多国家,如美国、日本等国,也根据皮脂厚度或脂肪组织在总体重中所占的比例来判断肥胖的程度。但这些检查方法比较麻烦,且肥胖者的外观比较明确,这一方法的应用尚不普遍。就目前来说,仍广泛采用身高和体重来推测。

肥胖的几种类型

肥胖有多种不同的分类方式,通俗的方法是将其分为单纯性肥胖、继发性肥胖和药物引起的肥胖。

①单纯性肥胖。单纯性肥胖是各类肥胖中最常见的一种,约占肥胖人群的95%左右。这类病人全身脂肪分布比较均匀,没有内分泌紊乱现象,也无代谢障碍性疾病,其家族往往有肥胖病史。这种主要由遗传因素及营养过度引起的肥胖,称为单纯性肥胖。

②继发性肥胖。是由内分泌紊乱或代谢障碍引起的一类疾病,约占肥胖病的2%~5%。肥胖只是这类患者的重要症状之一,同时还会有其他各种各样的临床表现。多表现在皮质醇增多症、甲状腺功能减退症、胰岛β细胞瘤、性腺功能减退、多囊卵巢综合症、颅骨内板增生症等多种病变中。治疗时,主要治疗原发病,运动及控制饮食的减肥方法均不宜采用。

③药物引起的肥胖。有些药物在有效地治疗某种疾病的同时,还有使患者身体肥胖的副作用。如应用肾上腺皮质激素类药

物(如去氢考的松等)治疗过敏性疾病、风湿病、类风湿病、哮喘病等,同时也可使患者身体发胖。这类肥胖患者约占肥胖病的2%左右。一般情况而言,只要停止使用这些药物后,肥胖情况可自行改善。遗憾的是,有些患者从此而成为“顽固性肥胖”患者。

正常人体的脂肪比重及含量

脂肪是人类身体结构的重要组成部分。一个体重65千克的男性,其身体的脂肪含量约9千克,约占体重的13.8%。脂肪是储备人体能量的形式,包括皮下脂肪、内脏周围的脂肪层等。

那么,正常人体的脂肪比重是多少呢?从外科手术中移出的体脂,即手术中必要时弃去的部分,经乙醚抽提出来的脂肪,在37℃时,其比重为0.9000克/毫升。不同性别和身体各部位所测得的脂肪比重,其变异甚微。可以认为用比重法测出的体脂比重从而求出全身脂肪的比例是个比较可靠的参考数据。但应注意温度的改变,常常改变脂肪的体积。平均每改变1℃,脂肪的比重改变为0.00074克/毫升(在15℃～37℃范围之内)。所以发热病人及体温过低之人的体脂体积是有变化的。

到底人的脂肪含量是多少呢?每个人的体重不同,体脂含量当然就有差异。国外有人以测量体内水含量求体脂。布鲁兹克综合了由化学法分析人体水的含量,其平均值是,当年龄为35.3岁,身高176.8厘米,体重65.4千克时,身体中的水含量为62.6%,脂肪为15.3%,蛋白质为16.4%,灰分为5.7%。

不管采用怎样的测量方法来求体脂,成年男子的脂类含量约占体重的10%～20%,女子稍高。这种脂肪的含量随着营养状况和活动量的多少而有所变化。饥饿时,能量消耗,体内脂肪不断减少,人体逐渐消瘦。反之,进食过多,消耗减少,体内脂肪增加,身体则逐渐肥胖。

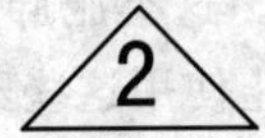

你的减肥动机是什么

为什么想减肥

从现在开始要减肥的你，好好想清楚“为什么想减肥?”首先，问你 14 个问题。将答案以“○”或“×”填入解答栏之后，再详细阅读后面的说明。

①想成为周围朋友中姿态最好的一位。

②想报复以前批评自己身材的人。

③因为每个人都说你瘦比较好看。

④想变成像××般漂亮。

⑤想变成电视中的××人。

⑥不想让周围的人老盯着自己看。

⑦苗条美丽后可能会有艳遇。

⑧胖是很难看的。

⑨想穿橱窗中的那件漂亮的衣服。

⑩能充满自信地穿上泳装。

⑪想要更有自信。

⑫身体活动轻巧将会变得更积极。

⑬想对运动更在行。

⑭不会因为只爬几层楼梯就喘个不停。

以上的问题中，你在哪几项做了记号呢?

①		④		⑦		⑩		⑬	
②		⑤		⑧		⑪		⑭	
③		⑥		⑨		⑫			

在①～③中画“○”者:得赶紧抛弃现在的想法。

意即,理想中的减肥,并非因不服输而生竞争之心,或不知所以然的心态下贸然尝试;而是为了要维护健康,开拓未来亮丽人生的想法下,所实行的减肥。减肥并非是和他人竞争、比赛之事。

在④～⑩中画“○”者

因④～⑩中画“○”的理由而开始减肥的人很多。圈中这些项目的你是个非常受周围人们欢迎的纯真女孩,希望你抱着这份纯真去开始你的减肥计划吧!

在⑪～⑭中画“○”者

在⑪～⑭中画“○”的人,非常了解自己的身体状况,相信你并非是那种只为能减轻体重而减肥的人。

如果在你心中有一点“只要能减轻体重就好”的想法,建议你要马上抛弃这种想法。因为即使要减肥也要以不失青春光彩的健康方式来实行。

不适宜减肥的人

为了解你是否为不适宜或不可以减肥的人,请检视以下列举的项目。

[易厌倦的人]

世上有一种无论做什么事都无法持久的人。但减肥是和自己的战斗,并且也是为了使自己拥有自信,凡事请多忍耐多努力。

[对食物挑剔的人]

挑食的人在营养方面一定不能获得均衡，这不仅对健康有害，同时也是造成肥胖的因素。为了能健康地减肥成功，请做好不挑食的心理准备。

[易疲倦的人]

正在求学的你，对各方面都有极大的期待，据此可能会因压力或紧张而容易感到疲劳。此时减肥可能会对身体产生不良影响，因此需要充分的休养以便恢复体力。

[身体不适的人]

不论身体哪一部分感到不适时，都不可以开始减肥，需先从调养着手，因为身体的不适将有碍健康。

[不胖的人]

虽然周围的人不觉得你胖，但自认为胖而想减肥者不在少数，你的理想体重可以简单地计算出，如果低于理想体重则绝对不可以减肥。

如果你是属于上述任何一种类型，请先治好你的症状，成为适宜减肥的人之后再开始减肥。

检查你的体重

“好羡慕喔！我的朋友小娟吃什么都不会发胖，而我不吃甜食，却反而体重会增加。”诸如此类的话，你一定至少也说过一次。这可能是因为你的朋友属于不易发胖的体质，而你则属于易发胖的体质。因此，先了解你的体质后再下定决心减肥吧！

你是属于哪一型呢?

①你不是易发胖体质,只是因为生活步调与方式不正常而超重。饮食习惯及日常生活的步调如能改变,则你的减肥计划将能成功实现。

②一定要说的话,你应属于饮食习惯与每天生活步调之因的发胖型。但无须担心,只要维持快乐的心情健康地减肥,必定能变为美丽的女孩。

③你是属于稍易发胖型体质,加上不规律的饮食生活而发胖。首先从恢复正常饮食生活做起,如此减肥必能成功。

④老实说,你是易发胖体质,但是别因此而绝望,只要下定决心减肥,从调整饮食及生活步调做起,你也可以成为漂亮的女孩。

⑤无论如何,你是易发胖体质,将比不易发胖的人更要多吃点苦。但不必担心,首先从调整饮食习惯及日常生活步调做起。

依此,便可以确定,无论你是属于①～⑤中哪一型,你的减肥都不会白费。

你了解有关肥胖的知识吗

生理性肥胖和病理性肥胖

生理性肥胖是指在正常生理情况下,由于人体自身的需要,使脂肪蓄积过多的状态。这种肥胖对机体是有利的,如婴儿期的肥胖、妊娠期及哺乳期的肥胖等。另外,个别特殊职业也需要机体有较多的脂肪蓄积，如相扑运动员、举重运动员等；只有个别肥胖者，会出现胸闷、出汗、气短等症状，但仍属于单纯性肥胖之列。

病理性肥胖包括的范围比较广，但主要指由于某种疾病引起的肥胖，如柯兴氏综合征、甲亢性肥胖等，单纯性肥胖如出现较严重的并发症则意味着肥胖已成为病理性肥胖。

实际上，以上分法只是一种理论上的区分方法，在临床上很难衡量它们，一般只以是否出现病理性改变为区别点。但是，不论病理性肥胖还是非病理性肥胖，它们都可以相互转化。生理性肥胖进一步加重会产生病理性改变，成为病理性肥胖；反之，经过合理的治疗，病理性肥胖不断得到改善，也可变为生理性肥胖，逐渐恢复正常体质。

导致肥胖的常见原因

只要稍加注意，不难发现，近年来，在诸多报刊、杂志中，载有不少有关肥胖成因及治疗方面的论述，出现过许许多多的治疗方法、治病药物。姑且不论其治疗效果如何，就从其分析肥胖原因的结论来看，太过片面，甚至有的还缺乏理论依据。其实，引起肥胖的因素是相当复杂的，概括起来，基本上有以下一些主要原因：

◎遗传与环境因素

相当多的肥胖者有一定的家族倾向，父母肥胖者其子女及兄弟姐妹间的肥胖者亦较多，大约有 1/3 左右的肥胖者与父母肥胖有关。

◎物质代谢与内分泌功能的改变

肥胖者的物质代谢异常，主要是碳水化合物的代谢、糖代谢、脂肪代谢的异常，内分泌主要是胰岛素、肾上腺皮质激素、生长激素等。

◎能量摄入过多，消耗减少

能量摄入过多主要表现在食欲亢进，消耗减少是因为活动减少及摄入与排出的不平衡。

◎脂肪细胞数目的增多与肥大

脂肪细胞数目的逐渐增多与年龄增长及脂肪堆积程度有关，很多从儿时开始肥胖的人，成年后仍肥胖则体内脂肪细胞的数目就明显增多；而缓慢持续的肥胖，则既有脂肪细胞的肥大又有脂肪细胞的增多，一个肥胖者的全身脂肪细胞可比正常人脂肪细胞增加 3 倍以上。

◎神经精神因素

表现为对某种食物的强烈食欲，以及人们通过视觉、嗅觉和人为地吞食比赛的刺激反射性地引起食欲、食量倍增，还有某些精神病人的食欲亢进症等。

◎生活及饮食习惯

如欧洲人过多地食肉及奶油、游牧民族大量食肉、南非人过多食糖，等等。

◎其他因素

如性别不同、年龄差异、职业考虑、环境因素、吸烟饮酒等。

然而导致肥胖产生，一般都是几种因素综合的结果，因此，在临床治疗时，大多采取综合性治疗方案，效果较佳，也就是说任何一种治疗方法和治疗药物,其减肥的有效率都是不可能太高的。

脂肪与肥胖的关系

人体内的脂类,分成两部分,即:脂肪与类脂。脂肪,又称为真脂、中性脂肪及甘油三酯,是由一分子的甘油和三分子的脂肪酸结合而成。脂肪又包括不饱和与饱和两种,动物脂肪以含饱和脂肪酸为多,在常温下呈固态。相反,植物油则以含不饱和脂肪酸较多,在常温下呈液态。类脂则是指胆固醇、脑磷脂、卵磷脂等。综合其功能有:脂肪是体内贮存能量的仓库,主要提供热能;保护内脏,维持体温;协助脂溶性维生素的吸收;参与机体各方面的代谢活动;等等。

脂肪尽管有多方面的功能和作用,但它在体内的含量是有一定限度的,过多则会影响机体的代谢活动,产生许多疾病。这也就是人们常说的:"肥胖是疾病发生的温床。"那么到底在什么范围内的脂肪含量才算正常,超过多少量就算肥胖呢?这在前面"你需要减肥吗"一节中的"正常人体的脂肪比重及含量"一点中有阐述。总的来说,脂肪含量的增高与肥胖程度成正比。

当然,我们也观察到一些局部肥胖的患者(如腹型肥胖),脂肪含量在他们总体重量中并不显得特别高,但那些脂肪却足以使其生活得"行动不便"。而另一方面,发育成熟的女性在胸腹及臀部略微增厚的脂肪,又使她们变得丰腴迷人。

因此,可以这样说,脂肪的增加并非就是一种可怕的现象。遗憾的是,过多的脂肪的确给肥胖者带来不少麻烦,诸如行动不便、怕热、影响体型、易产生疲劳、易患各种疾病,等等。对此,我们的确要下决心,把那些多余的脂肪赶出体外为好。

蛋白质与肥胖的关系

众所周知，蛋白质是好东西，在有关营养学方面的报刊、杂志中，均将此作为重要内容，作了全面介绍。在饮食上，要求每位成人每天大约需要摄入 30～45 克蛋白质，才能足以使身体正常运转。那么，什么是蛋白质呢？它又有何作用？为什么要天天摄入一定量？

在生物学中，蛋白质被解释为是由氨基酸藉肽键联接起来形成多肽，然后由多肽联接起来形成的物质。通俗些说，它就是构成人体组织器官和支架的主要物质，在人体生命活动中，起着重要的作用，可以说没有蛋白质就没有生命活动的存在。每天的饮食中蛋白质主要存在于瘦肉、蛋类、豆类及鱼类中。

蛋白质的多少本质上与肥胖没有多少关系，因为蛋白质和脂肪是不互相转换的。只是蛋白质在每天的新陈代谢中都要不断消耗，消耗的量也相对稳定，一旦摄入不足，则可见其人“日见消瘦”。我们知道，任何一位肌肉发达的人，他的皮下脂肪组织一定是相对较少，一方面是由于发达的肌肉需要不懈地锻炼，锻炼的结果是消耗脂肪，强健肌肉；另一方面，也正是因为皮脂厚度低，才得以显现出发达的肌肉组织。

因此，尽管有些肌肉很发达（如健美运动员）的人，即便体重超过标准体重 20%，也不能算是肥胖，也就是说，肥胖只是就脂肪组织的相对过量而言。

糖与肥胖的关系

糖是组成人体的重要成分之一，虽仅占人体体重的 2%，但从食物中进食的糖量却远比蛋白质和脂肪多。因此，糖是人体的主要供能物质，在正常生理情况下，约 70%的能量是由糖提供的。

那么，什么是糖呢？从食物中的糖类来看，主要有：

多糖：淀粉、糖原（占主要）。

双糖：麦芽糖→葡萄糖＋葡萄糖；

蔗糖→果糖＋葡萄糖；

乳糖→半乳糖＋葡萄糖。

单糖：葡萄糖、果糖、半乳糖。

食物经消化吸收进入人体内的单糖主要是葡萄糖，少量的果糖和半乳糖被吸收后，在肝内也几乎全部转变为葡萄糖。因此，体内糖的代谢，实际上是以葡萄糖代谢为中心的。血液中所含的糖主要是葡萄糖，简称血糖。正常人早晨空腹时，每升静脉血液含葡萄糖为 3.3～5.55 毫摩尔/升。在神经和内分泌等体液因素调节下，使血糖的来源和去路维持一种动态平衡。

有人提出疑问，说为什么不吃肥肉光吃馒头也长得那么胖？那是因为糖除用于每天的能量消耗外，多余的糖一方面合成肝糖原、肌糖原，以供“临时”（指在人体一时摄入不足时，为生命活动提供应急“物资”）使用；另一方面则转变成脂肪或与其他物质分解-合成氨基酸等，而一般情况下，转变成脂肪的量远远大于其他形式。

如果人每天摄入超过消耗的能量的饮食，哪怕只是糖类，结果也会是日见增重。相反，在每日摄入能量不足时，机体就会调用“仓库”中的脂肪，来满足能量消耗。由此，脂肪就被慢慢消耗一些，体形也就变得“苗条”了。运动与禁食（或控制饮食量）减肥疗法，就是源于这一原理。

另外，肥胖者只要出现血糖值异常，就应尽早检查是否有糖尿病的隐患。因为在我们调查的肥胖者中，糖尿病的发病率比正常人高近 1 倍，且这类病人多属非胰岛素依赖型，大多只要体重降至正常，糖尿病的情况也就缓解了。

胰岛素与单纯性肥胖

胰岛素是胰岛β细胞所分泌的一种激素，其化学本质是蛋白质。其主要生理功能是调节糖代谢，同时对脂肪和蛋白质代谢也有调节作用。

胰岛素对脂肪代谢的调节作用，能促进脂肪细胞的葡萄糖转变成中性脂肪并贮存起来，同时还能抑制贮存脂肪的水解，使血中游离脂肪酸减少。此外，胰岛素对脂肪酸的氧化分解也有抑制作用。因此，我们可以推知，肥胖开始时，也许与胰岛素水平的增高有一定关系。事实上，研究的结果，正好证明了这一观点。

经过测定发现，肥胖人空腹血浆胰岛素水平升高，胰岛素对碳水化合物负荷的反应增强，口服或静脉注射葡萄糖时，能够刺激胰岛素升高，引起肥胖，所以人们把餐后胰岛素浓度大增看作是肥胖的一个特征。其发生原因是肥胖者对胰岛素的敏感性较低，需要较多的胰岛素才能促进血中葡萄糖进入肥大的脂肪细胞，因此，要使基础血糖及进食后血糖稳定在正常水平，肥胖者所分泌的胰岛素量较一般人要多2～4倍。然而长期处于这种情况下，胰岛β细胞易劳损乃至衰竭，最后导致胰岛素分泌不足，产生糖尿病。

因此，单纯性肥胖者，在开始阶段胰岛素多呈升高趋势，然后渐渐下降，直到后来胰岛素产生不足或缺乏，产生糖尿病。这就是为什么20岁以上的糖尿病患者80%为肥胖者的原因。

肥胖人的血液流变

人们常说肥胖人“血稠”，因此，血液流变检查是判断血液是否黏稠的重要手段。

血液流变学是研究血液和血管的宏观与微观流变特性规律及

在医学等领域内应用的科学。它是生物流变学的重要组成部分。通过对血液黏度、黏弹性、流动、凝聚等流变特性,以及红细胞变形与聚集、血小板聚集、纤维蛋白原等的测定,能够判断肥胖人易患疾病的情况,从而进行预防性治疗。

肥胖人的血液流变检查有哪些变化呢?有人研究发现45%的肥胖人的全血黏度、血浆黏度、红细胞电泳、血沉、血小板聚集率、纤维蛋白原均明显升高,其中以全血黏度低切率值,血沉的增高最为明显。如肥胖合并其他病变如血流变检查的异常,则与疾病的严重程度有关。轻型糖尿病肥胖人的血沉、纤维蛋白质、红细胞电泳等变化较明显。

了解血液流变学的特征,在于通过降低血液黏度,稀释血液,使用降低纤维蛋白原的药物,降低红细胞与血小板的聚集性,对抗血纤维蛋白的形成,能够尽早地预防脑中风、冠心病、糖尿病等严重并发症的发生。

生长激素与肥胖的关系

生长激素是腺垂体嗜酸性细胞分泌的蛋白质类激素,它的作用主要是促进蛋白质的合成代谢,增进机体的生长、发育。此外,还调节糖和脂肪的代谢。

在我们的肥胖门诊经常碰到这样的提问:“我的体重增加这么快,是不是生长素分泌过多引起的?”、“肥胖是不是与生长素过多有关?”等。人们似乎感觉到生长激素是肥胖产生的一种重要原因。那么,情况到底如何呢?肥胖人的生长素高吗?要回答这个问题,我们不妨先来看看生长激素的功能和作用。

生长素的作用,是促进蛋白质的合成,增进全身各组织器官的生长,特别是明显地促进骨和软骨组织的增长,突出表现在身材的增长。这是由于生长激素可直接促进氨基酸由细胞外向细胞内转运，同时促进细胞内核糖核酸和去氧核糖核酸的合成，使蛋白质生成增多，逐渐增加细胞的体积和数量，体现为生长。

幼年期生长素分泌不足时，产生侏儒症，相反，分泌过多时，则引起骨骼过分生长，产生巨人症。成年后，如果分泌过多则易引起内脏增大和短骨增粗、增长等现象，临床可见肢端肥大症（与肥胖有一定区别）。此外，生长激素还有生尿糖作用，主要是其能阻止葡萄糖进入细胞内。

这里必须特别提到的是，生长激素的生酮作用。它可加速体内贮存的脂肪水解，增加血中游离脂肪酸，同时也使脂肪氧化加强，生成的酮体增多。

因此，我们知道，生长激素在人体中的作用，一方面是促进身体增长和蛋白质合成，另一方面又阻止糖类的吸收和加速脂肪氧化。结论显而易见：肥胖人生长激素不会增高，垂体前叶的某些激素起到动员脂肪的作用，其中最重要的就是生长激素。分析表明，如果肥胖者生长激素分泌反应减弱，不论是给葡萄糖或注射精氨基酸，肥胖人的生长激素分泌量还是不如正常人，可见生长激素并不刺激肥胖。

肥胖与免疫

“知己知彼，百战不殆”，这是一句很有名的古代军事术语，人若不生病，其自身的防御和识别能力就很完善，这一系统就是人们常说的免疫。

免疫是机体的免疫系统识别“自己”与“非己”成分，并排斥异构物质的生理功能。机体异常时可产生自身组织的损伤作用，其主要功能有三，即：一是防御作用，即抗感染免疫，作用过强时表现为变态反应；二是维持机体内平衡，如去除老损或受损细胞，作用过强时表现为自身免疫；三是免疫监督，即去除经常在体内发生的异常细胞变种，当作用减弱时，容易出现恶性肿瘤(如老年人)。肥胖人表面看来很壮实，而事实上是“徒有虚表”。肥胖人的免疫功能怎样呢?

日常生活中你会见到肥胖人易患感冒，却不易很快好转；肥胖人运动后会气喘吁吁；肥胖人皮下常起“疙瘩”。这些都表明肥胖人的防御系统出了问题，免疫功能低下。

肥胖人的免疫功能低下能否改变，完全取决于减肥效果如何。免疫是人体抵抗病毒、病菌和毒素进入体内的一种防御功能，由吞噬异物的巨噬细胞、攻击异物并形成抗体的T细胞及β细胞共同承担。专家就曾对肥胖男性组减肥前和标准体重组比较，巨噬细胞吞噬异物的能力比正常组低20%，T细胞能力则低30%，但减肥后，巨噬细胞的吞噬能力却和标准组的一样，T细胞的机能也恢复了正常。

提高肥胖人的免疫机能有助于避免感染，增强体质，最佳的办法就是减肥或根治疾病。

肥胖与吸烟

香烟中含有尼古丁、焦油以及其他一些含苯类的有毒物质。烟雾进入肺可引起咳嗽，特异性体质之人还会引起肺癌；烟雾进入胃内，则刺激肠胃的蠕动，使消化功能增强，长时间的烟雾刺激能抑制食欲，令人消瘦。

戒烟本是件好事，但对于许多昔日的“烟民”来说，又意味着新的挑战。美国疾病研究中心(CDC)的研究结果表明，美国人在戒烟以后会增加体重，男性平均增加2.8千克，女性平均增加3.8千克。尤其是年满55岁、每天吸烟在15支以上的人更容易在戒烟后变胖。这是为什么呢?

研究人员发现：确实有一定的情绪和行为上的原因，包括那种喜欢往嘴里放东西的习惯。烟草中的尼古丁加速了整个生理功能,特别是人体代谢食物的频率,尽管吸烟大多是在空闲时间。过分的吸烟常使人的心率加快,吸烟者的心跳平均为每分钟 84 次,而不吸烟者心跳平均为每分钟 72 次。一旦停止吸烟,代谢变缓,食物消耗缓慢,体重就会增加。

戒烟的人时常会重新勾起“烟瘾”,而各种情况迫使其戒烟时心中似有一种空虚感,并想吃甜的食物。这是因为尼古丁降低了血液中的胰岛素水平,从而减低了人对甜食的欲望,去除了尼古丁的作用,血液中的胰岛素水平常会提高,人就倾向于吃更多的甜食。

那么,是不是就可以用吸烟的办法来减肥呢?事实上并非如此,吸烟给人体带来的危害远比体重的超标所造成的危害大得多。相当多的病人死于与吸烟有关的疾病。是不是我们中国人也会像美国人一样呢?尽管我们没有做过大规模的流行病学调查,但在临床中却发现许多消瘦病人戒烟后,面部光泽有了明显的改善,但体重并没有明显地增加,个别人的增加与饮食习惯的改变有密切的关系。

肥胖与饮酒

酒在中国有着相当长的历史,每一种名酒都有着悠久的历史文化渊源。贵州的茅台、江西的四特、北京的二锅头、青岛的啤酒,都是人们逢年过节、生日喜庆、亲朋好友欢聚一堂的佳品;而绍兴的黄酒、承德的八珍御酒更是带有传奇色彩的保健酒;同仁堂的国公酒、骨刺消痛液等饮誉中外。那么什么样的酒能引起肥胖呢?

主要是啤酒和白酒。

酒的主要成分是酒精(乙醇),啤酒的酒精含量较低,仅为 1.5%～4.5%,对身体危害较小,但能获得较高的营养价值,如维生素、酵母、矿物质、各种氨基酸和糖类。啤酒中的啤酒花、鲜酵母、二氧化碳，甘甜爽口，能刺激消化液的分泌增加，促进食欲，帮助消化。每瓶啤酒大约能产生 2092 千焦耳左右的热量，故人们把啤酒称为“液体面包”。而饮酒时食入的美味佳肴，使人进食过高的热量，就使热量过量，作为脂肪蓄积于皮下引起肥胖。

白酒含很高的酒精，为什么也会引起肥胖呢？这主要与酒精引起的脂肪肝有关。酒精刺激酶类的活性，降低脂肪酸渗入磷脂和胆固醇脂中去的途径，间接引起甘油三酯增多，脂肪转化增加，加之饮酒时食入高热量菜肴，进一步加重了肝脏对能量转化的阻碍，大量皮下脂肪堆积引起肥胖。

酒能兴奋精神，消除疲劳，少饮有利，多饮弊多，要根据自己的体质差异，适量而有节制地饮酒，并少吃一些主食，就能达到兴利除弊的目的。

肥胖与人的情致变化

七情六欲，人皆有之，肥胖人亦不例外。难道情致变化也会使人肥胖吗？答案是肯定的。

肥胖症的多因性，饮食习惯与食量是重要原因。而性格沉闷喜静的人，在情绪波动时有 74％的肥胖症患者食量会增加，而非肥胖症者在有心理障碍时却吃得很少。有关专家在 1974 年指出，美国黑人妇女的肥胖症发病率比白人中产阶级妇女高 2～3 倍。收入少、社会地位不稳定，使他们多食、爱吃甜食而发胖。50％肥胖症有周期性贪食现象，自我无法控制。爱吃甜食、多食、饮酒及社会不良应激反应皆可促发肥胖症。

性格内向的勤奋青年，工作成绩突出，饮食良好，情绪稳定，会使体重在一年内迅速增加。在经历了一些生活事件后，如转校、结婚、生产、闭经、疾病、手术及精神刺激等，会随着生活的改变，食欲增加，而脂肪积累增加，形成肥胖。

肥胖与饮食习惯

尽管人们常开玩笑说："发胖的人，光喝凉水也长肉"，其实不然。在肥胖人群的调查中，发现肥胖者与饮食习惯有着十分密切的关系，事实也是如此，不进饮食，"肉"从何来？

人们进食量的多少是依靠食欲（饥饿感）和饱腹感这两种主观感觉来进行调节的，当有了饥饿感就促使人们进食，吃进了一定的食物后，便出现饱腹感，而使人们停止进食，这一调节机制是通过丘脑下部的饥饿中枢和饱食中枢来完成的。但通常在什么时间进食，进食多少后停止，则在很大程度上取决于习惯和生活方式。观察发现，习惯于好食、多食的人常常肥胖，同样，肥胖的人都习惯于多食、贪食，并有食欲亢进等。有些人平时习惯进食大量食物，作为一种爱好，而不是因为饥饿，在有些家族性肥胖中，其父母的饮食习惯常影响子女，常都有多食、贪食的不良习惯。这种习惯在青春前期和青春期，对引起肥胖症的关系不明显，而到中老年后，运动量减少，而饮食习惯不变，往往易致热量过剩而转化为脂肪堆积，造成中老年性肥胖。

在饮食习惯中，进食的频次减少也会促进肥胖，成人若是少餐多吃会使脂肪沉积，而增加体重，同时还容易升高血清胆固醇而降低糖量。有人做动物试验证明，每天给受试动物两次较自由饮食的其体重增加明显。其肠道对糖、脂肪吸收加速，糖合成增加，脂肪新生明显。

就饮食嗜好来说，喜欢吃甜食、油腻食物，及喜欢吃稀汤及细软食物而不愿吃纤维素食物的人，容易发生肥胖；而好吃零食及食后喜静卧的人，肥胖发生率也较高。另外，饭前喜欢少量饮酒之人，也易肥胖。

肥胖与职业

选择适合自身的职业是人们的追求，长期从事某种职业的人，会对人的体型有一定的影响。从事什么样职业的人会使人的体型变胖呢？

体能消耗少、工作规律化、从事室内工作的人多有肥胖倾向，如教师、炊事员、行政工作人员和一些特殊职业的工人。经过调查发现，许多整天坐着工作的人，大多数人腹部都有些肥胖。炊事员由于每天受芳香气味的刺激，加之每日进食过多的高能量饮食，肥胖的发生率多达 60.4%，食品厂和啤酒厂的工人中，肥胖者多达 44.8%(其他单位的人肥胖发生率仅为 15.9%)。

如，北京某粉丝厂的工人有半数以上的人有肥胖的历史，有 1/3 的人有糖尿病史。另外，长期坐办公室的人，约有 80%的人有轻中度肥胖。调查研究发现，脑力劳动者的肥胖发生率高于体力劳动者，城市居民的肥胖发生率高于农村。

第二章
减肥前的准备工作

你了解以前的生活形态吗

找出肥胖的原因

◎减肥前先花一周的时间记录自己的行为

发胖一定有其原因，如果只是“吃得过多”与“运动不足”，就太容易解决了。果真如此，就必须改善日常的饮食习惯和生活态度。肥胖者大多有“爱吃零食”、“不吃早餐”、“晚上吃得很多”等不良习惯，日积月累下来，当然会导致肥胖。

因此在考虑该如何减肥之前，应该先了解自己为什么发胖？这样也许会发现一些连自己都感到意外的行为。所以切勿等闲视之，赶紧利用一个礼拜的时间，将自己与饮食有关的行为，以及其他的生活习惯记录下来。

“几点吃了多少东西”、“上班或做家务花费多少时间”、“花几分钟步行购物”、“在工作地点是爬楼梯还是利用电梯”，所有的事都要详加记录。

◎由记录了解问题所在，估计减肥中的目标

做出一周的记录，就能以客观的角度审视自己的生活，因而，也就能较准确地找出导致肥胖的原因。

像“和孩子一起吃点心”、“睡前吃下许多点心或零食”、“经常

吃用油烧出的菜”、“工作地点即使很近，也要搭公车前往”等。

将其中特别被认为是问题所在的部分，逐条书写下来。这些行为也就是导致肥胖的原因，所以要把消除这些行为，当作是减肥的目标。

要有不会导致肥胖的生活形态，就必须改正已成积习的不良生活习惯，这样不仅能够减肥，在成功后，亦有助于维持体重。

◎一次吃一点可立即了解自己的饮食形态

饮食日记的目的之一，便是使每日食量能一目了然。有些人自信不做记录也能掌握饮食状态，但是像零食等物，常会在无意识中吃多了。

日记对于检查这种无意识的过量非常有效，可以提醒你“今天吃了 2 斤饼干，明天只好忍耐着吃 1 斤啰！”，因此隔天摄取的热量应该能减少。

如果持续 2～3 周记录饮食，就能大致归纳出自己的饮食生活形态。也许你不是一次吃很多东西，但一日多餐；或者虽然一天只吃二餐，但每餐食量都很大；或许早餐、午餐吃很少，但晚餐却吃太多；或者经常在外用餐，在家以吃速食品为主；等等，以上都是典型容易发胖的饮食习惯。

记录自己的活动量

◎与饮食日记对照检查热量的收支状况

就如同记录家计簿一般，食量就是收入，而平常活动量则为支出。设立家计薄的目的，是为了检查收入与支出的费用，防止无谓的浪费，减少赤字、增加储蓄。

用于减肥方面，目的是要巧妙使用脂肪储蓄，所以需要收入与支出的明细表。

和家计簿不同的是：应该尽量增加支出，形成赤字。

◎肥胖者有活动量较少的倾向

很多人觉得自己没有吃许多东西，但却发胖了，为什么呢？原因大概是你每天待在家中，无所事事吧！经常依赖电梯或升降梯，绝不爬楼梯；或者只是到附近买东西都要开车……

将肥胖者与标准体重者的运动量相比较，就会发现原本比较需要运动的肥胖者，活动量反而比较少。一旦肥胖时就更懒得活动沉重的身体，希望轻松的生活、轻松的行动。结果虽然食量不多，脂肪蓄积情形却和过食不相上下。

所以要多参加体育运动，度过充满活力的每一天。理想的状态是一日步行一万步以上，从生活本质上加以改善。

2

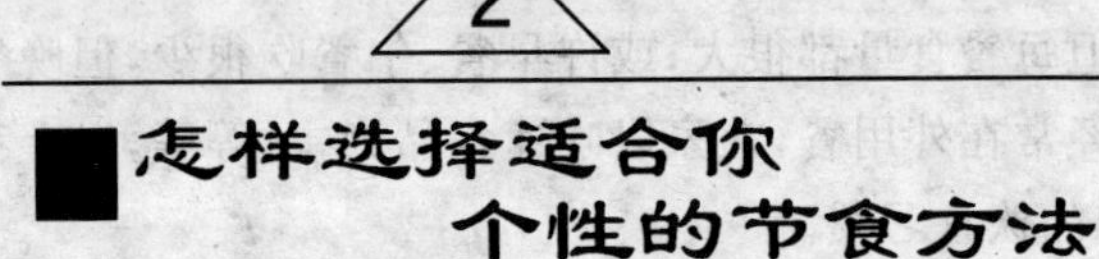

■怎样选择适合你个性的节食方法

检查你的饮食习惯

[类 型 一]

一坐下就能吃下一大堆食物。

你认为人生三大享受之一，就是晚上边看电视边吃光一大盒巧克力。

独处、忧虑不安或无聊的时候，必须以食物填补空虚的心灵。

每次吃泻药减肥后，就会觉得自己“好可怜”。

［类 型 二］

谈起话来滔滔不绝，如果旁边没有人和你说话，就会浑身不自在。

嘴里必须经常嚼东西——不论口香糖、棒棒糖，或是小西点，都能令你精神百倍。

每次经过面包店或餐厅，就会有饥饿感，即使胃里已塞满食物，也不例外。

对各家餐厅的招牌菜如数家珍。

在卧室里藏了一大包杏仁巧克力。

［类 型 三］

喜欢阅读美食杂志和食谱。

对现成的速食毫无兴趣。

注重食物的“色、香、味”，以及餐厅气氛。

宁可走 20 分钟去“远近驰名”的面包店选购，也不愿意在附近小面包店购买。

［类 型 四］

只吃全麦面包。

对于爱吃的点心，不仅仅限于品尝，而且烹调技术高超。

［类 型 五］

经常工作到很晚，每天要 8 点钟以后才能吃晚饭。

有很多推不掉的应酬，一星期至少3次。

时间表排得很紧凑，根本没时间去计算卡路里，或进行节食计划。

在外面吃饭，比在家吃饭的时候多。

[类 型 六]

讨厌一个人吃，或进行节食计划。

需要别人不断的鼓励，才能坚持节食计划。

天生广结人缘——喜欢和很多人做朋友。

朋友知道你正在减肥，却故意请吃意大利脆饼、炸鸡或冰激凌，你很难拒绝。

[类 型 七]

认为最“可口”的食品是既便宜，分量又多，而且包装精美。

不管谁，只要能给你一个麦香鸡，你就“无条件”接受他的要求，乖乖听话。

绝不挑食，连速面麦都吃得津津有味。

你属于哪一类食客

[类型一　大吃客]

从偶尔大吃一顿，到每天消耗大量食物都算“大吃客”。如果你是“非经常性”的大吃客，表示你还有自制力。

应付“大吃客”型的节食策略：当你决定要节食时，不妨允许自己偶尔放松一下。把蔬菜、鱼和蛋等不易发胖的食物，列在表的上端；而糖果、饼干、冰激凌等容易发胖的食物，则列在下面。然后从表的上面一路吃下来即可达到减肥效果，因为即使是最能吃的大吃客都没有“肚量”吃到下面的甜食。

营养师建议“非经常性”的大吃客，选择能引起食欲的食物，但要避免卡路里低的食物，来满足你的口腹之欲。

大吃客的饮食习惯通常是想吃就吃，所以，与其强迫自己忍住欲望，倒不如稍稍放松一下，免得一发不可收拾，破坏了节食计划。

此外，宵夜也是大吃客的大敌，往往一时冲动吃了大量食物，事后再借减肥药来控制体重。这种混乱的饮食称为“易饿症”，患者多半有情绪困扰，所以想要减肥成功就必须从生理、情绪、精神各方面着手，才能成功。

[类型二　不停嘴的人]

整天不停嘴的人，首先就要学会如何自我控制。适合不停嘴者的节食秘诀：将冰箱塞满小黄瓜和胡萝卜。这些蔬菜能满足你咀嚼东西的欲望。

营养师为这类型的人设计了有趣的“蔬菜水果节食法”：除了蛋白质（蛋和肉）、沙拉以及维他命和矿物质等营养品的分量固定，各种水果蔬菜则无限量供应，相信必能满足不停嘴者的欲望。最不适合这类型人的减肥食谱，就是那些固定食物分量的减肥计划。

[类型三　美食主义者]

中国人多半都是美食主义者，吃东西讲究“色、香、味”俱全，一点也不马虎；烹调方法更是包罗万象——煎、炒、煮、炸，慢慢调制，还要用各式精美的盘子装盛起来。

美食主义者即使是减肥时，也喜欢变化各种不同的花样，把食物料理得美味可口。严格说起来，想要减肥成功，就必须以天然食品慢慢取代胆固醇含量过高的食物，因此，在减肥的过程中讲究美食并不合理，既费时间又易引起食欲。

［类型四 忙碌的上班族］

忙碌的职业妇女所选择的节食法，最好能在餐馆中进行，即使自己动手做也不需花太多的时间准备。繁忙的工作和各种突发事件，往往会扰乱正常的饮食习惯，连自己都无法控制。所以，职业妇女最好选择弹性大，又容易遵守的节食计划，譬如鸡蛋节食法、水果节食法。

［类型五 依赖性强者］

这类型的人通常依赖性较强，需要有人在旁督促，才能继续进行节食计划。所以，依赖性强的人减肥时最好"招兵买马"，和意志力较强的人一起节食，比较有效。减肥食谱也以营养均衡，慢慢减轻体重者为佳。

你不妨找个好朋友当听众，随时向他报告你的减肥情况，如此，朋友不但能鼓励你，更能防止你打破禁忌又开始暴饮暴食。

［类型六 速食者］

喜爱西式速食者有两种节食法可选择，其一是减少速食店用餐的次数，并且限制饮食中脂肪、蛋白质、碳水化合物的量。应选择普通汉堡、沙拉，而不要选择高卡路里的大汉堡或薯条、可乐。

其二是改变饮食习惯，尽量避开西式的汉堡、奶酪、薯条等高卡路里食物，改吃中国速食。

看完本文，找出适合自己个性及饮食习惯的节食计划后，最好赶紧实行节食减肥行动，相信不久你就是个健美可人的新女性了。

怎样寻找减肥运动时间

晨间运动

早上起床后无精打采，这样怎么运动呢？

很简单，只要坚持早起运动，精力自然源源而来，早上起床再也不会无精打采。

刚开始时，先做少量的运动，再慢慢增加运动量，几天后保证通体舒泰、精力旺盛。

晚间运动

劳累一天后，哪来的体力运动呢？这时得好好计算一下，你每天摄取的热量是否足够？

如果热量充足，再配合晚间的运动，即使在工作一整天后，你还是有运动的体力。我们的精力，不仅来自食物，还来自运动。开始运动之后，你就会了解身体状况犹胜往昔10倍不止。

也许你可能已经觉得疲倦、累了，但我从没听过任何人在运动之后会说："老天，真希望我没运动！"相反，我听到的总是："好舒服，真棒！"

运动时间不应化零为整

有的人因为日常工作太过忙碌，而想把一星期的运动量集中在一天之内“交代”完毕。这种做法给身体健康造成很大的影响，这是因为，在你的体能状况尚未调节正常以前，一星期一次或二次，持续几小时的长时间运动，对你而言负荷也太沉重了。

每个星期不要命地运动一、二次，对我们而言根本没有用处。要有健康的身体、充沛的活力、匀称的身体，就要有持续、稳定的运动才行。

每天挤出 30 分钟绝非难事，利用这 30 分钟清晨或傍晚散散步，只要每个星期有四次，让你体内的氧气吸收量稳步增加即可，到了周六、周日再安排两次 30～45 分钟的有氧运动。一旦你的身体状况显著提升，心肺功能恢复之后，每星期三次 30 分钟的运动量也就够了。

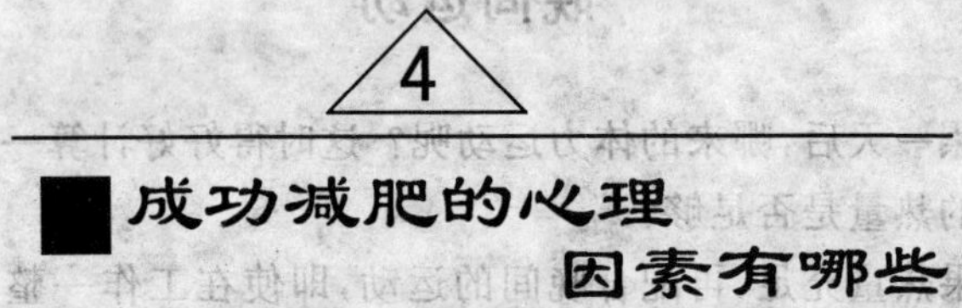

4 成功减肥的心理因素有哪些

坚持良好的减肥心理暗示

我们常常听到一些最后放弃了自己减肥计划的女性说：“我太懒了，不愿锻炼”或者“我缺乏自制力，没法执行饮食控制计划”。这些消极的自我暗示给她们一种负面的心理影响，削弱了她们的自信心。

积极的自我心理暗示是很有作用的，这已是心理学家们告诉我们的常识。

比如说，一个肥胖者，已在实施减肥计划，我们不妨以肯定的语气对自己说："我是一个苗条、健康、精力充沛的女人"。我们不说希望我变成这样的人，而是用肯定的话说，好像梦想已经实现。这样的积极心理暗示会极大地促进我们每天有兴趣进行单调的练习或忍受一些痛苦。

相信自己的能力，坚信自己能够达到目标，确实能起到意想不到的效果。美国某大学曾组织 54 名妇女做了一个实验。实验要求这些妇女在 9 个月的时间内节制饮食，并进行锻炼。开始之前，实验者问这些妇女是否相信自己在这段时间内会减轻体重。其中 28 名相信能做到，其余 26 名则觉得自己做不到。结果在实验结束时，那些相信自己能做到的人比那些缺乏自信的人多减掉了 30％的重量，她们确实苗条了许多。

相信自己能够减轻体重，变得轻盈飘逸，树立信心，是开始减肥的第一心理准备。

树立自己健康的责任心

减肥确实不是一件容易的事。你可能制定了详细的雄心勃勃的计划，但找不到逐步实施的时间。长期养成的饮食习惯，你也一时难以改变，毕竟饮食不同于吸烟，是可以努力戒掉的习惯。

而且饮食也不仅仅是生理的需要，它是我们社会生活和感情生活的一部分。

在减肥过程中，大夫、营养学家、理疗师、减肥训练人员会给你提供一些帮助，朋友和家人还会给你支持和鼓励，这些对你的减肥计划是必不可少的。但仅仅依靠外力的帮助是无法成功的，关键是你必须自己对自己负起责任。有一位女士对她的丈夫说:“如果我吃甜食,你一定得阻止我。”这样,她把自己应负的责任转给了别人。也许一时或者偶尔会起作用,但如果这位女士实在控制不住自己的食欲,向丈夫哀求,她一定会达到她的目的,况且丈夫并不会总是在她身旁。依靠减肥医师,希望医生来限制、约束,也是不切实际的。

你可以在开始减肥之初,要求朋友、亲人、医生多给予一些帮助,但你必须明白,依赖别人的帮助,你一定不会持之以恒。你必须学会为自己的行为、自己的健康负责。

制订切实可行的减肥目标和计划

如果你在减肥,你一定会为取得的小小成绩而欣喜不已,而且增添继续下去的信心和勇气。一般说来,如果能尽快地取得一点效果,对减肥的成功是很有帮助的。而要做到这一点,你就不能订立太大的目标,而要尽可能地给自己定一个切合实际的、低调的目标。

有人希望自己能在 2 个月内将衣服的尺寸缩小 3 个号码,如果到时没有实现,她们就会认为减肥失败了,从而大大降低坚持下去的信心和希望。一口吃出个胖子不可能,但一下子由胖子变瘦也是不切实际的幻想,况且从医学角度看,骤然减肥对人的健康是有害的。

美国某大学曾做过这样一个实验:他们招收了 60 多名严重超重的妇女(平均体重 217 磅,相当于 98 千克)参加一个为期 48 周的减肥计划。48 周过后,平均每人减掉了 35 磅(约 16 千克)。这应该说是相当不错的成绩,这些妇女应该大喜过望才是,但实际的结果使许多人对此很失望,因为她们原本希望减掉更多体重。

很多人把减轻体重作为减肥的目的,而忽视自己的身体健康。

那些以穿上比基尼泳装为目标的女性肯定会对缓慢的进展感到失望。如果换一种想法，把自我的感觉变化、身体状况的改善也视作积极的、了不起的成绩，那就会不断地感到惊喜。比如说，你减肥前爬不动楼梯、不愿散步、游泳游不动，而现在你从事这些活动不再像以前那样难受，那样气喘如牛，你就应该知足，并由此鼓起信心和勇气。

明显而强烈的变化只能一步一步地实现，长期的目标是由一个个短期目标连缀而成的。你不妨给每周定一个小小的目标，你会发现每一个小小目标的实现都给你带来快乐，这样，你的减肥过程就会是一个愉快而容易实现的过程。

第三章
选择适合你的减肥方法

怎样使减肥变得轻松愉快

减肥是属于自己的一项终生事业

德国近代大文豪劳伦斯有一句话，就是："说了不一定就听了，听了不一定就等于懂了，懂了不见得愿意去做，做了不一定就做对，即使做对了也不一定长久。"这句话用在减肥上非常贴切，因为减肥不是只靠说就有用的，而是一个行动，也是终生累积的事业，所以需要有三点认知：

①方法必须切实可行。

②必须符合自己的个性。

③必须自己贯彻。

你的星座和减肥绝招

[山 羊 座]

(12 月 22 日～1 月 19 日)

信心与毅力让减肥事半功倍。

要减肥成功，决心和毅力是两大必备条件，山羊座的你与生俱来就拥有超人的毅力，至于决心，只要建立一个明确的目标，就容易达到效果。

等你定下了目标，无论是节制饮食或增加运动，都能持之以恒，抗拒诱惑。不过，要提醒你，拟定减肥计划时，最好征求专家的意见，以免减肥过度，损害健康。

［水 瓶 座］

（1 月 20 日～2 月 18 日）

为减肥目标注入新内涵。

水瓶座的你对单纯追求身材苗条，并不热衷。如果减肥只是为了外在的美丽，没有实质的意义，那么花这么多的精神、体力、金钱，为什么不去追求一些更有价值、更有内涵的事物？这种想法使你的减肥计划难有成绩，寻找一个诸如“肥胖会危及健康”这样合适的减肥理由，并坚持下来，是成功的关键。

［双 鱼 座］

（2 月 19 日～3 月 20 日）

远离朋友闭门减肥。

减肥最需要的是坚定的意志，这个要求，似乎是有点为难双鱼座的朋友。

双鱼座如果减肥失败，身边的朋友恐怕得负点责任，你就是无法拒绝好友的邀约，才会再三赴约共享美食，破坏了节食大计。

所以，双鱼座决心要减肥，就得远离朋友，暂时不见他们 1～2 个月，专心闭门减肥。相信你只要摆脱外在的影响，减肥大计定能获得预期的效果。

［牡 羊 座］

（3 月 21 日～4 月 20 日）

坚持到底履行减肥计划。

不挑食、能享受不同类型的食物是牡羊座的优点。所以，当你决定减肥时，控制食欲是较大的挑战，这时最好的方法就是告诉朋友，你要减肥啦，让他们助你一臂之力。

要获得更好的减肥效果，适量的运动是必要的。如果在你的减肥计划进行一段时间后，发觉未达理想时，不妨增加运动量来弥补节食的不足。

[金 牛 座]

(4 月 21 日～5 月 20 日)

改良食谱有助减肥。

减肥不成功，不爱运动的金牛座大概是无法抗拒美食的诱惑吧！

金牛座对美食有高度的鉴赏能力。因此，在减肥期间，请坚持不走近任何有美食的地方，远离大厨师的精心杰作，眼不见为净。

要履行节食计划，营养学家设计的减肥菜单一定无法让你满意，不妨自行改良食谱，为节食计划增添生活乐趣。

[双 子 座]

(5 月 21 日～6 月 21 日)

时常告诫自己“我要减肥”。

你的双重性格完全表现在减肥这件事上，对于各种减肥广告及商品你都很感兴趣，但很快又会把兴趣转移到吃上。你永远都只有好奇心，而不贯彻执行。做事常不专心，包括恋爱和减肥。你善变且反复无常，可能试过各种减肥方法，但只是抱着接触的态度，却没有实践的精神，口若悬河的双子座，即使被人说胖，也会把身上的肥油辩到没有。

你的念头常转变得太多，无法专心定下来做一件事，脂肪也无法专心燃烧。你要避免因为这也想吃吃看，那也想尝一尝，而把自己搞得像是个馊水桶。有时乱吃东西，好像没吃多少，事实上所吃下去的分量，却远远超出自己的想像。不妨常告诫自己“我要减肥”，吃东西前先深呼吸，一旦又想手拿东西吃时，减肥的念头会让你变得比较懂分寸，有所节制。踩脚踏车可以让你边看风景边瘦身。

［巨 蟹 座］

（6 月 22 日～7 月 22 日）

控制情绪是减肥的有效途径 。

巨蟹座的人敏感而情绪化，情绪容易受到月圆月缺的影响，喜怒哀乐常变化不定。食物对巨蟹座来说，是种礼物，你常会借着食物来犒赏自己，也用食物来慰劳朋友。爱好吃的巨蟹座胃口一开，就很难再关上，容易原谅自己，同情自己的个性，再加上你很珍惜食物，常舍不得剩菜剩饭，不用多久就会把自己养得肥肥的。

巨蟹座的人要避免便秘的情形，除了要多吃蔬菜水果外，也可以吃一些高纤维食品或喝茶来健胃。情绪是造成巨蟹座肥胖的原因之一。闹情绪时，你会毫无节制地猛吃。你可透过和人沟通说话来舒解情绪困境，进而做好身体保健。可别小看做家务，拖地及洗衣服能燃烧不少脂肪。

［狮 子 座］

（7 月 23 日～8 月 22 日）

减肥最佳方法——疾走 。

狮子座常常在与人相处中，从言行举止间不经意地表现出爱被人捧的个性。狮子座属大口喝酒，大块吃肉的豪迈人物，约会和应酬常常在设席的场所。因此，你常会吃得过多，或是不懂得节制，就胖了起来。你颇具自信，就算胖，也不会觉得怎样，甚至还自以为胖得有点王者相呢。这种无法觉醒的态度，常让你胖就胖了。

所谓"谦受益，满招损"。这两句话不只用来形容做人的态度，也可以拿来形容身材。生活无可避免吃吃喝喝，如果应酬接二连三，恐怕吃到深夜也不足为奇。然而吃饱喝足的你，往往倒头就睡，而不让肠胃里的食物有时间消化，这样过日子，怎会不胖呢？为了身材着想，建议你不必出席的应酬就免掉。30 分钟疾走，是适合狮子座的运动，要养成一周至少运动 3 天的习惯。

[处 女 座]

（8 月 23 日～9 月 22 日）

禁吃正餐以外的任何零食。

对饮食的控制是影响你减肥成功的关键。很多处女座有吃零食的习惯。有人说这和处女座情绪容易紧张有关，这成为你在减肥过程中的致命弱点，必须努力克服。

饮食习惯不均衡是处女座的另一毛病，容易造成体重失控。减肥和饮食的关系最密切，不好好控制热量的来源，再努力运动也是徒然。

[天 秤 座]

（9 月 23 日～10 月 22 日）

谈恋爱减肥成效更佳。

天秤座的你想减肥成功，就要先定下个明确的目标。

为了加强你的信心，你可以在纸上列出 10 个减肥之后的好处，贴在化妆镜上或床头，每天读几遍。

在饮食方面，建议你在减肥期间，尽量减少和朋友之间的交际应酬。不过，你可以找个朋友，一起实行减肥计划。

若在减肥时，你正处于热恋期，那么你在执行减肥计划时，一定勤奋异常。若能获得情人的鼓励,成功瘦身指日可待。

［天 蝎 座］

（10 月 23 日～11 月 21 日）

小心减肥减过头。

除非天蝎座是信口开河,不然当真决心实行,凭天蝎座的恒心和毅力,减肥不过是举手之劳,值得注意的是,你必须依照医生或专家设计的减肥计划,切莫因求好心切,要求太过严格,影响到健康。

［射 手 座］

（11 月 22 日～12 月 21 日）

找出发胖的原因。

一般活力充沛的射手座不会常有体重失控的问题。

除非是某些因素,如课业的压力、工作的繁忙,使你无暇做运动才导致你的体重上升。或者你的朋友都是好吃一族,喜欢到处品尝美食,你在耳濡目染的情况下,身体也开始发胖。

别担心,解决的办法不难,你应该去结交热爱运动的朋友,他们不但能助你减肥成功,也能够成为你的良师益友。

良好的开端

很多人减肥好像新官上任三把火,一开始干劲冲天,到后来就半途而废,为了避免下次减肥时“穿新鞋,走老路”,你应该有计划地为自己创造一个良好的开端。要知道,盲目、毫无计划和一时兴趣的减肥是最容易失败的。

有人说:不错,我也知道做事之前最好有个计划,可是该怎样制定减肥计划呢？就算有了减肥计划，谁知我能不能一板一眼地按计划实施呢？我们这里就为你介绍一些策略，希望能帮助你制定一个切实易行的减肥计划，并让你成功地去掉不想要的体重。

你的态度至关重要

在减肥的问题上，你的态度和你所知的东西是同等重要的。下面几个问题能帮你了解关于减肥的知识，并能帮你确定自己是否已作好精神准备，来面对今后的挑战。

◎你能不再说"我在节食"吗

传统的节食根本没用，因为它只是暂时的，而且有很大的限制性，当你结束节食时，你会发现好不容易减掉的脂肪又悄悄爬回来了，有时你甚至会比节食之前更胖。若想成功地减去脂肪，又不让它再回来找你，你必须选择一个明智的减肥计划，在你吃的东西里应该包括一些你所喜爱的食品。只要有计划，有量的控制，任何食品都可以被包括在你的减肥食谱中。

◎你愿意在体育活动中加入更多的努力吗

体育锻炼对减肥是至关重要的，当然这并不是说你必须采纳一个死板的锻炼计划。任何形式的活动都可以作为一种锻炼方式，假如你不喜欢天天跳健美操、游泳、举重，或做仰卧起坐，那你至少应该找一些你喜欢的活动方式来锻炼，比如随着音乐跳舞、晚餐后散步、周末爬山、和朋友一起打球等。

◎你的体重目标是否现实

你改变不了生来就有的基本体型，但通过后天的努力，你能显得并感觉更强壮、更健康、更苗条和更有活力。俗话说:人比人,气死人。不要盲目地制定一个不现实的减肥目标,你的目标应该是在将来的一段时间里可望达到的。

◎你能接受慢速的减肥吗

不要总想一口吃个胖子。要知道,最健康同时也是效果最长久的减肥是持续地每星期减掉50克肉。

◎你愿意把减肥计划作为生活中的一个重点吗

就像你所做的其他任何许诺一样,控制体重是需要一定努力的,你需要抽出一部分时间用来锻炼和确定每天的食谱。

◎你想通过减肥来让自己高兴吗

你减肥的动力应该来自于内部因素,而非外界因素。仔细想一想自己为什么要减肥,假如你是为了在不久之后的一个重要场合(如新年舞会)里显得苗条,或者是为了让男朋友或丈夫看着开心,你的外界动力就太多了。换句话说,你会由于具有较少的内在动力而导致减肥失败。即使你能一时去掉一些脂肪,你也很难保持合适的体重。你应该为自己而减肥,在这个问题上不要怕担“自私”的罪名。

◎你愿意为自己的体重承担责任吗

许多人在食物面前感到缺乏抵制力。你应该认识到,是你自己在控制你在吃什么、吃多少以及什么时候吃,其他人是控制不了你的。

减肥没有假期

我们常常可以听到减肥的人说："今天不减肥，从下餐开始吧！"在他一生中，减肥只是口号而已，所以减肥应该没有假期。假如减肥有假期的话，那将会造成体重上下起伏很大。根据现代医学的追踪调查显示，一个人的体重上升、下降起伏太大的话，可能会影响到心脏的功能，增加心血管病变的死亡率。另一方面，常常减肥，又常常不减肥，过度重视身体的体重，以及身体的体态，而在进食方面，又没有办法抗拒美食的诱惑，这样的人，可能有患暴食症的隐患。

"烧"掉卡路里

每天坚持锻炼，一点点地把脂肪"烧掉"。假如你是一个平常不太爱动的人，开始时先每天多"烧"150 卡路里。假使你一向喜爱运动，十分活跃，则可每天多"烧"200～300 卡路里。

减肥也不要对自己苛刻

过分节食难以持久，还会导致微量元素的缺乏，对身体不利。除了特殊情况，营养专家都反对苛刻的进食限制。

自己喜爱的某些高热量食品，如冰激凌等，可以少吃，但不应拒绝，因为长时间减肥的成功来自生活、心理上的双重平衡。

节食的同时要对吃饭有兴趣

节食既不是忧郁的同义词，也不等于白开水。要把吃饭当作一种饶有情趣的享受:桌布、鲜花、漂亮的餐具,眼前的一切能让你轻松舒畅地享用美食。

让朋友帮你的忙

结交减肥的朋友将使成功率直线上升。如果拥有同样减肥的朋友,无论痛苦或想要中止,都有倾诉的对象,如此可以增添不少信心!相反,自己也可能成为被求助的对象。

那时,你一定会想“痛苦的并非只有自己”,而且说不定可以想出更好的减肥方法。

减肥时感到焦急的主要原因及解决办法

目标太高:在一个月内减轻 10 千克或 20 千克是怎么也不可能的,需将目标重新设定为两周内减轻 1～2 千克。

不要比较:减肥的速度是因人而异的,不要和别人比较,应该坚持自己的减肥方法。

减轻压力:要到什么时候一定要瘦下几千克等等的决定将会加重你的压力,因此不要设定期限,以悠闲的心情来持续减肥。

急于一时的减肥并没有任何好处,反而会带来压力,使自己感到紧张忧虑,而对身体产生不良影响,或觉得减肥已是不可能的人也很多,因此绝对不可焦急。

若还是无法平息焦虑时,可以读书、看电影、做运动来缓和一下气氛。

以“天”为单位制定节食计划

如果以往一直无法连续一星期实行某种节食计划,不妨以

“天”作单位重新考虑。每天早晨对自己许诺从早到晚至少不变，不要期望永远遵守，至少 24 小时内不破戒。另一天早餐再重复这种许诺，这样日子会好过些。如果在不知不觉中已过了 7 天，无形中给予自己极大的勇气继续下去，而此时也将看出成果。

减肥食谱以种类多分量少为原则

选择食物计划食谱时，要每一类的食品都顾及，但以分量少为原则，才不至于营养失调，才能维持健康，例如乳品选低脂牛奶；肉类或鱼类一天可以吃两次；谷类可吃三次，一次半碗饭或一片面包；水果及蔬菜一天可吃六次，种类多变化些，而油类一天只能吃一次，炒菜中可能已加入。

多找些理由来推托“不吃”

如果说“不吃”还不够时，再加上“原谅我”，也可用其他借口。例如女主人表示热情硬要你吃点东西时，有些可推托，例如：

“我对这种东西敏感，一吃就全身发痒。”

“我已尝过了，很好吃哟！”

“我有高血压，医生嘱咐不能吃的。”抑或是有其他的理由来推托。

让自己忙碌到没时间想吃东西

在意志不够坚强时，要以其他的事情来引开自己。如果真的一直想吃东西，就打电话给一个可以聊天的朋友聊上一阵子；做一点自己一直想做的手工艺，例如打毛衣；或者让自己多忙些义务工作。

不要把减肥计划告诉他人

不必告诉那些不认为你胖的人你在节食,像你父母。他们会不断劝你不必节食、胖一点没关系、胖才有福等,所以最好暂不告诉他们。

利用维生素补充节食的营养不足

利用维生素补充营养。每天一粒多种复合维生素对节食的人还不够,应该每天有 500 毫克的维生素 C 片,50 毫克的 B 族维生素胶囊,以及 5000 单位的维生素 A,400 单位的维生素 D,以及 100 单位的维生素 E,还有一些矿物质等,但在吃之前不妨先问问医生。

和他人一起进食藉以控制食量

如果自己无法控制吃东西的分量,不妨尽量和其他人一起用餐,朋友、配偶、同事均可以,在他们面前就不好意思吃得太过分,像吃饼干,不要一个人私底下偷偷吃上 10 来块,不妨拿到晚餐桌上来,全家一起吃,自己最多也不过吃上 1～2 块。也因此发现别人吃甜食没有自己吃得那么凶,而加以自制。

拿本书读读可转移对食物的注意力

手边经常带一本自己喜欢的书,肚子饿了拿出来读读,可以转移对食物的注意力,尤其是在等食物上桌前,为防自己等得焦急而乱抓东西吃,抑或是菜送上来狼吞虎咽,暂时转移一下注意力是很好的办法。

收到高卡路里礼物即转送别人

“施”比“受”有福。如果收到一个高卡路里的食品礼物，像圣诞蛋糕、情人节巧克力等，不妨马上转送给另一人，朋友、同事、邻居、邮差等，既可以做人情，又可以让自己减肥成功，没有这些东西在屋内就不会吃。

每天摄取蛋白质最好占 15%～20%

每天摄取的食物中蛋白质最好占 15%～20%。蛋白质是细胞再生及修护的基本要素，如果少了这方面的营养，身体健康会受影响，在摄取蛋白质方面，以下的建议可作参考：尽可能多吃鱼及去皮的鸡肉和火鸡肉。每周至少吃一次鸡肝或小牛肝，一星期不要吃超过两次蛋或贝壳类食物（这类食物蛋白质虽高，但相对的胆固醇也不少），牛瘦肉、羊瘦肉、猪瘦肉也以不多吃为原则。当然更要避免肥肉、鸭肉、鹅肉等多脂肪的东西。

常吃鱼类可提供低热量而高蛋白质

鱼是提供蛋白质的最佳来源，如果以每 50 克所占的蛋白质与热量的比例看来，鱼类是热量最低蛋白质最高的食物，也就是说一块鱼只有同体积牛肉一半的热量，但蛋白质却相同，不妨多试试各类鱼，味道好又不会发胖，例如黄鱼、鳟鱼、鲤鱼等各有不同的风味。

想吃东西时喝杯饮料以冲淡胃液

在办公室内可以存点饮料、袋茶、低卡路里可乐、脱脂奶粉等，想吃东西就泡一杯来喝，解除一直想吃东西的心情，同时也可以冲淡胃液。

在菜中多加胡椒可限制食量

如果饭店送来的菜是大盘的，一旦全部吃下去就会超重，不妨把另一边多撒上胡椒，就可限制自己多吃了。有时不是没吃饭，而是菜太大盘，不吃完可惜，为了应付自己这种“节俭的习惯”，先下手为强，撒上大量胡椒，辣极了就没胃口。

以低卡路里的海鲜代替肉类

情况许可的情形下，永远以海鲜代替大块肉，怎么算海鲜卡路里都要低得多，而且会发现海鲜种类还真不少，各种烹饪法互异，也足以满足自己的食欲了。

自己嘉奖自己终于减肥成功

如果自己节食坚持得成功，不妨给自己一点嘉奖，如果能几次经过自己爱吃的烤马铃薯旁而不吃，不妨让自己豪华一下，把喜欢的衬衫送干洗，而不必自己用手洗，如果能够六星期不吃冰激凌，替自己买新床单。甚至列一张表给自己一点点数，如果能放下一块已到嘴边的巧克力饼干就算得 5 分，能不喝一碗奶油浓汤得 10 分，不吃一包零食得 20 分，不吃一杯圣代可得 35 分，于是累积了

30 分就可以为自己买一盒豪华泡沫澡精，60 分就可以为自己买一个手镯，70 分可以买件衬衫。

如何利用饮食减肥

生食、凉拌

鱼贝类、肉类是蛋白质的主要来源，热量较低，可安心食用。而不含热量的海草或食用菌类、蔬菜则加上适量的调料，吃起来味道更佳，且方便易做，不用担心食后产生过多的热量。

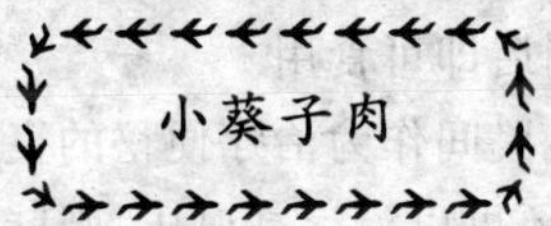

【吃法】 每日生吃葵花子仁 30 克。

【功效】 可治高血压、高血脂症。

【热量】 75 卡。

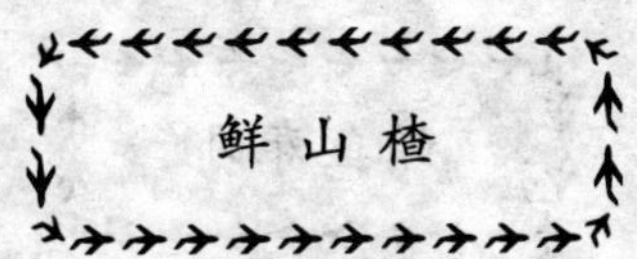

【吃法】 每日饭后嚼 3～4 枚鲜山楂。也可吃山楂片、山楂条、山楂糕等加工制品。

【功效】 除具有消积化食、开胃和中的作用外，还可以防治高血脂、高血压、冠心病。

【提示】 用鲜山楂煮水喝也有同样作用。

【热量】 40卡。

【吃法】 将海带洗后晒干碾成粉末，每日3次，每次5克，连服1～3个月。

【功效】 对肥胖症有疗效。

【热量】 30卡。

【原料】 黄豆500克，醋250克，白糖少许。

【制法】 挑选好的豆子，用清水洗净，捞出后晾干，然后用炒锅炒熟，倒入干燥的空瓶内，约占瓶子的1/3，再倒入醋，盖上盖子，放在阴凉处，一周后即可食用。

【功效】 本品是民间作为治疗便秘的良药。现发现其不仅是健康和美容的上品，还可以治疗高血压、肥胖病、糖尿病等。

【提示】 若不喜欢吃酸，可以放一点蜂蜜或白糖。每天吃一些，如果有轻微腹泻则减为一匙分多次食用。

【热量】 300卡。

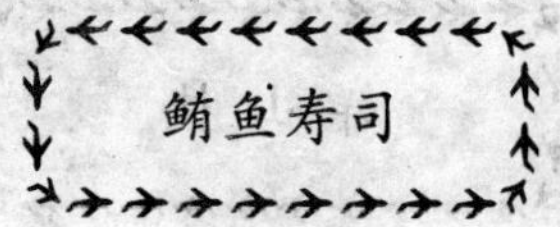

【原料】 鲔鱼70克，小黄瓜50克，紫菜适量，紫苏叶1片，酱油、精盐、葱、芥末、熟白芝麻各少许。

【制法】

①鲔鱼用刀拍扁再切碎，加少量酱油混合入味。

②紫菜切成适当大小。

③小黄瓜切条状加少许精盐腌一下。

④芥末拌匀，葱切粗末。

⑤在盘中放一片紫苏叶；放上鲔鱼，撒上芝麻，另一角落放小黄瓜、紫菜、葱与芥末。

⑥拿起一片紫菜，放入适量的鲔鱼，中央放小黄瓜、葱、芥末，卷起来即可进食。

【热量】 2 片鲔鱼(25 克)的热量为 80 卡，本菜总热量为 88 卡。

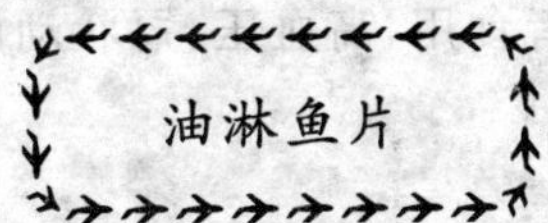

油淋鱼片

【原料】 白肉鱼 70 克，柠檬汁、葱花、色拉油、精盐、胡椒粉各适量。

【制法】 鱼切薄片摆盘中。色拉油、柠檬汁大半匙，精盐、胡椒粉各少许，依次淋在鱼片上，撒上葱花即可食用。

【热量】 112 卡。

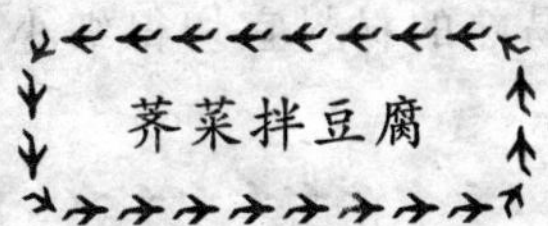

荠菜拌豆腐

【原料】 荠菜 250 克，豆腐 100 克，香油 12 克，精盐、味精各适量，姜末少许。

【制法】 将豆腐切成小方丁，用开水略烫，捞出盛在盘内；荠菜用开水焯一下，凉后切成细末，撒在豆腐上，加精盐、味精、姜末调匀，淋上香油即可。

【功效】 荠菜有凉肝止血、利湿通淋的作用，适宜高血压、水肿患者食用，能收到较理想的食疗效果。

【热量】 60 卡。

【原料】 芹菜500克，海蜇皮（水发）150克，精盐、味精、醋各少许，小海米3克。

【制法】 芹菜去叶除粗筋切成3厘米长的段，在开水锅中烫一下，沥干。海米泡好。海蜇皮泡好洗净，切成细丝；将芹菜、海蜇丝、海米一起拌和均匀，同时加醋、精盐、味精拌匀即可食用。

【功效】 平肝清热，祛风利湿。适宜于头痛眩晕、小便淋痛、咳嗽痰多、牙痛目赤者食用，高血压、冠状动脉硬化、心脏病等患者，可做辅助食疗。

【热量】 36卡。

炒

炒，即下油锅煸炒，使食物更加可口。注意应先加热炒锅，倒入油沾匀锅壁后，再把油倒出，然后炒食物。注意炒的时间和食物生熟的程度。另，不易熟的材料宜切得细小，硬的材料预先氽烫过。

【原料】 胡萝卜20克，笋30克，莲藕30克，蒟蒻适量，香菇2朵，豌豆荚2个，色拉油2/3大匙，香油1/2小匙，高汤、酱油、白糖、精盐各适量。

【制法】 将胡萝卜挖成圆粒氽烫一下，笋切片、莲藕切薄片各自氽烫过。香菇去蒂切片，豌豆荚氽烫过。油加热，依序炒蒟蒻及其他各种蔬菜，加1/3杯高汤、半大匙酱油煮2分钟，最后加白糖、精盐调味，淋入香油，放上豌豆荚即成。

【热量】 40 卡。

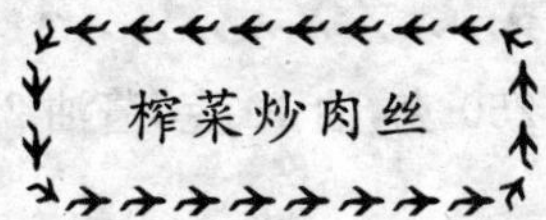

榨菜炒肉丝

【原料】 猪瘦肉 50 克，淀粉 1 小匙，青椒、榨菜各 30 克，笋 40 克，酱油、料酒、白糖、植物油、蒜片、莴苣各适量。

【制法】 肉切丝加酱油、料酒少量腌渍入味，再拌入淀粉。将青椒切开去子再切丝，榨菜泡水烫后切丝。油加热爆蒜片，捞去蒜，加肉丝拌炒一下，笋丝放入肉丝中拌炒，加青椒、榨菜拌炒。加酱油、料酒、白糖各少许拌炒，盛盘。另外盘中放泡过冰水的莴苣，配着吃。

【热量】 168 卡。

芹菜炒香菇

【原料】 芹菜 400 克，水发香菇 50 克，精盐 6 克，醋、味精、淀粉各适量，植物油 50 克。

【制法】 芹菜择去叶、根，洗净剖开切成约 2 厘米长的节，用精盐拌匀，约 10 分钟后，再用清水漂洗后控干待用。香菇切片，精盐、醋、味精、淀粉混合装在碗里，加入水约 50 毫升，调成芡汁待用。锅置旺火上烧热后，倒入油，待油冒青烟时，即可下入芹菜，煸炒 2～3 分钟后，投入香菇炒匀，淋入芡汁速炒起锅即可食用。

【功效】 平肝清热。对于肝阳上亢的高血压、动脉硬化、高血脂患者，是良好的保健菜肴。

【热量】 42 卡。

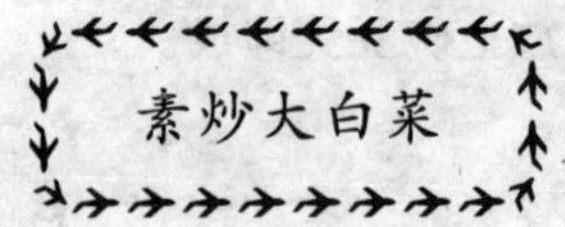

素炒大白菜

【原料】 大白菜250克，油10克，酱油25克，姜丝少许，精盐2克。

【制法】 白菜洗净切段，油锅烧热后先放进姜丝，随即把切好的大白菜放入，用旺火炒至半熟，放进酱油、精盐等再略煮即成。

【功效】 解热除烦，通利肠胃，属于低热量菜肴。适用于患有高血压、冠心病、肥胖症、脑血管疾病、习惯性便秘以及牙龈出血、坏血病、肾炎、肝炎等疾病的病人食用。

【热量】 52卡。

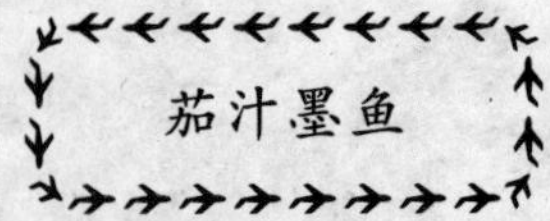

茄汁墨鱼

【原料】 墨鱼80克，葱1棵，蒜1粒，姜、红辣椒各少许，酱油2/3小匙，番茄酱1/2大匙，精盐、香油各少许，白糖1/3小匙，油2小匙，豌豆荚4个。

【制法】 将墨鱼剞上花刀后切片，再将葱、蒜、姜切末，辣椒切环形片。混合各种佐料备用。豌豆荚氽烫后切斜段。将油加热炒葱、姜、蒜、辣椒，加墨鱼用大火拌炒，墨鱼变色后立即盛盘。把混合的各种佐料调和煮沸勾芡后，倒入墨鱼、豌豆荚、辣椒拌匀，即成。

【热量】 160卡。

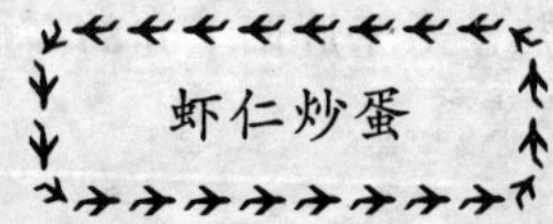

虾仁炒蛋

【原料】 虾50克，香菇1朵，胡萝卜、四季豆各10克，鸡蛋1个，白糖1小匙，酱油1/2小匙，精盐少许，高汤1/2大匙，油1小匙。

【制法】 将虾去壳及泥肠，香菇切四片，胡萝卜切块烫熟。四季豆去筋烫熟切小段。鸡蛋打散，放入各种佐料，混合均匀。油加热，放入虾仁炒至变色后，倒入香菇、胡萝卜、四季豆等蔬菜拌炒。最后将调好的蛋汁倒入，搅拌到半熟状即可。

【热量】 96 卡。

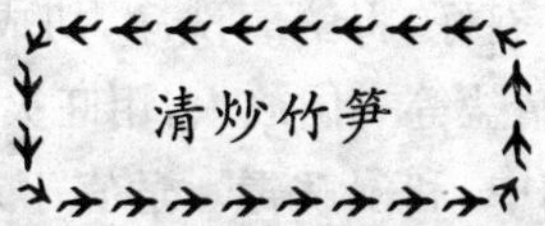

【原料】 竹笋 250 克，葱、姜、精盐、酱油、味精、植物油各适量。

【制法】 竹笋剥去皮，除去老的部分，切成薄片或丝，备用；烧热锅，放植物油，烧至九成热时，放葱入锅煸香，然后将竹笋、姜、精盐放入锅，翻炒至笋熟时加酱油、味精，再翻炒几下，起锅装盘即成。

【功效】 清热解毒，消热化痰。适用于发热头痛、妊娠眩晕、咳嗽有脓疾等病症。竹笋是减肥食物。

【热量】 40 卡。

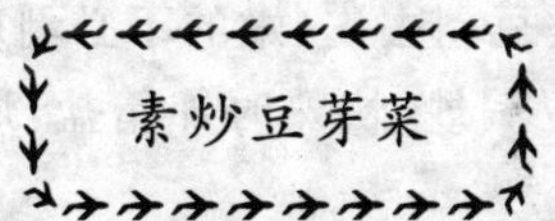

【原料】 豆芽菜 200 克，酱油 15 克，食用油 10 克，醋 3 克。

【制法】 豆芽菜除去豆壳和烂的须芽后洗净。把油锅烧热，放入豆芽菜，用旺火快炒，至将熟时加入酱油、醋，再急炒几下即成。

【功效】 含维生素 C 较多。适于老年人、青少年、儿童、孕妇、乳母和高血压、冠心病、肥胖症、脑血管病、术后恢复期、寻常疣等患者食用。

【热量】 60 卡。

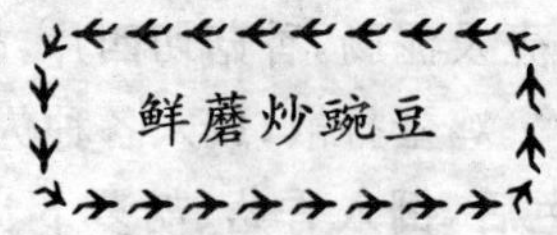

【原料】 鲜口蘑100克，鲜嫩豌豆150克，酱油15克，食用油10克，精盐2克。

【制法】 把豌豆剥好，将鲜蘑洗净，切成小丁。烧热油锅，把鲜蘑丁、豌豆、酱油、精盐等一同放入，用旺火快炒，炒熟即成。

【功效】 益气和中，利湿解毒。适宜于老年人、孕妇、乳母和高血压、冠心病、肝炎、肾炎、肥胖症、术后恢复期、神经炎、脚气病、心脏损伤、浮肿、口角溃疡、舌炎、白内障、阴囊炎、癞皮病、脑血管病、糖尿病、脾胃不和所引起的嗝逆呕吐、心腹胀痛、口渴泄痢、食欲不振等患者食用。

【热量】 56卡。

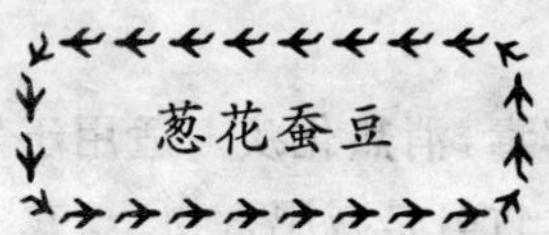

【原料】 鲜蚕豆200克，食用油、精盐各10克，葱5克。

【制法】 将鲜蚕豆剥去皮(嫩的不必剥皮)。将葱切成葱花。油锅烧热后放入蚕豆煸炒，快熟时加精盐，炒和。炒熟后撒上葱花，拌和即可起锅。

【功效】 清热利湿，健脾湿精。适用于高血压、冠心病、肥胖症、贫血、癞皮病、皮炎、舌炎、肾炎、肝炎等患者食用。凡因脾虚气弱，食少便溏，嗝食，遗精，白带多者，均可用蚕豆作为辅食。

【热量】 60卡。

煮、烩、焖、炖

煮，对减肥食物来说宜“淡味”。煮时，最好以少许煮汁快煮，避免使用过多的酱油、白糖，并注意捞除浮起的油脂，以减少过多的热量。

烩双菇

【原料】 罐头蘑菇200克(或鲜蘑菇250克)，香菇50克，精盐6克，味精、白糖各少许，水淀粉适量，植物油50克。

【制法】 香菇用开水浸发半小时，捞出，挤干水，去蒂洗净，泡香菇水留用。锅中倒入植物油，油热后，放入香菇煸炒1分钟，再投入蘑菇，加罐头蘑菇水、香菇水、精盐、味精、白糖，待汤汁微开时，用水淀粉勾芡即成。

【功效】 补气益胃。凡老年体弱、久病气虚、食欲不振、小便频数或不禁者，均宜食用。香菇有降低血脂作用，蘑菇有降低血糖的作用，对高血压、动脉硬化及糖尿病患者皆为食疗佳品。

【热量】 96卡。

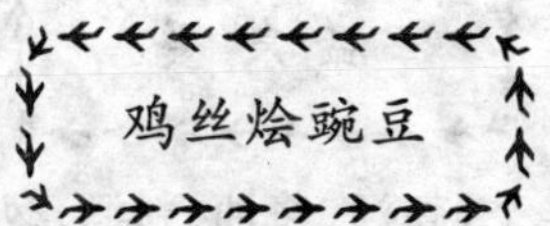

鸡丝烩豌豆

【原料】 鸡肉100克，嫩豌豆150克，淀粉、料酒、葱、姜、油、精盐、味精、肉汤各适量。

【制法】 将鸡肉切成细丝，用料酒、葱、姜、精盐调汁浸好。淀粉加水调匀待用。把豌豆剥好洗净。将油锅烧热，放入精盐，倒入豌豆略炒，再把鸡丝倒入，急炒几下，加少量肉汤烧滚，再用水淀粉勾芡，烩熟即成。

【功效】 本品能补益气血，降压祛脂。营养丰富，含蛋白质等多种营养成分。适用于老年人和高血压、冠心病、肝炎、肥胖症、结核病、营养不良、贫血、心脏损伤、脑血管病、术后恢复期、癞皮病、皮炎、舌炎、食欲不振、神经炎、脚气病等患者及孕妇、乳母、儿童、青少年食用。

【热量】 256卡。

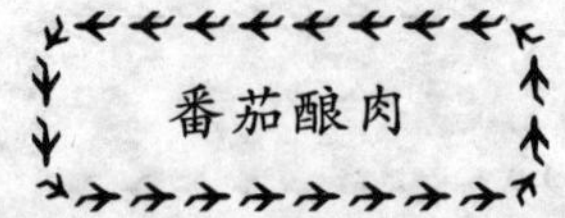

番茄酿肉

【原料】 红熟番茄2个，牛肉馅70克，洋葱末1大匙，肉豆蔻适量，洋葱片30克，食用油1/2大匙，番茄汁1/4杯，肉桂1片，大蒜粉、香芹菜末、精盐、胡椒粉各少许，乳酪片20克。

【制法】 番茄去蒂用汤匙挖出果肉，撒少许精盐；番茄肉去子。将牛肉馅加洋葱末、精盐与胡椒粉、肉豆蔻混合后填入番茄中。油加热炒洋葱片，加番茄果肉拌炒。将番茄的切口朝上酿入番茄果肉，加番茄汁、肉桂，加盖以中火煮15分钟。加精盐、胡椒粉、大蒜粉调味后，放入乳酪与香芹菜末即成。

【热量】 246卡。

温泉蛋

【原料】 鸡蛋1个，高汤、酱油、料酒、葱末各适量。

【制法】 将蛋在室温下放一会，放入65℃的水中（五杯水煮沸，再加四杯水即为65℃），以小火煮3～5分钟，取出蛋泡入冷水中；高汤煮沸加酱油、料酒调味后，打入蛋，撒上葱花即成。

【热量】 80卡。

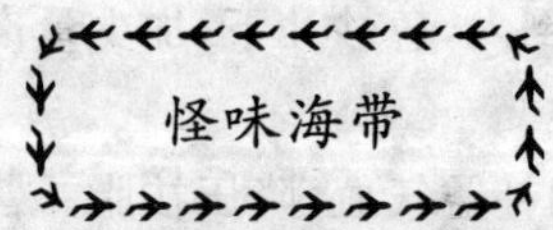

怪味海带

【原料】 海带、红小豆、萝卜、山楂、甜叶菊苷粉各适量。

【制法】 将海带泡洗，切丝晾干，将红小豆、萝卜、山楂加水及甜叶菊苷粉烧开煮30分钟，捞去豆、萝卜、山楂，放入海带，焖至汁尽、海带酥烂，起锅晾干食用。

【功效】 可利水、消肿、减肥。

【热量】 70 卡。

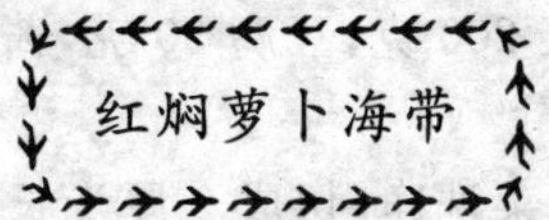

【原料】 海带、萝卜、丁香、大茴香、桂皮、花椒、核桃仁、素油、酱油各适量。

【制法】 将海带泡一天一夜（中间换两次水），然后洗净切成丝，萝卜也切成粗丝。将素油烧热，加海带丝炒几下，放入丁香、大茴香、桂皮、花椒、核桃仁、酱油及清水烧开，改中火烧至海带将烂，再放入萝卜丝焖熟即可食用。

【功效】 本品可利水、消气、减肥。

【热量】 92 卡。

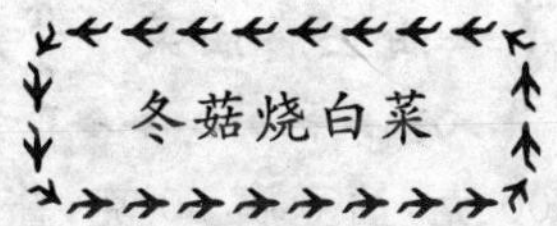

【原料】 冬菇 3 克，白菜 200 克，精盐 10 克，猪油 10 克，味精 1 克，肉汤适量。

【制法】 用温水泡冬菇，去蒂洗净。白菜洗净切成 3 厘米长的段。将油锅烧热，放入白菜炒至半熟。再将精盐、冬菇、味精放入，加点肉汤或水，盖上锅盖烧烂即成。

【功效】 补益肠胃，止咳化痰，理气，抗癌。适用于老年人和患有高血压、冠心病、肥胖症、结核病、胃炎、气管炎、肝炎、癌症、脑血管病、牙龈出血、坏血病、术后恢复期、糖尿病、白细胞减少的患者服用。

【热量】 85 卡。

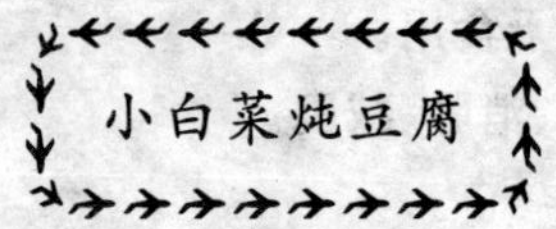

小白菜炖豆腐

【原料】 小白菜200克，豆腐50克，酱油15克，食用油10克，精盐、姜各2克。

【制法】 将小白菜洗净，切成3厘米长的段。豆腐切成块。烧热油锅后先煸姜，放入小白菜略炒并加入酱油，再放上豆腐，加水盖过白菜，再加精盐炖熟即成。

【功效】 生津润燥，解热除烦，通利肠胃，益气和中。适于老年人和患有高血压、冠心病、肥胖症、脑血管病、肾炎、术后恢复期、干眼病、夜盲病、坏血病、牙龈出血、结核病等病人以及孕妇、乳母、儿童、青少年食用。

【热量】 96卡。

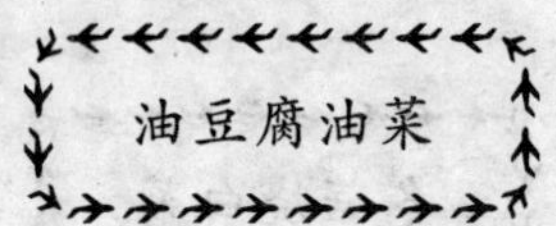

油豆腐油菜

【原料】 油菜200克，油豆腐50克，酱油10克，食用油10克，淀粉2克，白糖、料酒各3克。

【制法】 油菜洗净切成3厘米长的段，梗叶分置。油豆腐切成块。油锅烧热后先煸菜梗，加酱油、料酒，再下菜叶煸炒几下，然后将油豆腐放入一同炒几下，加酱油和少量水烧开，并加入白糖，最后再将淀粉加水后勾成稀芡即成。

【功效】 生津润燥，消热解毒，散血消肿。适用于老年人和高血压、冠心病、肥胖症、肾炎、肝炎、术后恢复、呼吸道感染等患者以及孕妇、乳母食用。

【热量】 150卡。

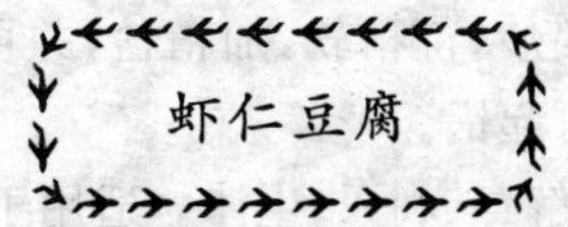

【原料】 虾30克,姜、葱各少许,料酒2/3大匙,豆腐120克,香菇1朵,笋丝20克,烫熟的豌豆荚少量,油1/2大匙,高汤1/3杯,酱油1/2匙,精盐少量,淀粉1小匙,香油少量。

【制法】 将虾去壳及肠,加各种佐料腌渍入味。将豆腐切片。笋汆烫过。豌豆荚切丝。油加热,把虾炒至变色即取出。放入笋与香菇拌炒,加高汤与酱油、精盐、料酒等佐料略煮一下,用水淀粉勾芡,加豆腐煮沸后,倒入虾仁、豌豆荚,淋入香油即成。

【热量】 192卡。

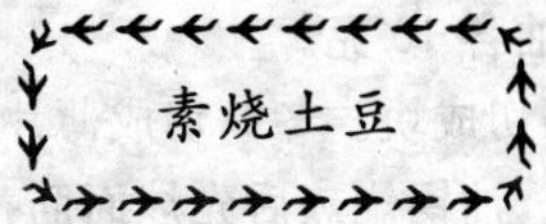

【原料】 土豆200克,食用油、酱油各10克,精盐5克,葱、姜各2克。

【制法】 土豆去皮切成滚刀块,油锅烧热后先煸葱、姜,再下土豆煸炒,并放入酱油、精盐,加些水,盖上锅盖烧至酥烂透味即成。

【功效】 和胃,调中,健脾,益气。适用于高血压、冠心病、肾炎、肥胖症、脑血管病、胃及十二指肠球部溃疡、慢性胃炎、胃痛、习惯性便秘、消化不良等病症患者食用。

【热量】 122卡。

【原料】 冬瓜250克,食用油、精盐各10克,香菜5克。

【制法】 将冬瓜削皮,切成长方形。将香菜洗净,切成小段。

油锅烧热后下冬瓜煸炒，待稍软，加精盐，并可略加水，盖上锅盖，烧熟后加入香菜即可起锅。

【功效】 清热、解毒、利尿、生津。适用于老年人、孕妇、乳母、儿童、青少年食用，也适于高血压、冠心病、肥胖症、肝炎、糖尿病、肾炎、牙龈出血、脑血管病、小儿荨麻疹等患者食用。冬瓜是减肥的妙品。

【热量】 50卡。

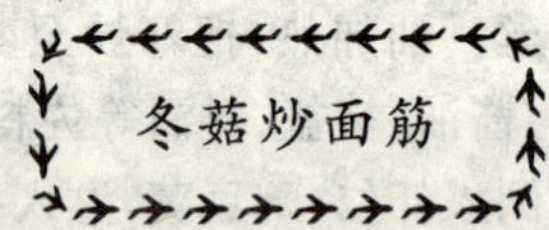

冬菇炒面筋

【原料】 面筋100克，干冬菇5克，冬笋25克，白糖10克，淀粉10克，花生油、酱油各10克。

【制法】 将面筋切成块。冬笋切成薄片。把冬菇用开水泡好并洗净，去蒂切成片。油锅烧热后先炒面筋，再把冬菇及笋片放入同炒几下，加入酱油、白糖略炒，并稍加水或汤同煮，待入味用淀粉调水后勾芡即成。

【功效】 健脾养胃，润肺止咳，理气化痰。适用于老年人、孕妇、乳母、儿童和高血压、冠心病、肾炎、胃炎、肥胖症、肝炎、贫血、脑血管疾病、慢性气管炎、术后恢复期等患者食用。

【热量】 90卡。

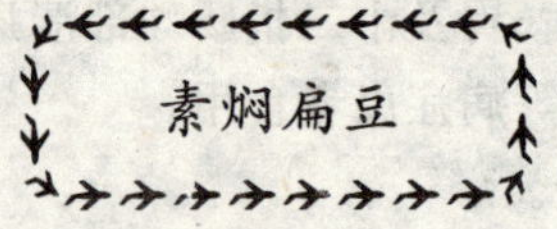

素焖扁豆

【原料】 扁豆200克，食用油10克，甜面酱5克，精盐、蒜片、姜各2克。

【制法】 将扁豆洗好，再从两端撕下老筋，理好后切成两段。姜切成末。油锅烧热，将扁豆放入略炒，即加些水与甜面酱及精盐调匀，用文火焖软，再加入蒜片、姜末，用旺火快炒一下即成。

【功效】 扁豆性湿平，能化清降浊，降低血糖和血胆固醇。适用于老年人、孕妇、乳母和高血压、冠心病、肥胖病、脑血管病、糖尿病、高胆固醇血症、急性肾炎、术后恢复期、妇女白带异常等患者食用。

【提示】 在煮炒扁豆时，应彻底加热，否则食后会引起中毒。

【热量】 102 卡。

乳酪牛肉丸

【原料】 牛肉馅 80 克，洋葱末 30 克，油 2/3 小匙，面包粉 5 克，乳酪粉 1 大匙，蒜末少许，各种蔬菜、热高汤各适量，精盐、胡椒粉、香芹菜末、牛乳各少量。

【制法】 先用油炸洋葱末，待凉，加其他各种佐料与牛肉馅混合，做成肉丸状；油加热煎肉丸，加炒妥的蔬菜拌炒，注入热高汤，煮至蔬菜软化；加入牛乳、精盐、胡椒粉，盛盘后撒上香芹菜末即成。

【热量】 300 卡。

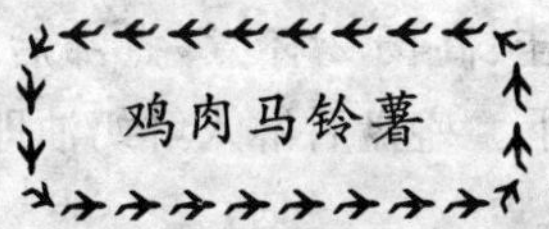

鸡肉马铃薯

【原料】 马铃薯 100 克，鸡肉馅 25 克，白糖、酱油、高汤各适量，淀粉 1/3 小匙。

【制法】 将马铃薯去皮切大块，煮熟后沥干。在马铃薯中加半杯高汤煮软，加白糖 1 小匙、酱油半小匙使之入味，放入鸡肉馅，白糖、酱油各 1/4 大匙，高汤 1 大匙，淀粉，鸡肉煮熟即可熄火食用。

【热量】 114 卡。

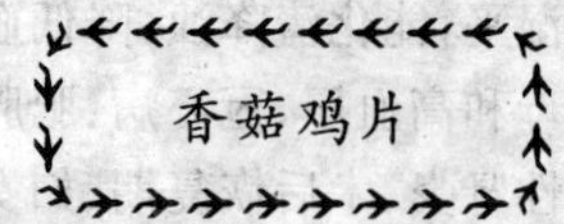

香菇鸡片

【原料】 鸡胸肉 40 克,淀粉 1 大匙,胡萝卜 20 克,香菇 2 朵,青菜 40 克,高汤、料酒、酱油各适量,芥末少量。

【制法】 将鸡肉去筋切片,两面抹淀粉。胡萝卜切花形汆烫过,香菇去蒂,青菜切段。用 1/4 杯高汤、1/2 大匙料酒、2 小匙酱油煮沸,将鸡肉片放进煮一下,盛盘。放入胡萝卜、香菇煮熟,倒入肉片、青菜煮一下。把各式材料置于盘中,一旁放芥末。

【热量】 88 卡。

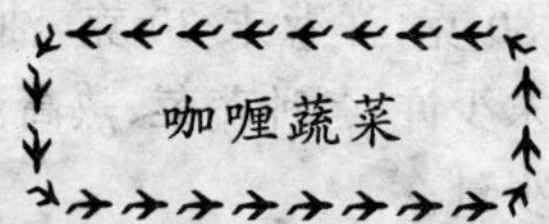

咖喱蔬菜

【原料】 茄子 50 克,胡萝卜 30 克,番茄 100 克,高丽菜、洋葱各 70 克,姜、料酒、精盐、胡椒粉、高汤各适量,色拉油 1 大匙,肉桂 1 片,咖喱粉 25 克,鲜奶油 1 小匙。

【制法】 将茄子去蒂切半,胡萝卜切块,番茄去皮切末,洋葱切大块,高丽菜切片,姜切末。用热油炒姜,加各种蔬菜、料酒 1 大匙、精盐、胡椒粉、肉桂、高汤 2 杯煮,煮沸后转为小火,把蔬菜煮熟,再加咖喱粉煮一下。盛盘后淋入鲜奶油即成。

【热量】 216 卡。

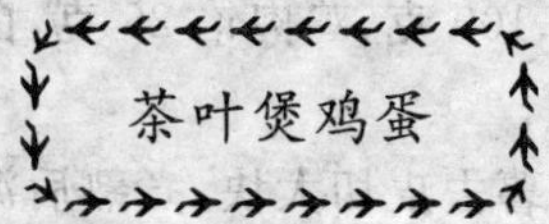

茶叶煲鸡蛋

【原料】 绿茶 12 克,鸡蛋 2 个。

【制法】 绿茶鸡蛋加水同煮,蛋熟后去壳再煮,至水煮干时,即可食用。

【热量】 94 卡。

煎、烤、炸

煎、烤、炸是维持低热量的理想烹饪法之一。煎烤时不仅可以除去多余的油脂，而且味道不致太浓。在煎烤时应注意控制用油量，以减少食品的热量。炸时块要小，裹衣不宜太厚。

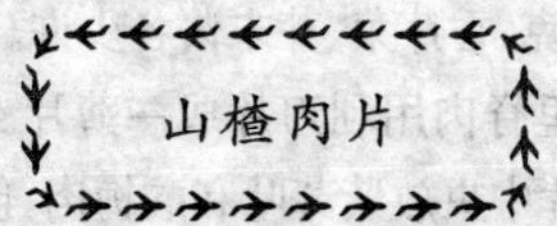

【原料】 山楂 60 克，猪瘦肉 250 克，白糖、醋、葱、姜、黄酒、花椒、味精、菜油、香油各适量。

【制法】 取山楂、猪瘦肉加适量水同煮，肉七成熟时捞出，将肉切成片，用白糖、醋、葱、姜、黄酒、花椒等调料把肉片拌匀腌 1 小时，然后沥去水分，把肉片放至烧好的菜油中炸至微黄色取出。再将山楂与肉片入锅中同炒，无水分后起锅，淋上香油，加入味精、少许白糖拌匀即成。

【功效】 可作为高血压、高血脂的保健菜，并有化食消积的作用。

【热量】 258 卡。

【原料】 牛肉馅 70 克，洋葱末、精盐、胡椒粉、肉豆蔻各少许，煮蛋半个，面粉适量，四季豆、胡萝卜各 20 克，新鲜香菇 2 朵，油 1 小匙，莴苣、芥末各少许。

【制法】 在肉馅中加洋葱末、精盐、胡椒粉、肉豆蔻拌至产生黏性。再将四季豆烫熟，胡萝卜切条烫熟，香菇切片，煮蛋切梳子形，蛋白抹面粉。将铝箔纸涂少许油，把调黏的肉馅摊开，将烫熟的四季豆、胡萝卜、香菇、蛋包卷起来。将平底锅加热，将肉卷放入锅中煎熟，撕掉铝箔纸再煎一下，稍凉后切 3 段盛盘，一旁放莴苣和芥末。

【热量】 160 卡。

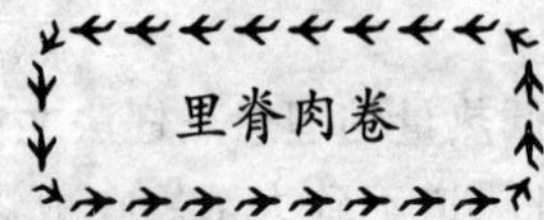

里脊肉卷

【原料】 里脊肉 100 克，酸梅 1 个，紫苏叶、面粉、蛋液、面包粉各适量，炸油、高丽菜各 40 克，香芹菜、芥末酱各少许。

【制法】 把整块里脊肉用利刀片成一薄片。酸梅去子，果肉剁碎。紫苏叶去硬筋。在肉片中央放紫苏叶和酸梅肉，包卷后用牙签固定。将面粉、蛋液、面包粉混合成裹衣，将肉卷沾裹起来，放入油锅中炸熟。拔除牙签切片装盘，盘边摆饰高丽菜丝、香芹与芥末酱。

【热量】 280 卡。

干炸鸡片

【原料】 鸡胸肉 90 克，淀粉适量，炸油、莴苣各 300 克，酱油、料酒各 1/2 大匙，白糖 1 小匙，生姜 1 片，红辣椒 1 个，胡椒粉、葱末、香油各少许。

【制法】 将鸡胸肉去筋切大片，加酱油、料酒、胡椒粉各少许，腌渍入味，擦干，拍上淀粉，放入油锅炸酥。将各种佐料放在锅中煮沸，炸酥的鸡片放入煮一下，装盘。将莴苣切片置鸡片下做衬。

【热量】 200 卡。

鸡 排

【原料】 鸡胸肉 90 克，面粉半大匙，油 1 小匙，洋葱末 10 克，番茄末 30 克，香芹菜末适量，醋 1/2 小匙，精盐、胡椒粉各少许。

【制法】 将鸡胸肉抹精盐、胡椒粉及面粉。在平底锅内放入油烧热，把鸡胸肉放入，两面煎成金黄色盛盘。各种佐料混合好，淋在煎好的鸡排上即成。

【热量】 200 卡。

香菇煎蛋

【原料】 鸡蛋 1 个，面粉 2 小匙，精盐、辣椒粉、肉豆蔻粉各少许，牛奶 2 大匙，香菇 6 个，香芹菜末少许，人造奶油 2 小匙，生菜 2 片，番茄 50 克。

【制法】 将鸡蛋分为蛋黄和蛋白；面粉加精盐、辣椒粉、肉豆蔻粉调匀一起过筛；加入蛋黄混匀后，放入油锅煎至两面金黄，其余佐料烧沸调汁；煎蛋盛盘后淋上调汁，用生菜与番茄装饰即成。

【热量】 182 卡。

乳酪烤蛋

【原料】 鸡蛋 1 个，咸腊肉 5 克，乳酪粉 1 大匙，葱 2 根，人造奶油适量，精盐、胡椒粉各少许。

【制法】 将咸腊肉汆烫去油分，切末；葱切末；鸡蛋打散，加乳酪粉、腊肉、葱、精盐与胡椒粉，用筷子拌匀；在耐热性容器的内侧抹上一层人造奶油，倒入蛋汁，然后放在中温的烤箱中烤熟即成。

【热量】 120 卡。

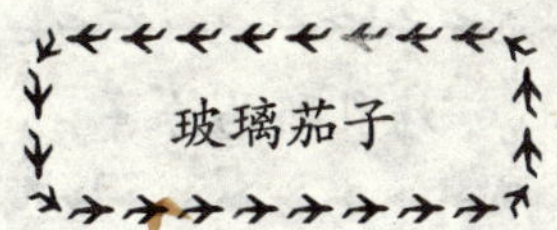

玻璃茄子

【原料】 茄子 2 个，白糖 2/3 小匙，炸油、姜、高汤、酱油、精盐各适量。

【制法】 茄子切斜纹泡水去异味，将茄子水控干后放入油中炸酥，立即放入沸水中去油分。姜磨成泥。用半杯高汤、酱油1小匙、精盐1/3小匙、白糖煮沸，放入去过油分的茄子煮一下。茄子入味后盛盘，撒上姜泥即成。

【热量】 120卡。

煎牛肉片

【原料】 牛肉80克，鸡蛋液10克，面包粉2大匙，面粉1/2大匙，色拉油2小匙，四季豆30克，番茄酱1小匙，精盐、胡椒粉 、蚝油、辣椒酱各少许。

【制法】 将牛肉稍微切开，抹上精盐、胡椒粉，依序沾面粉、蛋液、面包粉，用少许油煎熟。四季豆烫熟切段，混合番茄酱、蚝油、辣椒酱，淋入即成。

【热量】 240卡。

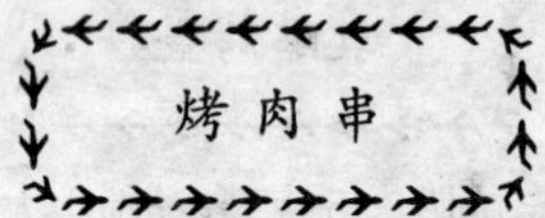

烤肉串

【原料】 里脊肉80克，青椒30克，各种调味料适量。

【制法】 将里脊肉切片，加少许酱油腌渍入味，青椒切开取子后洗净，待用。肉片与青椒交互用竹签串起，一边蘸腌肉汁，一边烘烤，至肉熟，蘸适当的调料即可食用。

【热量】 128卡。

烤乳酪马铃薯

【原料】 马铃薯100克，洋火腿1/2片，乳酪20克，奶油1小匙，炼乳30克，蒜汁、香芹菜各适量，精盐、胡椒粉、肉豆蔻各少许。

【制法】 将马铃薯去皮切薄片，洋火腿切丁，香芹菜切末。擦干马铃薯的水分,加 2/3 的乳酪及炼乳、精盐、胡椒粉、肉豆蔻各少量与洋火腿混合。在耐热器皿的内侧抹蒜汁,再涂奶油,放入混合各种材料的马铃薯,撒入剩余的奶油与乳酪。用火烤 20~30 分钟,最后撒香芹菜末,即可食用。

【热量】 232 卡。

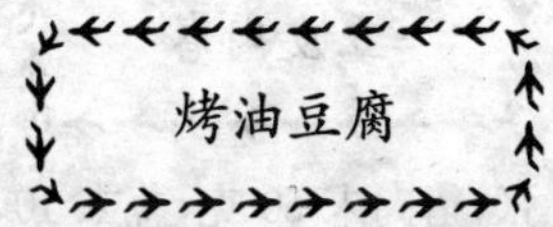

【原料】 油豆腐数块,豆瓣酱 1 大匙,葱适量,紫苏叶 1 片。

【制法】 将油豆腐汆烫去油切半,中央再切开。葱、紫苏叶均切成末,混合豆瓣酱,填入切开的油豆腐的切缝中,把填好豆瓣酱的油豆腐放在网架上烘两面,经烘烤后,油会滴落,使得油豆腐由高热量变成低热量食品。烤熟即可食用。

【热量】 112 卡。

蒸

以“蒸”法做成的食品,最能保持食物的原味,鲜味足,味道淡,又可溶解出肉类多余的脂肪,使食物保持低热量。

【原料】 黄花鱼 100 克,青葱、姜各少量,酱油、料酒各 1~4 小匙,白糖、胡椒粉、姜汁各适量,葱白 1 根。

【制法】

①鱼去鳞、去头、去内脏后,横剖成三片。

②把鱼放在盘中,葱丝与姜放鱼上,加酱油、料酒,放入冒气的蒸锅中蒸 10 分钟。

③取 1 大匙蒸汁,加入准备好的各种佐料,混合。

④葱切丝泡水中。拣去蒸鱼中的葱、姜后,放入盘中,淋上混合的佐料,再撒上葱丝即可。

【热量】 104 卡。

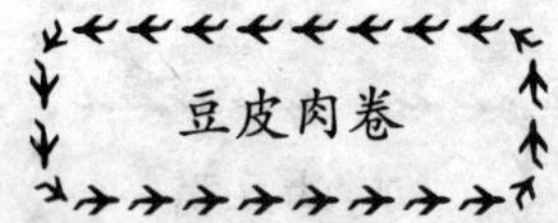

豆皮肉卷

【原料】 豆腐皮 2 张,猪肉末 50 克,葱末 10 克,笋末 20 克,姜末 10 克,豌豆仁适量,淀粉、香油、料酒、精盐各 1/4 大匙,胡椒粉少许,西洋菜 30 克,高汤少量。

【制法】 将豆腐皮夹放在湿布中使之软化;肉末加各种佐料混合调匀;摊开豆腐皮,将调好的肉馅的 1/2 置于其中卷起来,另一张用同样方法卷。将卷好的肉卷摆入盘中放至蒸锅用武火蒸 20 分钟,熄火前放入西洋菜。盛盘时,两旁用西洋菜装饰即成。

【热量】 176 卡。

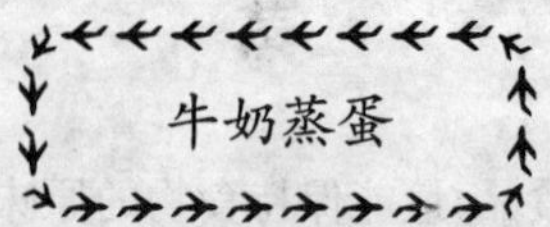

牛奶蒸蛋

【原料】 鸡蛋 1 个,牛奶 200 克,料酒、精盐、酱油各 1/4 小匙,鸡胸肉、虾、笋各 20 克,香菇 1 朵,青菜少许。

【制法】 将蛋打散,与各种佐料混合,再将其过滤;将鸡胸肉去筋切薄片,虾去壳及泥肠,各自加料酒、酱油腌渍入味;笋切片汆烫过;香菇切片,青菜切段;鸡胸、虾、笋置大碗中,轻轻倒入蛋汁,用中火蒸至表面凝固,再用小火蒸 20 分钟;熄火之前加香菇与青菜,蒸一下即可。

【热量】 240 卡。

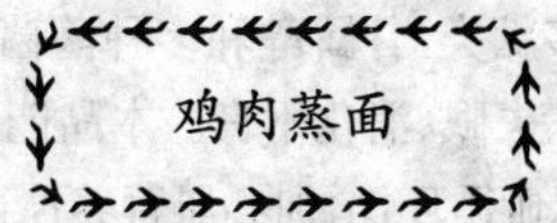

【原料】 面条50克,鸡肉馅30克,白糖1/2小匙,鸡蛋1个,酱油、料酒、高汤各适量。

【制法】 将面条煮熟洗去黏性,控干。锅中放鸡肉馅、酱油2/3小匙、料酒1小匙、白糖。用筷子把鸡蛋打散,加3/4杯高汤以及精盐、酱油各少量。面条放入锅中,倒入蛋液,将高汤倒入,再放入冒气的蒸笼中蒸一下,出笼即可食用。

【热量】 230卡。

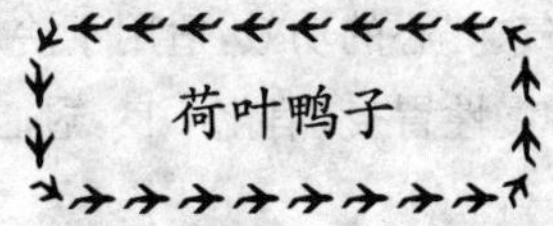

【原料】 填鸭(北京鸭)肉200克,米粉150克,糯米5克,鲜荷叶1张,姜末、味精、胡椒粉、酱油、料酒、葱末各适量,大茴1瓣。

【制法】 将填鸭肉切成大致相等的块。把大茴剁碎,与糯米一同炒熟之后,碾成细面,即成糯米粉。再以酱油、料酒、味精、葱末、姜末、胡椒粉等佐料调成汁,把鸭肉浸泡在内,然后把糯米粉、米粉等调入,用筷子拌匀。荷叶洗净后切成4块,把浸好的鸭肉块放在当中,用荷叶包好,放在盘子里,用武火蒸熟,约蒸2小时左右即可。

【热量】 268卡。

【原料】 灵芝粉末3克,猪瘦肉100克,酱油少许。

【制法】 将猪瘦肉切成小块,再剁成肉泥,加入灵芝粉末拌匀,再加入少量酱油调味,放入碗内,隔水蒸熟即可食用。

【功效】 灵芝(又称木灵芝),性味甘、平,入心、脾、肺经。本品含水溶性蛋白质、有机酸、多糖类、甘露醇和多种酶菌等，能滋补强壮，助消化，治虚劳、咳嗽、气喘、失眠、消化不良。本品能增强中枢神经系统功能，强心，改善冠状动脉血循环，增加心肌营养性血流量，降低心肌耗氧量和耗糖量，增强心肌及机体对缺氧的耐受力，降血脂，调节血压，护肝，促进周围血液中白细胞增加，增强机体免疫功能，并有抗过敏作用，又能止咳、祛痰。

灵芝多糖部分有明显的强心作用，酸性部分有显著抗过敏作用。同时，灵芝多糖还是一种免疫增强剂，可增强吞噬细胞的功能，增加白细胞数，促进T细胞增生；能增加玫瑰花瓣形成的细胞数，促进免疫球蛋白的形成。

本品具有安神、益气、养心的功效，适用于治疗神经衰弱，老年性慢性支气管炎，咳嗽气喘，慢性胃炎，消化不良，冠心病，高脂血症，白细胞减少等症。

【热量】 258 卡。

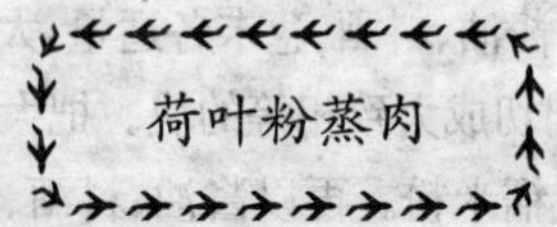

荷叶粉蒸肉

【原料】 带皮猪瘦肉(或五花肉)150 克，甜面酱 5 克，大米粉 50 克，姜、葱各 5 克，白糖 30 克，酱油、料酒各适量，鲜荷叶 2 张。

【制法】 先把肉洗净，切成约 7 厘米长、3 厘米宽、1 厘米厚的片。葱、姜均切成细丝，与白糖、料酒、酱油、甜面酱等佐料调成汁，把切好的肉片放入，浸泡约 30 分钟，等肉颜色变红，调好味。将荷叶洗净，切成小片，包好肉片，放在碗里，在锅内或笼屉中蒸约 1 小时即可。

【功效】 本品清暑热，利尿止血，降脂降压。

【热量】 250 卡。

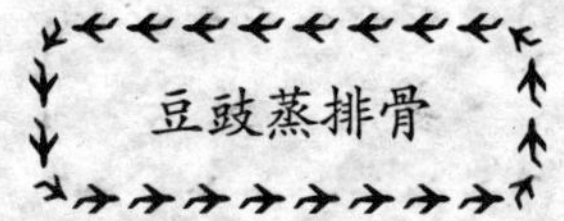

豆豉蒸排骨

【原料】 排骨 300 克，葱粒 1 茶匙，豆豉、蒜茸、辣椒丝、白糖、香油、淀粉各 1 茶匙，酱油、油各少许。

【制法】 将排骨洗净，吸干水分，剁成块。将腌料加入排骨中，腌约 15 分钟，放入冒气蒸锅内，大火隔水将排骨蒸熟，撒上葱粒，即可趁热食用。

【热量】 268 卡。

豉汁蒸黄花鱼

【原料】 黄花鱼 400 克，豆豉(剁碎)1 汤匙，蒜茸 1 茶匙，姜丝、葱丝各适量，生抽、香油、胡椒粉、料酒各少许。

【制法】 将鱼清洗干净，抹干水分，上碟。烧锅下油，爆香蒜茸，加入豆豉及腌料，盛起，均匀铺在鱼身上，用大火隔水蒸约 15 分钟至鱼熟，取出撒上姜丝及葱丝，淋入少许滚油，即可趁热食用。

【热量】 324 卡。

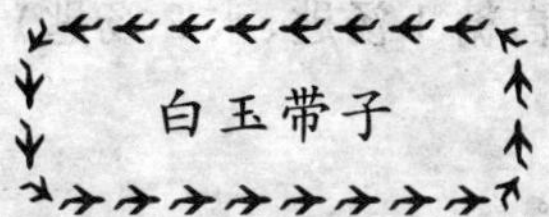

白玉带子

【原料】 鸡蛋清 4 个，带子肉 300 克，鲜奶 1/2 杯，咸蛋黄 1 个，淀粉 1 汤匙，精盐、胡椒各粉少许。

【制法】 将蛋清搅匀，加入鲜奶及少许精盐拌匀，装入深碟内隔大火蒸约 10 分钟取出，咸蛋黄蒸熟切碎。带子洗干净，抹干水分，加腌料腌约 20 分钟后泡油至熟，盛起沥干油分，铺在蒸熟的蛋清上，撒上咸蛋黄碎粒，即可进食。

【热量】 350 卡。

姜葱蒸鱼头

【原料】 鳙鱼头1个，姜丝、葱丝各1汤匙，辣椒丝少许，蒜茸1/2汤匙，姜汁、料酒、香油、胡椒粉各适量。

【制法】 将鱼头洗干净，去鳃，吸干水分，斩块，上碟，加腌料及姜丝、辣椒丝、蒜茸拌匀，略腌片刻。将水烧滚，把鱼头隔水蒸熟，取出撒上葱丝，淋上少许滚油，即可趁热食用。

【热量】 250卡。

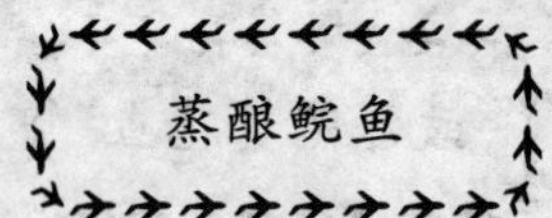

蒸酿鲩鱼

【原料】 鲩鱼1条，猪肉150克，冬菇4只，虾米、姜末各1汤匙，姜丝、葱丝、胡椒粉、香油各少许，精盐、白糖、淀粉各适量。

【制法】 将鲩鱼去鳞，宰洗干净，吸干水分，用少许精盐、淀粉擦匀鱼身。虾米浸软洗净，冬菇浸软去蒂洗净，猪肉洗净，同切成粒，与姜末及腌料调匀，酿入鱼肚内。将锅加水烧开，放入鱼，隔水将鱼蒸约20分钟至熟，取出，放入姜丝及葱丝。将鱼汁煮滚(鱼露1汤匙、老抽1汤匙、白糖1汤匙、水2汤匙)，淋在鱼面上，加少许滚油，即可趁热食用。

【热量】 220卡。

清蒸鲫鱼

【原料】 鲫鱼1条(约500克)，姜丝、葱丝、生抽、精盐、料酒、胡椒粉、白糖、葱白各适量。

【制法】 将鲫鱼去鳞、去鳃及内脏，洗干净，吸干水分，拌匀腌料，腌约20分钟待用。用2根葱垫在碟底，将鱼放葱上，盖上姜丝，用大火隔水蒸约6～7分钟，至鱼熟，取出，撒上葱丝。烧锅下油，将油烧滚，淋在鱼身上，再煮滚少许生抽淋上鱼身，即可食用。

【热量】 259卡。

杞子鸡蛋蒸鱼肠

【原料】 杞子40克，鸡蛋2克，鲩鱼肠3副，姜汁、胡椒粉、精盐、白醋各适量。

【制法】 杞子用滚水浸透，用清水冲洗干净，沥干水分。将鲩鱼弃去黑色“屎肠”，将白色鱼肠管剖开，刮洗干净，再用少许白醋将鱼肠腌约10分钟左右，用清水将鱼肠漂洗干净，控干水分，切长段。鸡蛋去壳，搅成蛋浆，加入杞子、鱼肠及调味料拌匀，盛于碟上。用大火隔水将鱼肠蒸熟，取出后淋上少许滚油即可。

【热量】 200卡。

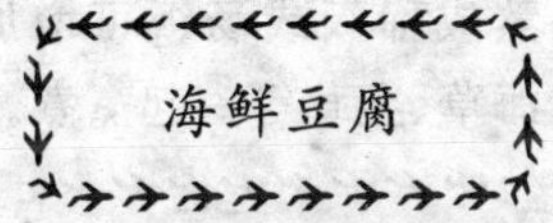

海鲜豆腐

【原料】 鸡蛋清5个，豆腐1块，鲜珧柱6粒，鲜虾300克，芫荽1棵(只要叶子)，精盐少许。

【制法】 豆腐冲洗后，抹干水分压碎，加入鸡蛋清、精盐1茶匙，打至均匀。鲜珧柱飞水，盛起吸干水分，1分为4，加入拌匀的豆腐蛋清，倒入有深度的碟内。鲜虾去壳去肠，洗净吸干水分，放在豆腐面上，烧滚半锅水，放入蒸格，武火蒸10分钟，淋上1汤匙滚油，撒上芫荽叶即可食用。

【热量】 227卡。

【原料】 素鸡 2 只,猪瘦肉 300 克,冬菇、荸荠各 2 只,葱、红椒各 1 根,精盐、白糖、生抽、淀粉、五香粉各适量。

【制法】 将素鸡切成 0.3 厘米厚的圆块。荸荠去皮洗净切碎,冬菇浸软去蒂切极小粒,瘦肉剁碎,加入调味料一同拌匀。葱、红椒切丝。每件素鸡的面上抹上淀粉,然后酿上拌匀的瘦肉料,用武火隔水蒸 10 分钟,碟边缀以葱丝及红椒丝,即可食用。

【热量】 196 卡。

粥、饭、糕(饼)

节食减肥时,注意控制淀粉的数量,宜一小碗,摄入相当于 160 卡路里的热量。熬成稀饭或汤饭可增加分量。为不增加热量,宜加入各种蔬菜、海草、金茸等一起烹煮。

【原料】 薏仁米 30 克,白糖适量。

【制法】 薏仁米洗净,置于沙锅内,加水适量,再将沙锅置武火上烧沸,后用文火煨熬,待薏仁米熟烂后,加入白糖即成。

【功效】 此品可健脾除湿。

【提示】 此粥可随意饮用。

【热量】 150 卡。

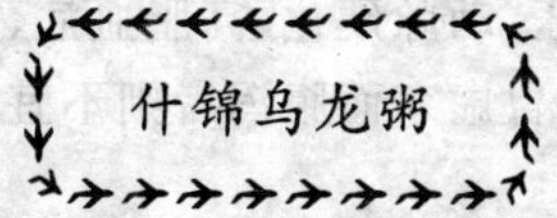

什锦乌龙粥

【原料】 生薏苡仁 30 克，冬瓜籽仁 100 克，红小豆 20 克，料包(干荷叶、乌龙茶各适量)1 个。

【制法】 全部用料洗净，放入锅内加水熬煮，至豆熟，再放入粗纱布包好的干荷叶及乌龙茶再熬 7～8 分钟，捞去纱布即可食用。

【热量】 140 卡。

豆浆粥

【原料】 粳米 50 克，豆浆 500 克，白糖(或精盐)适量。

【制法】 粳米先加水煮粥。煮至半熟时加豆浆同煮，至米开花粥稠、表面有粥油为度。

【功效】 本品具有补益养胃作用，男女老少均可长期服用，也适合于血管硬化症、高血压、冠心病及一切体弱患者食用。长期食用此品，不仅可以祛病，还有益于长寿。

【提示】 此粥每日早晚温食，发热和湿热较甚时不宜食用。

【热量】 114 卡。

绿豆粥

【原料】 粳米 100 克，绿豆 10 克。

【制法】 绿豆先以温水浸泡 2 小时，粳米加水后和绿豆同煮，豆烂米花汤稠时即可。

【功效】 本品具有清热、解毒、止渴、消肿等功效。用于治暑热烦渴、疮毒、疖肿、食物中毒。如附子、巴豆、砒霜等药物中毒，农药中毒、老年浮肿以及用于中暑的预防、高热口渴等。绿豆有降低血脂的作用，故高血压、动脉硬化、高脂血症、冠心病的患者，宜经常食用。而平常因脾胃虚寒而腹泻者则不宜用；一般在冬令时亦不宜食。

【提示】 每日可食用2～3次。

【热量】 132卡。

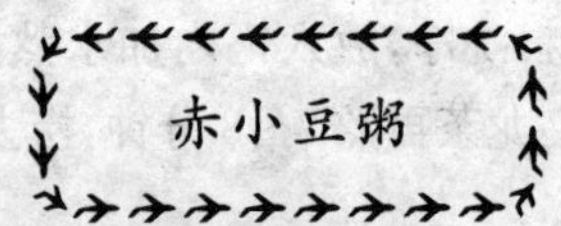

赤小豆粥

【原料】 粳米50克，赤小豆50克。

【制法】 赤小豆先用温水浸泡2～3小时，再加水煮烂，然后倒入粳米同煮。

【功效】 本品具有利尿消肿，健脾胃，止泻痢等作用，用于治小便不利，脚湿气，手足浮肿，老年性肥胖症，以及大便稀薄等症。

【提示】 早晚温热食用。

【热量】 134卡。

荠菜粥

【原料】 新鲜荠菜250克，粳米100克。

【制法】 加水如常法煮成稀粥。

【功效】 本品具有益气健脾，明目止血的作用。适用于年老体弱、水肿、咯血、便血、呕血、尿血及眼底出血等症。对血友病、慢性肾炎均有治疗作用。对治疗脾虚及各种血症有较好疗效。

【提示】 每日早晚温热食用。荠菜不宜久煮，以免软烂，影响口味。

【热量】 150卡。

芹菜粥

【原料】 新鲜芹菜(切碎)60 克,粳米 100 克。

【制法】 放沙锅内加水(最好是井水)如常法煮粥。

【功效】 本品具有固肾、利尿、清热、平肝等作用。用于治疗头晕脑涨、高血压、血管硬化、神经衰弱,妇女月经不调、崩中带下及糖尿病等症。

【提示】 每日早晚温热食用。作为治疗时宜频服久食,并应现煮现吃,不宜久放。

【热量】 150 卡。

木耳粥

【原料】 银耳 5～10 克(或黑木耳 30 克),粳米 100 克,大枣 3～5 枚,白糖(或冰糖)适量。

【制法】 先用水将银耳浸泡半天。粳米、红枣加水如常法煮粥,待煮沸后,再加入银耳(或黑木耳)煮成稠粥,再加白糖调匀,即可食用。

【功效】 本品具有润肺生津,滋阴养胃,益气止血,补脑强心等作用。用于治疗气血亏虚,过劳体弱;肺痿病阴虚内热,干咳少痰,喉干喉痒,痰中带血;胃阴不足的口干口渴,大便干结,便血,肠风出血,痔疮出血等症。亦可用于高血压、动脉硬化、冠心病及月经不调等症。

【提示】 感冒、发热时均忌服。因黑木耳还有活血破血作用,故孕妇慎用。另外,常吃木耳可以减少或预防心脏病的发作,老年人常吃木耳粥,对防止老年病,健康延年有一定效果。

【热量】 164 卡。

萝卜粥

【原料】 新鲜白萝卜、粳米各100克。

【制法】 将白萝卜洗净切成薄片，捣汁，每次取100毫升左右，或用鲜萝卜适量，洗净切碎亦可。与粳米加水如常法煮成稀粥。

【功效】 本品具有祛痰止咳及降气宽中、消食行滞、顺气利尿、清热解毒等功效。用于治疗慢性气管炎，咳嗽，咳痰，气喘，咯血，消化不良，胃酸过多，胸闷气急，咽喉诸痛等症。

【提示】 早晚温热食用。脾胃寒者不宜多食。

【热量】 145卡。

海带粥

【原料】 鲜海带30克(干品20克)，粳米50克。

【制法】 把海带用淡水浸泡半日，洗去咸水，切细，再和粳米加水如常法煮粥，适当加油、精盐调味。

【功效】 本品具有软坚散结消瘦，利水消肿之效。用于治瘿瘤、瘰疬，单纯性甲状腺肿、缺碘引起的甲状腺机能不足，慢性淋巴结炎，各种原因引起的淋巴结肿大，淋巴结核等症。海带还含有丰富的碘，每千克海带含碘量高达24万微克，对甲状腺机能亢进、基础代谢增高的患者均有明显的抑制作用。海带中还含有藻酸素，具有明显的降血压作用和降血脂作用，并对因放射性锶所致的骨痛病有防治作用。此外，尚有预防白血病作用。海带粥还用于水肿胀满、湿热脚气等病症的治疗。

【提示】 每日早晚温热服食，或隔日服食一次。有脾胃虚寒有湿和活动性肺结核患者不宜食用。动脉硬化、冠心病者宜进食。

【热量】 134卡。

【原料】 带皮冬瓜100克，粳米150克。

【制法】 新鲜冬瓜连皮洗净切块，和粳米一起加水如常法煮粥。煮至瓜烂米熟汤稠为佳。

又法：用冬瓜子10～15克，煎水去渣，同米煮粥亦可。

【功效】 本品具有利小便，消水肿，清热毒，止烦渴的作用。用于治疗水肿胀满，小便不利，包括慢性肾炎，水肿，肝硬化腹水，脚气浮肿等。另对肥胖症、暑热烦闷、口干烦渴、肺热咳嗽、痰喘等症也有治疗作用。

【提示】 每天上、下午，随意服食。煮粥时不宜放盐。

【热量】 170卡。

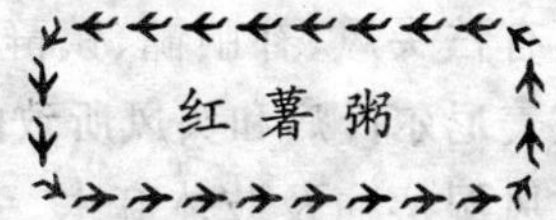

【原料】 新鲜红薯250克，粳米200克，白糖适量。

【制法】 新鲜红薯、粳米、白糖加水如常法煮粥。

【功效】 本品具有健脾益胃，益气温中的作用。用于治维生素A缺乏症、夜盲症、大便带血、便秘、湿热黄疸等症。

【提示】 早晚温热顿服。因含糖分较多，糖尿病人不宜食用。要趁热食用，冷后吃容易引起泛酸。平日不吃甜食的胃病者，不宜多吃。

【热量】 167卡。

【原料】 薤白10～15克(鲜品30～45克)，粳米100克。

【制法】 薤白、粳米加水如常法煮粥。

【功效】 本品具有宽胸、行气、止痛等作用，用于冠心病胸闷不适或心绞痛、老年性慢性肠炎、菌痢等症。药书指出能使人“轻身，不饥耐老。”

【提示】 早晚餐时温热食用。食时不宜过量。患目疾、痔患、时疫者忌食。

【热量】 146卡。

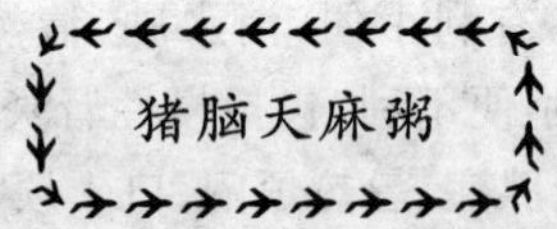

猪脑天麻粥

【原料】 猪脑1副，天麻10克，粳米250克。

【制法】 猪脑、天麻入沙锅内，加粳米、清水适量煮成稀粥，以猪脑熟为度。

【功效】 本品具有祛头风、补脑髓、镇静、镇痛等作用。用于治高血压、动脉硬化、美尼尔氏病和头风所致的头痛等症。如有因肝风内动、惊痫抽搐、风湿痹痛及肢体麻木、手足不遂等症也可作为辅助治疗。

【提示】 每日晨起，温服一次。选用健康猪的猪脑，病猪猪脑切勿使用。

【热量】 156卡。

汤

汤不仅可以使人充分吸收汤中的养分，还可让人有饱腹的感觉，减少主食营养的摄入，是减肥的主要食品之一。在汤中增加低热量的原料，将会使汤的内容丰富，味道更佳。

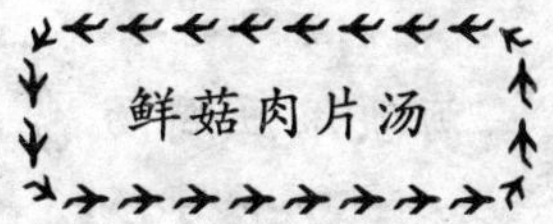

【原料】 鲜菇150克,猪瘦肉100克,姜2片,红萝卜数片,酱油、淀粉各少许。

【制法】 将鲜菇削去底部,飞水冲洗净,控干水分。将瘦肉洗净后切薄片,加腌料腌匀。烧滚开水,加入鲜菇、姜片及红萝卜稍滚,再加入肉片滚至熟,调入调味料即可。

【热量】 88卡。

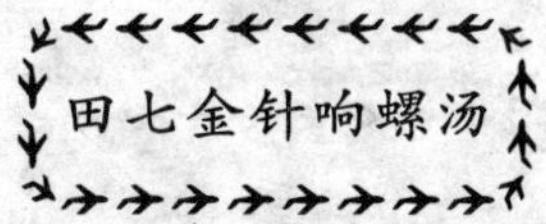

【原料】 田七10克,金针菜25克,姜1片,响螺(干品)100克。

【制法】 将各料分别用清水冲洗干净。响螺切片。加适量清水入瓦煲,烧滚后,放入全部原料,用中火将汤煲约3个小时,用调味品调味即可饮用。

【热量】 102卡。

【原料】 虾仁100克,冬瓜500克,海带200克,猪瘦肉100克,姜数片。

【制法】 将虾仁洗净,吸干水分;冬瓜洗净切粒;海带浸透,洗去咸味,剪片;瘦肉洗净切薄片。将冬瓜、海带放入汤煲,注入适量滚水,煲约30分钟。加入肉片,煲约1小时后,再放入虾仁、姜片,再稍滚片刻,加入调味料调味即可。

【热量】 96卡。

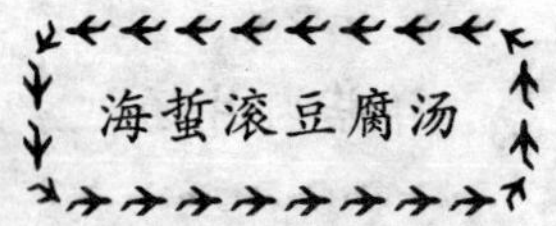

海蜇滚豆腐汤

【原料】 已发透海蜇 200 克，板豆腐 1 块，火腿 5 克，芫荽少许，姜 1 片，精盐、味精、油各适量。

【制法】 将火腿剁茸；海蜇洗干净，用滚水稍焯，倒出，用清水浸透；豆腐冲洗切小块。将姜放入汤煲，加入适量水煲滚，下豆腐煮滚，再下海蜇稍煮，撒上芫荽及火腿茸，加入调味料煮滚即可饮用。

【热量】 276 卡。

海蜇羹

【原料】 已发透海蜇 200 克，鸡蛋 3 个，火腿茸 2 汤匙，姜 1 片，水淀粉、精盐、胡椒粉各适量。

【制法】 将浸透海蜇洗干净，控干水分。将鸡蛋去黄，蛋清搅匀，加入 3/4 杯冰镇开水，搅匀，撇去泡沫，蒸熟。加入适量清水入煲内，放入姜片煲滚，加入调味料，用水淀粉勾芡成稀糊，用小匙将蛋清一匙匙舀入汤内，下海蜇，撒上火腿茸，即可饮用。

【热量】 242 卡。

苋菜黄鱼汤

【原料】 黄花鱼 1 条，苋菜 60 克，葱粒、姜末各少许，胡椒粉、料酒、精盐、水淀粉、油各适量。

【制法】 将黄花鱼去鳞，宰洗干净，隔水蒸熟后，去骨取肉。苋菜洗干净，略切。烧热锅，下油爆香姜末，下黄花鱼略爆，加入苋菜炒数下，注入适量清水，待滚后，加入葱粒及调味料，用适量水淀粉勾薄芡，即可趁热饮食。

【热量】 212 卡。

【原料】 水豆腐 2 块，黄花鱼 400 克，粉丝 30 克，韭黄 50 克，猪瘦肉 100 克，荸荠粉、姜末、胡椒粉、精盐、酱油、淀粉各少许。

【制法】 将豆腐冲洗干净，切小块；粉丝浸软切段；韭黄洗净切段；黄花鱼宰洗蒸熟，去骨取肉，加胡椒粉、精盐腌透；瘦肉洗净切粒，加酱油、淀粉少许腌匀。煮滚适量水，下豆腐、肉粒及粉丝，稍滚，加入鱼肉，用少许荸荠粉调水加入汤内，下适量精盐调味，加入韭黄即可。

【热量】 282 卡。

【原料】 冬瓜 500 克，珧柱 2 个，上汤 4 杯，精盐、油各少许。

【制法】 将冬瓜去皮及子洗净，切小块，放入滚水中稍烫。珧柱洗干净后，放入碗中加适量水隔水蒸约 20 分钟。将蒸好的珧柱及汁倒入锅中，加入上汤煮滚后，放入冬瓜，将冬瓜煮至熟黏，汤香浓，加入调味料即可。

【热量】 120 卡。

【原料】 豆苗 250 克，鸡胸肉 200 克，姜 2 片，酱油、淀粉、精盐、色拉油、味精、香油、胡椒粉各少许。

【制法】 将鸡胸肉去皮，洗干净，切薄片，用腌料腌匀。豆苗择好洗干净，控干水分。将6杯清水放入锅中煮滚，放入调味料及豆苗，煮约3分钟，再加入姜片及鸡肉，用筷子随时搅开肉片，稍煮。熄火，即可饮用。

【热量】 292卡。

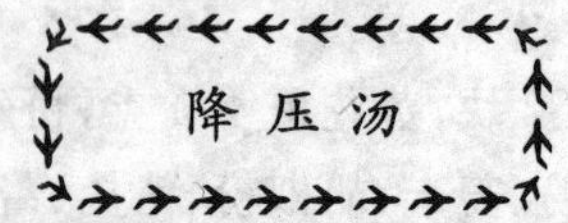

【原料】 紫菜1张，芹菜2根，番茄1个，荸荠8个，洋葱半个，精盐、味精各少许。

【制法】 将紫菜浸软去沙；芹菜洗净切段；番茄洗净切片；荸荠去皮开边；洋葱洗净切丝。用适量清水注入锅内，将全部材料一齐放入，烧至将各料煮滚至汤香味浓，加入调味料调味即可。

【热量】 102卡。

汁、饮、茶

采用纯天然食品或直接取汁或用水煎，含丰富的维生素，对减肥、美容有益。方法简便易行。

【原料】 荷叶15克，首乌10克，女贞子5克。

【制法】 将荷叶、首乌、女贞子加清水适量，煎服。

【功效】 本方药性平和，无副作用，体重、血脂会慢慢降低。

【提示】 每天1剂，坚持天天饮用，连服2～3个月。

【热量】 16卡。

魔芋精粉

【原料】 魔芋精粉(日用量1～2克)。

【制法】 将魔芋精粉溶于开水或饮料中,调匀后服下。

【功效】 降血脂和血糖效果十分显著。

【提示】 每天1～2克为宜。服用时间为3个月。同时辅以适量的魔芋面皮、魔芋果冻。在服用期间,饮食内容保持与日常相似,不暴饮,不要有意控制食量,不用服其他减肥药。

【热量】 25卡。

煎洋葱

【原料】 新鲜洋葱60～150克。

【制法】 煮或煎均可。

【功效】 时时服食,可治高血脂、高血压等。

【热量】 17卡。

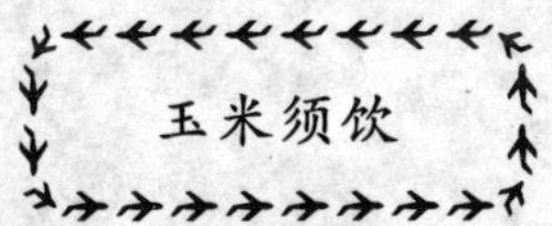

玉米须饮

【原料】 玉米须100克。

【制法】 将玉米须洗净,加水500克,小火煎煮半小时,静置片刻,汁液滤过,加白糖适量。

【功效】 本品利尿消肿、退黄、降压。是水肿、高血压、慢性肾炎患者的食疗佳饮。

【提示】 一次顿服,每日2次。

【热量】 30卡。

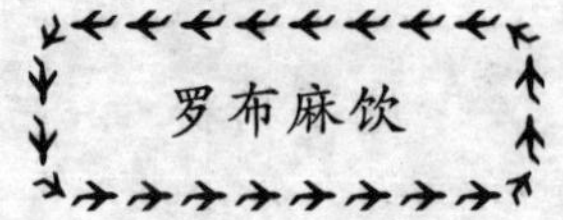

罗布麻饮

【原料】 罗布麻叶 50 克。

【制法】 将罗布麻叶置瓷杯内，加开水 400 克，盖严，闷约半小时，加适量白糖，即成。

【功效】 清火，降压，利尿，强心。对高血压、心脏病、神经官能症、肾炎水肿等症，有较好的保健食疗效果。

【提示】 宜温服。

【热量】 32 卡。

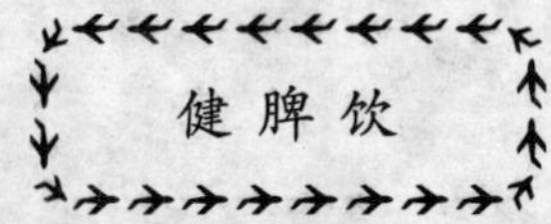

健脾饮

【原料】 橘皮 10 克，荷叶 15 克，炒山楂 3 克，生麦芽 15 克。

【制法】 橘皮、荷叶切丝，和山楂、麦芽一起，加水 500 克煎煮半小时，静置片刻，汁液滤过，加适量白糖，即成。

【功效】 本品健脾导滞，升清化浊，降脂减肥。

【提示】 宜温服。

【热量】 30 卡。

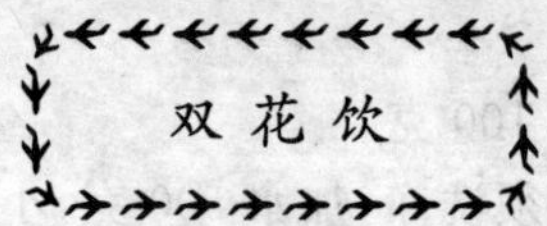

双花饮

【原料】 银花 50 克，菊花 50 克，山楂 50 克，精制蜂蜜 55 克。

【制法】 将银花、菊花及山楂(切片)一起放入锅内，加水2000克，煎煮半小时，滤过煎汁，再以同样条件煎煮一次。合并两次煎汁，复置火上，加上蜂蜜搅拌，烧到微沸即可。

【功效】 本品解暑热，助消化。用于伤身暑热、烦渴、眩晕、咽痛，也可作高血压、高血脂症、冠心病、化脓性感染等患者的保健饮料，同时还是夏季暑热期间很好的清凉饮料。

【提示】 宜冷后饮用。

【热量】 24卡。

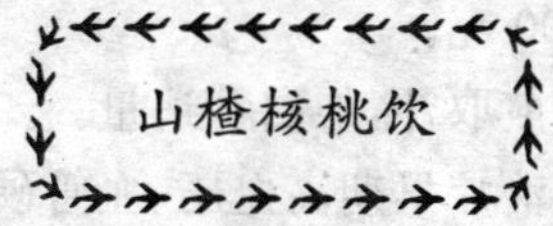

【原料】 核桃仁50克，山楂50克，白糖200克。

【制法】 核桃仁加入少许水，用石磨或绞肉机将其磨(绞)成茸浆。装入容器中，再加适量凉开水调成稀浆汁。山楂去核，切片，加500克水煎煮半小时，滤过煎汁。再以同样条件煎煮一次。两次山楂汁与核桃汁合在一起，复置火上，搅匀，烧到微沸即可。

【功效】 本品补肺肾，润肠燥，消食积。用于肺虚咳嗽、气喘、腰痛、便干、食积、血滞经少及腹痛等症有较好食疗作用。也可作冠心病、高血压、高血脂症及老年便秘等患者的保健饮料。

【提示】 宜温服。

【热量】 41卡。

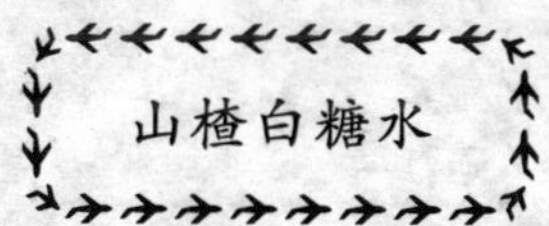

【原料】 山楂30克。

【制法】 山楂加水煮，开后加白糖适量，代茶饮服。

【功效】 本品具有降压、降脂、消食化滞的作用。适用于高血压、高脂血症以及饮食积滞(特别是肉食不消化)、湿热痢疾、产妇恶露不尽等症。

【热量】 40卡。

芹菜茶

【原料】 芹菜 500 克。

【制法】 芹菜水煎取汁,加白糖适量。

【功效】 本品可治疗早期高血压、血管硬化以及神经衰弱。

【提示】 每日 1 剂,代茶饮。

【热量】 24 卡。

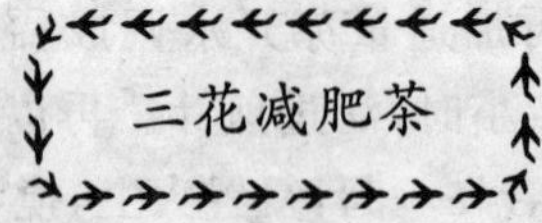

三花减肥茶

【原料】 玫瑰花、茉莉花、玳玳花、川芎、荷叶各适量。

【制法】 用玫瑰花、茉莉花、玳玳花、川芎、荷叶等原料泡水喝。

【功效】 本品具有减肥降脂功能,用于治疗肥胖症。

【提示】 有成品出售,每服 1 包,1 日 3 次。

【热量】 18 卡。

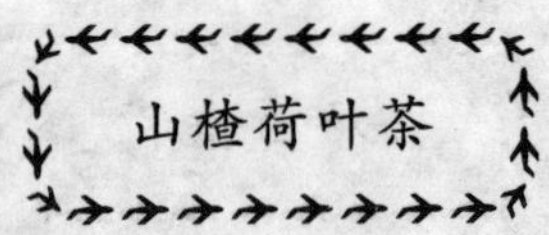

山楂荷叶茶

【原料】 山楂 15 克,荷叶 12 克。

【制法】 将山楂、荷叶水煎取汁。

【功效】 本品可治疗早期高血压、单纯性肥胖症。

【提示】 每日 1 剂,代茶饮。

【热量】 20 卡。

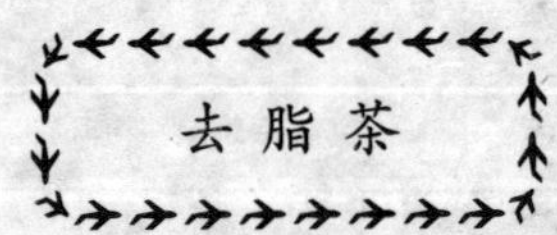

去脂茶

【原料】 青柿叶、青荷叶、山楂、乌梅、麦芽各 10 克。

【制法】 青柿叶或青荷叶可先晒干。各种原料均切碎，水煎代茶饮。

【功效】 本品可治疗血脂过高症。

【提示】 每日1剂。

【热量】 18卡。

【原料】 荷叶60克，生山楂、生米仁各10克，橘皮5克。

【制法】 将荷叶、生山楂、生米仁、橘皮泡茶服。

【功效】 本品可治疗单纯性肥胖症。

【提示】 每日1剂，每次服100克。

【热量】 20卡。

【原料】 鲜荷叶10克，鲜藿香10克，鲜佩兰叶10克。

【制法】 鲜荷叶、鲜藿香、鲜佩兰叶均切碎，泡茶饮。

【功效】 本品用于治疗中暑，也可用作减肥。

【提示】 每日1剂。

【热量】 18卡。

一周减肥套餐

◎星期一

早餐：煎蛋夹吐司，红茶加牛奶（不加白糖），水果。

午餐：什锦炒面，高丽菜，水果乳酪。

晚餐:梅汁鸡片,豆腐菠菜,烫玉蕈,饭 150 克。

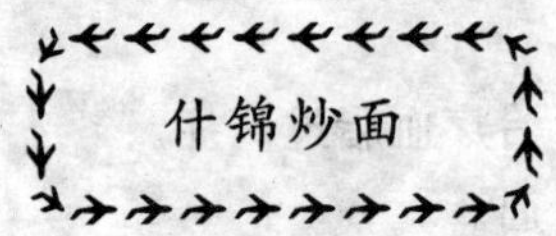

【原料】 面条,虾,墨鱼,蔬菜,各种佐料。

【制法】 虾去泥肠与壳,墨鱼剞花切片。先用油炒虾与墨鱼,出锅,放入蔬菜类拌炒,高温煮 3 分钟,加精盐、胡椒粉,用水淀粉勾芡,倒入虾、墨鱼与面拌炒一下。

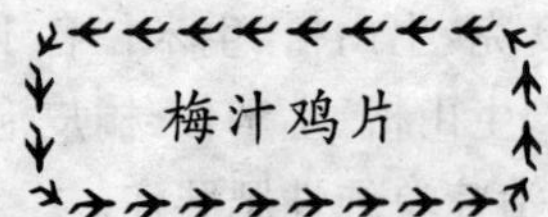

【原料】 鸡胸肉,酸梅,小黄瓜,胡萝卜,紫苏叶,各种佐料。

【制法】 鸡肉氽后切成片。酸梅去子剁碎,加酱油、高汤混匀。小黄瓜、胡萝卜均切成丝,泡冰水中。沥干黄瓜丝、胡萝卜丝盛盘。装饰紫苏叶,鸡肉蘸酸梅酱油进食。

【原料】 油豆腐,菠菜,辣椒粉等佐料。

【制法】 油豆腐氽烫去油分,切成适当大小。2 匙高汤、1 小匙酱油、白糖煮沸,加油豆腐略煮一下。菠菜氽烫后切段,油豆腐入味后盛碗中,以剩余的煮汁煮菠菜,放于油豆腐旁,并撒上辣椒粉。

◎星期二

早餐:裙带菜煎蛋,煮马铃薯,绿豆汤。

午餐:乳酪吐司,莎菜沙拉,水果。

晚餐:炸鲽鱼、蒜末酱油,熘四色菜,鸡汤。

乳酪吐司

【原料】 乳酪，吐司面包，白芝麻，人造奶油。

【制法】 吐司面包的单面涂抹人造奶油，放入剁碎的乳酪，放入烤箱，乳酪熔化后，撒上白芝麻，再烤 2 分钟。

莎菜沙拉

【原料】 高丽菜 70 克，胡萝卜 15 克，洋葱适量，色拉油 6 克，醋、精盐、胡椒粉各适量，牛奶 150 克，咖啡适量。

【制法】 各种蔬菜洗净切丝（或段），加入各种配料搅拌。

炸鲽鱼、蒜末酱油

【原料】 鲽鱼 100 克，酱油、料酒、葱、蒜、姜、白糖、香油、精盐、高汤、胡椒粉各适量，淀粉 8 克。

【制法】 鲽鱼去皮及内脏，淋入料酒与酱油。擦干后抹上淀粉，以低温油炸酥。葱、蒜、姜切末，加料酒 1/2 小匙，酱油、白糖、香油各 1 小匙，精盐、高汤、胡椒粉各少量，混匀后淋在炸好的鲽鱼上即可。

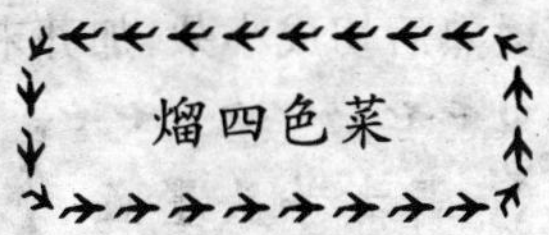

熘四色菜

【原料】 番茄 80 克，油菜 70 克，芦笋 40 克，新鲜香菇、油、酱油、精盐、胡椒粉、淀粉、高汤各适量。

【制法】 油菜汆烫后切段，番茄去皮切梳子形再去子，芦笋切段。1/4 高汤煮沸，加精盐、胡椒粉、芦笋烫一下取出，再依次汆烫番茄与油菜。新鲜香菇去蒂，用油炒一下，加半小匙酱油略煮一下，与其他三色菜一起盛盘。烫菜的高汤加水淀粉勾芡，淋上即成（此为 4 人份）。

◎星期三

早餐：法式吐司（吐司 60 克，牛奶 70 克，蛋 25 克，人造奶油 6 克，肉桂、白糖各适量），蔬菜沙拉，牛乳 200 克。

午餐：油煎豆腐，拌青花菜，酱煮芋头墨鱼，紫菜汤，饭 100 克。

晚餐：咖喱肉，酒醋沙拉，玉蕈蛋花汤。

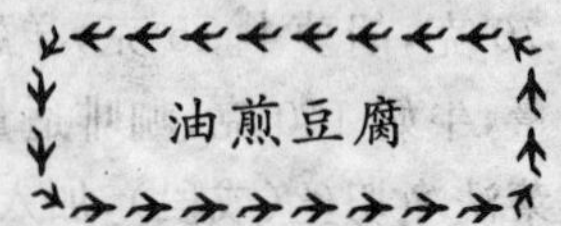

油煎豆腐

【原料】 豆腐 120 克，面粉 4 克，萝卜 40 克，色拉油、姜、葱、酱油各少许。

【制法】 控干豆腐的水分，抹上面粉。油锅烧热煎豆腐。萝卜、姜各自磨成泥，葱切粗末。将豆腐及萝卜、姜、葱置盘中，淋上少许酱油。

拌青花菜

【原料】 青花菜 60 克，酱油、芥末各适量。

【制法】 青花菜烫熟后切成小朵，加芥末、酱油混合。

酱煮芋头墨鱼

【原料】 芋头 90 克，墨鱼 30 克，白糖、酱油、高汤各适量。

【制法】 芋头去皮放入沸水中煮一下，捞起洗去黏性。墨鱼切成适当大小。锅中放适量的高汤以及白糖与酱油各大半匙，煮沸后放入墨鱼，变色加入芋头煮至没有煮汁即成。

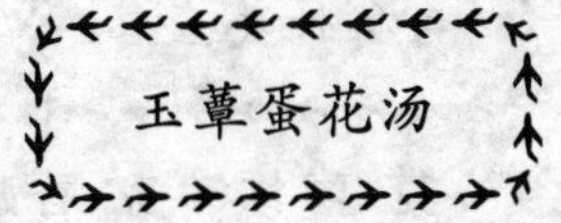

玉蕈蛋花汤

【原料】 鸡蛋 1 个，玉蕈、乳酪粉、精盐、胡椒粉、咸饼干末、淀粉、香芹菜末各适量。

【制法】 高汤煮沸，加精盐、胡椒粉调味，以水淀粉勾芡。蛋打散，加切小段的玉蕈、乳酪粉、胡椒粉，倒入勾芡的高汤中略煮一下，倒入小碗，撒上少许咸饼干末与香芹菜末即成。

◎星期四

早餐：汤饭（加鸡蛋 1 个），烤油豆腐，柠檬汁蔬菜，苹果乳酪。

午餐：肉臊面，奶茶，蔬菜沙拉，甜酒，奇异果。

晚餐：溜竹荚鱼，酸渍蔬菜，油煎小青椒，饭 100 克。

肉 臊 面

【原料】 面条 70 克，牛肉末 50 克，洋葱 40 克，香菇 1～2 朵，各种佐料少许。

【制法】 洋葱末、姜、香菇与肉末一起拌炒，加半杯高汤、番茄汁 3 大匙、精盐、胡椒粉，用小火煮一下，浇在烫熟的面条上，再淋入乳酪。

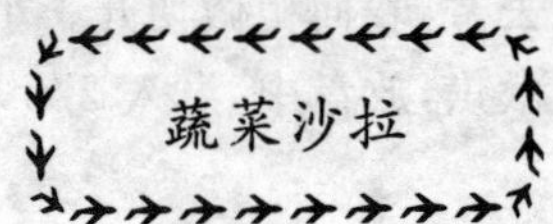

蔬菜沙拉

【原料】 小黄瓜 40 克，洋芹 30 克，胡萝卜 30 克，精盐、柠檬、沙拉酱各适量。

【制法】 蔬果切粒，拌沙拉酱等调料。

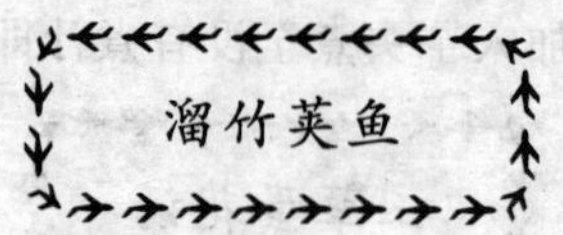

溜竹荚鱼

【原料】 竹荚鱼170克，萝卜80克，香菇、豆腐皮各适量，精盐、淀粉、炸油、高汤、酱油各适量。

【制法】 竹荚鱼横切成三片，去鱼刺，拌少许精盐，擦干水分，拌上淀粉，放入中温油中炸酥。萝卜磨成泥，沥干。豆腐皮切丝。高汤1/3杯、酱油半大匙煮沸后，放入鱼，再次煮沸后加萝卜泥、香菇煮沸后倒入碗中，撒上豆腐皮丝即成。

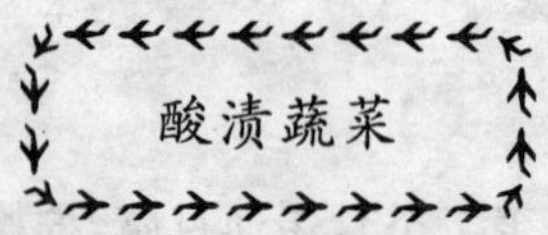

酸渍蔬菜

【原料】·贝芽菜20克，山芋80克，柴鱼适量，醋、柠檬汁、酱油、高汤各适量。

【制法】 山芋去皮切丝，贝芽菜去根须。山芋、贝芽菜、柴鱼一起置盘中。醋1/2大匙，柠檬汁1小匙，酱油、高汤各1小匙混合后淋入盘中。

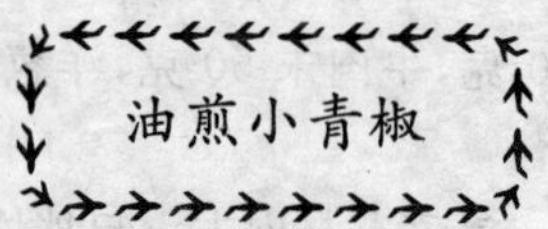

油煎小青椒

【原料】 小青椒40克，色拉油、酱油各少许。

【制法】 小青椒去蒂，表面稍微切开。小青椒涂色拉油，用叉子穿成串，调味，烤到微焦，放盘中，淋入2/3小匙酱油。

◎星期五

早餐：水果沙拉，蔬菜汤，三明治。

三明治：法国面包60克，乳酪25克，小黄瓜30克，莴苣30克，番茄60克，沙拉酱，煮蛋。

午餐:菠菜沙拉,牛乳味精汤,水果,豆腐烩饭。

晚餐:烤牛排,奶油马铃薯,生蔬菜,料酒 100 克,面包 30 克。

【原料】 豆腐 100 克,鸡蛋 1 个,鸭儿芹、紫菜各适量,饭 150 克,白糖、高汤、酱油各适量。

【制法】 以豆腐代替鸡肉。豆腐氽烫过沥干水分。在锅中煮调味料,加豆腐略煮一下,打入蛋汁凝结后,撒上鸭儿芹,淋在饭上。

【原料】 牛肉 120 克,香菇、西洋菜各适量,精盐、胡椒粉、酱油、红葡萄酒、色拉油各适量。

【制法】 牛肉加少许精盐、胡椒粉,放在网架上烤至八成熟即可盛盘。新鲜香菇去蒂切薄片,以色拉油拌炒后,加酱油、红葡萄酒、胡椒粉,趁热淋在牛肉上,装饰上西洋菜。

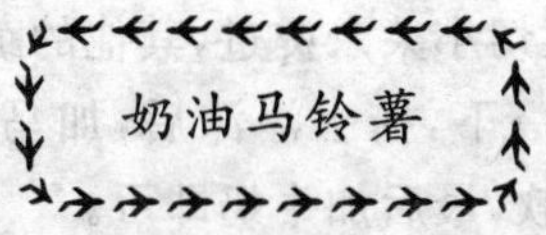

【原料】 马铃薯 100 克,高汤适量,精盐、胡椒粉、奶油各少许。

【制法】 马铃薯去皮切大块,放入沸水中煮至表面呈透明状即捞起。在另一个锅中放入马铃薯,放入高汤、奶油、精盐、胡椒粉、水煮至汁没时即可。

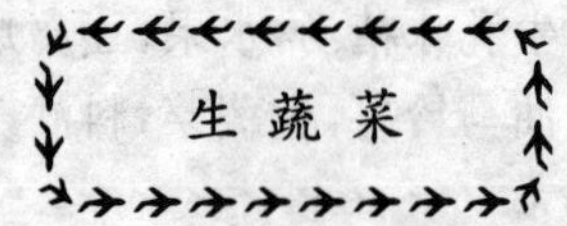

【原料】 小黄瓜、青花菜各20克，胡萝卜、西芹各10克，橄榄汁、柠檬汁各少许。

【制法】 小黄瓜、西芹、胡萝卜各切成条状。青花菜切成小朵，泡入加橄榄汁的水中。把几种蔬菜搅拌，淋入柠檬汁即可。

◎星期六

早餐：蔬菜炒油豆腐，酸渍黄瓜，蛋花味精汤，饭100克，水果100克。

午餐：水果乳酪沙拉，蔬菜汤，香酥烤面包。

晚餐：红烧肉，韭菜炒豆芽，炒粉丝，香菇汤，春饼。

【原料】 马铃薯100克，西芹、胡萝卜、青花菜各30克，洋葱70克，高汤100克，牛奶150克，精盐、胡椒粉各少许。

【制法】 青花菜切小朵汆烫过，其他的蔬菜切大块。胡萝卜、西芹、洋葱加高汤煮一下，捞去浮沫后，加马铃薯与青花菜，加精盐、胡椒粉把蔬菜煮软，最后加牛奶即可。

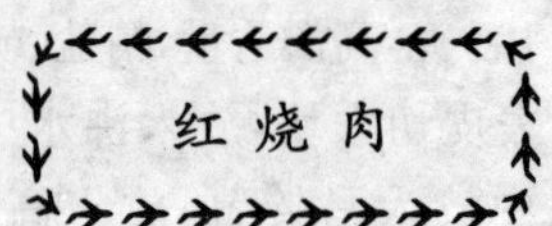

【原料】 猪腿肉500克，葱、姜各10克，豆瓣酱适量，各种佐料适量。

【制法】 切除猪肉的肥肉，葱切段，姜切片。锅中放酱油、水各1杯及料酒2大匙，将猪肉、葱、姜、八角、花椒、豆瓣酱放入，煮至熟透入味。煮汁剩一半时，待凉切片。

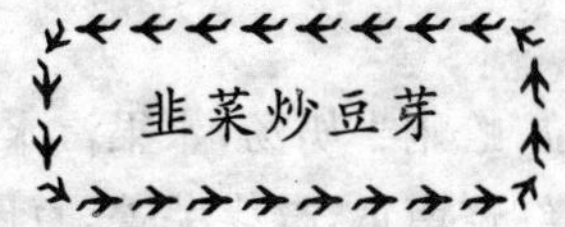

韭菜炒豆芽

【原料】 韭菜、豆芽各70克，色拉油4克，精盐、胡椒粉各适量。

【制法】 油加热，用大火拌炒切段的韭菜，再加豆芽、精盐、胡椒粉拌炒一下。

香菇汤

【原料】 香菇、鸭儿芹、高汤、精盐、胡椒粉各适量。

【制法】 香菇泡软，与高汤一起煮熟，加精盐、胡椒粉、芹菜丝即成。

炒粉丝

【原料】 鸡肉馅40克，粉丝、青菜各10克，酱油、高汤、红辣椒、精盐、胡椒粉、色拉油、香油各适量。

【制法】 粉丝泡软切成适当长度，青菜氽烫过切段。鸡肉馅用半小匙色拉油拌炒，加酱油、高汤煮沸，放入粉丝拌炒，最后加青菜、辣椒、精盐、胡椒粉与香油拌匀即可。

春饼

【原料】 鸡蛋1个，淀粉25克，水100克，精盐、油各适量。

【制法】 淀粉加半杯水混合，再加蛋汁、精盐混合均匀。加热平底锅，抹上油，倒入薄薄的一层和好的淀粉蛋浆，以小火煎两面，共煎数片春卷皮。依各人的喜好用春卷皮包各式菜肴材料。

◎星期日

早午餐:莴苣沙拉,蛤蜊牛奶汤,水果汽水。

晚餐:酱煮鲑鱼,红烧南瓜,柠檬芜菁,豆腐汤,玉蕈饭。

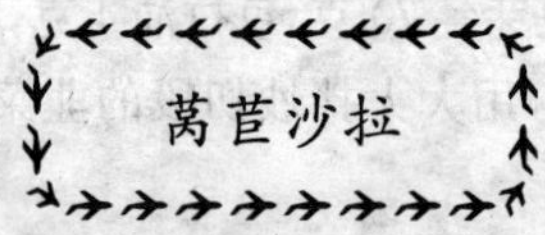

【原料】 莴苣50克,沙拉酱7克,牛奶5克,柴鱼、酱油各适量。

【制法】 莴苣切成大片盛盘。沙拉酱加牛奶、柴鱼、酱油混合后,淋上。

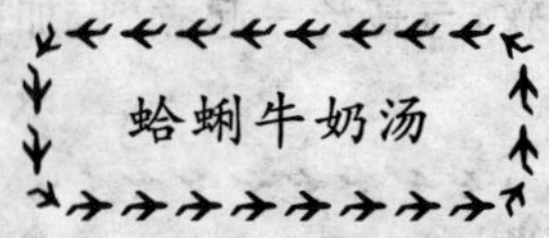

【原料】 蛤蜊20克,牛奶150克,色拉油、蒜、精盐、胡椒粉、香芹丝各适量。

【制法】 蛤蜊泡水去沙,蒜切片。油加热爆蒜,放入蛤蜊,加水煮沸后,转为小火,加牛奶、胡椒粉、精盐,最后撒上香芹丝即成。

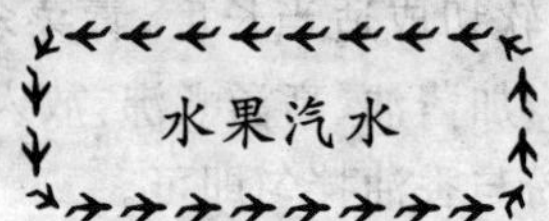

【原料】 苹果30克,葡萄50克,香蕉20克,凤梨40克,汽水、柳橙汁各50克,精盐、柠檬汁各少许。

【制法】 各种水果切成适当大小,苹果泡精盐水,香蕉淋柠檬汁。进食前,混合柳橙汁、汽水,再放入水果与冰块。

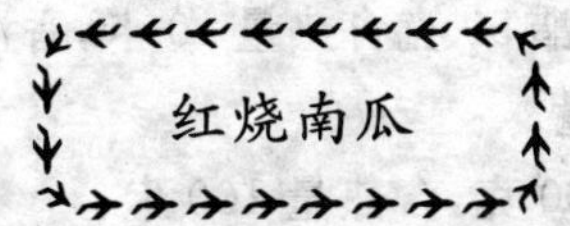

【原料】 南瓜150克，鸡胸肉15克，姜汁、豌豆仁、高汤、酱油、白糖、水淀粉各适量。

【制法】 鸡胸肉剁碎，加姜汁放入锅中炒至变色，加水或高汤、白糖、酱油煮4～5分钟。南瓜煮熟后取出，煮汁加水淀粉勾芡，加煮熟的豌豆仁混合，淋在南瓜上。

一日减肥套餐

◎早餐

鲜肉月饼1块，牛奶1杯。

其中：猪瘦肉10克含热量24卡，面粉50克含热量170卡，香油2克含热量18卡，鲜牛奶100克含热量64卡。

合计：284卡热量。

◎午餐

米饭、红烧鸡块各1盘。

其中：米75克含热量266卡，鸡肉200克含热量220卡，土豆100克含热量16卡，素油10克含热量90卡，酱油少许含热量10卡。

合计：602卡热量。

◎晚餐

米饭、酸笋汤各1份。

其中：米25克含热量89卡，鲜笋100克含热量40卡，菠菜

200 克含热量 46 卡,醋 50 克含热量 10 卡,香油 2 克含热量 18 卡。

合计:203 卡热量。

另有水果(梨)200 克,含热量 100 卡。

全天进食共含热量 1189 卡。

三日快速减肥套餐

◎第一天

早餐:豆浆 100 克。

午餐:水果 50 克,蔬菜 50 克。

晚餐:蔬菜 50 克,蛋白质类食物 25 克。

◎第二天

早餐:牛奶 200 克,面包 1 小片(约 25 克)。

午餐:蔬菜 50～70 克,水果 50 克,蛋白质类食物 50 克。

晚餐:蔬菜 50～70 克,水果 50 克。

◎第三天

早餐:豆浆 200 克。

午餐:蔬菜 50～70 克,水果 50 克,蛋白质类食物 50 克。

晚餐:蔬菜 50～75 克,水果 50 克,蛋白质类食物 30～50 克。

低热量饮食套餐

◎早餐

馒头28克,咸豆浆冲蛋300克(包括豆浆245克,鸡蛋50克,香油5克)。

重量328克。其中含:蛋白质16克,脂肪13克,白糖15克。最好在上午7时进食。

◎午餐

米粥250克,清蒸鲫鱼(90克为3份量),凉拌豆腐茼蒿(包括豆腐100克,茼蒿100克,香油5克),葡萄75克。

重量560克。其中含:蛋白质16克,脂肪15克,白糖25克。最好在中午12时进食。

◎晚餐

三鲜面(包括干面条25克,牡蛎30克,花枝25克,虾仁30克,小白菜100克,香油5克),杨桃200克。

重量415克。其中含:蛋白质16克,脂肪15克,白糖25克。最好在下午5时进食。

本套餐营养成分:蛋白质48克,脂肪43克,白糖65克。总热量1 200卡。

怎样在运动中减肥

运动是减肥的好方法

肥胖者增加体育锻炼，不但可以达到增加体内脂肪的“支出”，使体型恢复的目的，而且还可使身体的各器官得到锻炼，增强了体魄。因此说，增加运动是非常适宜的减肥好方法。

①要增加肌肉活动，就需要增加热量，这样可以促进脂库中脂肪的“燃烧”，改变肌肉与脂肪的比例。

②运动可以作为消耗脂肪的刺激，通过神经、体液调节促进脂肪代谢。

③运动可以降低血脂，使血液中胆固醇及甘油三酯降低，减少脂肪在心脏、肝脏、血管中的沉积，减少冠心病、脂肪肝等疾病的发生率。

④运动有助于改善心肌代谢，从而提高心肌工作能力，使心肌收缩力加强，增强了肥胖者心血管系统对体力负荷的适应能力。

⑤运动可增强呼吸力量，增加胸廓活动范围及肺活量，改善肺通气及换气机能。气体交换加快，也有利于“燃烧”掉多余的脂肪。

运动减肥的原理

运动为什么能减肥，主要是通过两个方面来实现的。

①调节神经与内分泌功能。正常人之所以能保持相对恒定的体重，主要是在神经系统和内分泌系统的调节下，合成与分解代谢相对平衡的结果。

肥胖者的这种调节机能发生障碍，代谢发生了紊乱，合成代谢大于分解代谢，多余的糖类、脂肪就以脂肪的形式储存起来。加强运动，可以改善神经与内分泌系统，恢复它对新陈代谢的正常调节，促进脂肪代谢，减少脂肪沉积。

②增加体内脂肪和糖的消耗。食物中的脂肪进入体内后，分解为游离脂肪酸和甘油三酯进入血液和贮存于脂肪细胞中，如果摄入含脂类食物愈多，脂肪组织就愈增加。另外，糖类食物过多摄入体内也会转变为脂肪组织贮存起来。当增加运动时，肌肉活动需要热量，因此对血的游离脂肪酸和葡萄糖利用率增高，脂肪细胞得不到补充，反而还要支出，于是就缩小变瘪。

所以，对肥胖者来说，应通过体力活动，增加体内脂肪和糖的氧化分解，使每天消耗的热量超过摄入的热量，做到入不敷出，才能减轻体重。

运动减肥的注意事项

运动虽然可以强壮体魄、降脂减肥，但运动减肥时应注意以下几点：

①因人而异。减肥者运动前一定要进行身体检查，如患有严重的冠心病、高血压和肝炎、肾炎等病，不应进行较大量的体育活动，要先治疗疾病，并选择行走、太极拳等和缓适宜的项目。老人、儿童、孕妇、产妇等也应该选择各自适宜的运动项目。

②循序渐进。肥胖者平时缺乏体育锻炼，心肺功能和骨关节的灵活性都比较差，因此不宜一开始就大负荷运动；运动量应循序渐进，逐步增加，一般需要 2～4 周适应过程。

③准备充分。每次锻炼前应做一些准备活动。如活动活动上下肢、腰部，使踝关节、腿部肌肉和肌腱充分活动开，肺的气体交换增加，心脏输出的血液增多，以避免肌肉、韧带拉伤和心悸气短。

④活动适量。运动量太小，达不到减肥目的，运动量过大会出现副作用，特别是伴有其他严重慢性疾病的肥胖者和老年人，一定要格外注意。一般来说，运动量应掌握在中等强度。

运动后脉搏数，青年人每分钟不超过150次为宜，老年人以每分钟不超过110次为宜。

运动时不应出现头晕、恶心、呕吐、脸色苍白等症状。运动后肌肉酸痛，睡眠、食欲正常。如果出现头痛、食欲不佳、失眠等症状，说明运动过量。

⑤锻炼后放松。放松活动又叫整理活动。每次运动结束后或运动间歇，做些走动、慢跑、深呼吸等节奏缓慢的练习，使心脏、呼吸、血压等尽快从运动状态恢复正常。

⑥持之以恒。体育锻炼一定要坚持如一，不能想练就练，不想练就不练，练练停停无益于减肥与健康。儿童锻炼，家长应督促，并以身作则，身体力行。

⑦其他注意事项。运动时除了要注意以上几点外，还应注意做到：

首先，应适量补水。比较剧烈的运动会大量排汗，特别是夏天大汗淋漓，体内失水较多，应及时补水(最好水中加点精盐)，以便保持人体水盐平衡、酸碱平衡等。运动后不宜饮用汽水、可乐、浓茶等。

其次，着衣应适宜。运动多在室外进行，衣着鞋袜既要适于运动需要，又要注意适应季节变化，特别是冬天注意避免着凉，运动时不要穿鞋底滑的鞋，以免滑倒造成损伤。

第三，地点应适宜。运动时应选择空气清新、没有污染、地面平坦的绿地内进行，不要在车水马龙的地方锻炼，避免汽车废气的吸入和车辆的碰撞。老人运动应特别注意这一点。

第四，项目应适宜。老年人可选行走、慢跑、太极拳等缓慢的运动，青年人可选择长跑、器械训练、篮球等运动量大的项目，儿童应选一些娱乐性较强的运动，如跳绳、韵律操等。

最后，运动后不要马上洗澡。运动后马上洗热水澡会使皮下血管扩张，心跳加速，血流加快，70％以上的血液流向肌肉皮下，这样易引起大脑缺血，产生昏迷或诱发心脏病。特别是年老体弱、肥胖者更应注意。运动后马上洗冷水澡，使体温突然下降，血管急剧收缩，体内大量的热不能及时散发，容易引起感冒、抽筋等。

适于减肥的运动

减肥运动又称为"体疗"，与一般体育活动不完全相同。既要对肥胖有针对性的锻炼，又要使肥胖者以及伴有其他疾病的肥胖者承受得了。减肥运动主要有以下几类：

①耐力性运动锻炼。这类锻炼主要是增加耗氧量，促进新陈代谢，并且调整和强化机体各器官的活动能力，特别有利于心血管系统。通过锻炼，增加热量"燃烧"，避免过多的热量转化为脂肪贮存和促使脂肪燃烧。耐力性运动的室外活动有中速或快速行走、爬坡行走（如爬楼梯、爬平缓坡）、缓步跑、骑车、游泳等；室内活动有跑步器、骑行器等。其中步行与跑步不需任何设备与条件，锻炼尤为方便。此类活动适于年老肥胖者，及并发其他慢性病的肥胖者。

②力量性锻炼。这类锻炼主要是对肥胖部位有针对性的活动。如为了减少腹部脂肪，可进行仰卧位的腹肌运动，像双直腿上抬运动、直腿上下打水式运动、仰卧起坐等；为减少腰背和臀部脂肪，可进行俯卧位的腹肌和臀肌运动，像双直腿后上抬运动，头、肩、腿同时后抬的"船形"运动等。为减少胸部与肩部的脂肪，可进

行适当重量的哑铃操等室内训练器械的锻炼。这类活动,老年人及伴有严重慢性病肥胖者慎之。

③耐力性与力量性结合的运动,如乒乓球、羽毛球、排球、篮球等球类活动,健美操、减肥操、广播体操等体操类活动,太极拳、太极剑等传统武术活动,老年迪斯科、交谊舞耐力训练与力量性结合在一起的活动项目,这些运动娱乐性强且不枯燥,很受减肥者的欢迎,特别适于肥胖的少年儿童。

游泳是减肥健美的好项目

游泳是一项令人惬意的、不枯燥的体育活动。同时又是一项非常好的减肥健美活动项目。游泳,可以使肌肉发达,内脏器官功能增强,提高人对各种疾病的抵抗能力,使人精力充沛,身体健壮。

游泳,都是平卧在水中进行的。蛙泳时,腿不能蹬出水面,在抬头吸气时,臀部和下肢要保持较高的位置,要求背肌有一定的紧张度。蝶泳,不仅要俯卧,而且还要略呈背弓状,使身体在水中尽可能呈流线型,最大限度地减少水的迎面阻力。海豚泳,则要求躯干做波浪动作,背部肌肉须保持紧张。各种游泳姿势都要求脊柱充分伸展,以便加长划水路线,使游泳动作更符合力学原理。对脊柱伸展与矫正或防止驼背及其他职业性脊柱侧弯是有益的。

游泳时,腿臂并用,全身肌肉都对称地参与运动,长期从事游泳不仅消耗较多的热量,减少脂肪贮存,还可以使四肢肌肉匀称发达,并使身体的一些小肌肉群得到锻炼,不会出现腹部、臀部、大腿的脂肪堆积。此外,因受的压力为12～15千克,因此,游泳对人的呼吸肌提出了更高的要求,喜欢游泳的人,一般都胸部肌肉丰满,肩部宽阔。

游泳时身体直接浸泡在水里,水不但阻力大,而且导热性能好,散热加快,因而消耗热量多。实验证明,在水中游与陆地上走相同距离，游泳消耗的热量要多 2～3 倍。在 14℃的水中停留 1 分钟消耗热量高达 100 千卡，相当于在同温度空气中 1 小时散发的热量。

游泳时，水对身体各部位实际上起着一定的按摩作用。水对身体表面的摩擦可以加速皮肤毛细血管的血液循环，促进皮下脂肪与表皮细胞的新陈代谢，使人的肌肤光滑圆润，更富有弹性。

如在户外游泳，紫外线照射，能使人体皮肤中的 7-脱氢固醇转化变成维生素 D。维生素 D 可以促进身体对钙和磷的吸收，有利于骨骼的钙化及正常发育。所以，室外游泳可预防和治疗佝偻病。

但游泳一定要注意安全。肥胖同时并发心脏病、肾脏病等慢性疾病者可否游泳，应遵守医嘱。剧烈运动后也不应马上下水，以防抽筋和引起其他疾病。

健美运动是一种好的减肥方法

现在不仅健美场馆如雨后春笋般地涌现，而且健美器械也开始进入家庭，各种健美操与健美训练已被愈来愈多的人掌握。

健美活动兴起之初，多是追求形体者参加，后来，愈来愈多的肥胖者加入进来，以求恢复正常体重。

的确，健美运动作为减肥的手段之一是有着其特点的。

健美减肥不是通过禁食等损害身体的方式达到减重目的，而是将减肥与健美二者结合，既要减肥又要有益健康。

健美是借助全身运动，增加人体能量的消耗，以减少皮下积存的多余脂肪。通过锻炼可使皮肤与肌肉变得结实并富有弹性，使人看上去更有朝气。

特别值得一提的是，一些城市的姑娘体重虽未超重，但实际上是脂肪层支撑“丰满”，而肌肉量偏低，因此，即使是标准体重而不常进行体育锻炼的人，也适于参加健美运动。健美运动还可提高人的心血管和消化等系统的功能，强身健体。此外，消瘦者通过健美锻炼也会逐渐丰满健壮起来。

健美运动从形式上分有徒手操与器械训练两类，但从方式上应分耐力与爆发力训练两类。徒手操和器械中的跑步器、脚踏车等均属于耐力训练。杠铃、划船器等器械多以爆发力训练为主。进行健美锻炼时，刚开始可能会因为活动量的增加而增加进食量，此时绝不可限制进食，而应减少糖类、脂肪、甜食等食物的摄入，适量进食蛋、瘦肉、蔬菜等食物，进入中、长期锻炼后，食量还会逐渐减少。

跳舞也能够减肥

减肥除了调控饮食外，还应增加运动以增大人体对热量的支出。运动方法很多，不同年龄，不同的体质应采用运动量不同的运动方式。年龄较大、体质较弱的人，不宜参加剧烈运动而应采用散步、慢跑、游泳、打乒乓球、跳舞等运动方式。适于大众舞蹈的有民族舞、集体舞、国标舞、交谊舞、迪斯科等。其中交谊舞易学易跳，节奏缓急相间，是集娱乐与运动于一身的有益身心健康的健美减肥项目。

舞蹈轻柔舒缓，运动量不大，运动强度与速度适中，通过舞蹈，增强了肌肉的活动，促进了心脏功能，增加热能的消耗。慢步舞的能量消耗是坐时的 3 倍，与每小时骑 10 公里自行车能量消耗差不多。

跳交谊舞时要求上体端庄、挺胸、收腹、立腰，在健身娱乐的同时，强化了形态美。舞蹈动作的多样化，还可使工作姿势单一的职业妇女减少后颈部肌肉劳损的可能性。

舞场内优美的环境，悠扬的音乐还可以起到调节大脑和神经中枢，进而改善人的心血管活动、植物神经活动、内分泌活动等作用。

舞蹈有增益身体和心理两方面的健康，与其他运动方式相比别具特色。舞蹈疗法在欧美等国悄然兴起，美国还有认定专门从事“舞蹈疗病法”资格的医生。在我国北京等地清晨或傍晚自发的街头舞场比比皆是。前两年在日本东京还召开过“跳舞有益身心健康，发展舞蹈治病”的国际交流会。

当然，任何事物都是一分为二的，如果过分沉湎于舞厅或节奏过于强烈的迪斯科中，反而有损健康。患有高血压、冠心病的肥胖者，跳舞时应选择慢节奏舞步，以免动作剧烈，发生意外。

自行车减肥法

自行车是克服心脏功能毛病的最佳工具之一。世界上有半数以上的人是死于心脏病的。骑单车不只能藉腿部的运动压缩血液流动，以及把血液从血管末梢抽回心脏，事实上却同时强化了微血管组织，这叫“附带循环”。强化血管可以使你不受年龄的威胁，青春永驻。

除此之外，习惯性的单车运动，更能逐渐扩大你的心脏。否则血管愈来愈细，心脏愈来愈退化，到了晚年，你就会体验到它所带来的烦恼，那时你会发现，自行车运动是多么的完美。

单车是需要大量氧气的运动，曾经有个老人以 6 天时间，完成了 460 公里的单车旅行。他说：“老年人一周至少要有 3 次运动，使心脏强化起来，恢复正常功能。你要使心脏激烈跳动，但不可过久。如此它将能适应紧急状况，如赶车或抵抗困境。”

单车运动同时也能防止高血压，有时比药物更有效。还能防止发胖、血管硬化，并使骨骼强壮。自行车使你不必用药物来维持健康，而且毫无害处。

自行车是减肥的工具，根据统计，75 千克重的人，每小时以 15 公里的速度，骑够 118 公里时，可减少 0.5 千克体重，但必须每天持之以恒。

单车运动，不只可以减肥，还使你的身段更为匀称迷人。藉运动减肥，或边节食边运动的人，身材比只靠节食减肥的人来得更好，更迷人。

适当的运动能分泌一种荷尔蒙，这种荷尔蒙使你心胸开朗、精神愉快。从经验中，可知道单车运动就能产生这种荷尔蒙。

事实上因为踩单车压缩血管，使得血液循环加速，大脑摄入更多的氧气，因此你吸进了更多的新鲜空气。骑过一阵子之后，你会觉得头脑更清醒。

骑着这种靠本身体力去踩的双轮脚踏车，你会感觉十分自由且令人畅快无比。它不只是一种减肥运动，更是心灵愉悦的放逐。

爬楼梯减肥法

由于工作的繁忙和生活节奏的加快，许多人因此而放弃了锻炼。可是爬楼梯倒是项新的健美锻炼形式。尤其是人过中年，由于活动相对减少，如能经常上下楼梯则可增强冠状动脉的血流量，有助于预防冠心病的发生。

说起来，爬楼梯时其身子势必略须前俯，包括手的摆动、跨步，从而能够增强下肢肌肉和韧带的力量，保持下肢关节的灵活性，且能增强内脏功能。每当爬楼梯时其呼吸频率和脉搏次数无疑会加快，这对增强人体的呼吸，加强心脏、血管系统的机能皆有极好的促进作用。

据运动医学家的测定，人每登高 1 米所消耗的热量，相当于散步走 28 米。其所消耗的能量是静坐时的 10 倍，走路的 5 倍，跑步时的 1.8 倍，游泳时的 2 倍，打乒乓球的 1.3 倍，打网球时的 1.4

倍，如果沿着6层楼的楼梯上下跑2～3趟，则相当于平地慢跑800～1500米的运动量。

对女子来说要想使身材变得苗条起来，那么爬楼梯乃是一项简便可行的减肥之举。一位40千克体重的妇女，上10分钟的楼梯所消耗的热量为200热卡。平时上楼梯所消耗的热量要比通常散步多4倍，比晨跑锻炼还多29%。一位体型较胖的妇女，要是住在三楼上，每天坚持步行上、下楼5～6次的话，那么一年之内其体重便可减轻3千克。看来，爬楼梯对防治肥胖亦有所助益。

一位在汽车修理厂工作的女士，每天总是驱车上班而且一到工作地点接着就上电梯，从未到车间以外任何地方。后来，她为了想方设法补救运动不足的缺陷，开始自觉从工作间下面的两层离开电梯，这样每天早上和中午都能坚持爬楼梯走完其余的路程，想不到最后她终于收到了满意的减肥效果。可见对肥胖者来说，爬楼梯的确是一项明智之举。

跳绳减肥法

◎跳绳可以消除疲劳

跳绳是最佳的健美操，原因何在？因为跳绳可以减少腿部、臀部、腰部多余的肉；使动作敏捷、稳定身体的重心，并能使全身肌肉匀称有力。跳绳只要手握一根绳子，就可以运动了，无需其他特别器材，或是特定的服装，可以在任何空间跳跃。

有一个体育系的男孩，高大、魁梧、动作粗鲁，他做任何事都是笨手笨脚的，以至于他在人群中很忸怩不安。后来跳绳成了他的万灵丹，他每天不间断地跳，他的体育教练称赞他："当他跳步的时候，身手矫健，如果在一箱鸡蛋上面跑过，我相信蛋壳不会裂掉！"由此可见，跳绳也可以练习轻功呢！

有一群职业妇女做过一项试验，她们的年龄由 19～42 岁不等。每个人每天跳绳 5 分钟，一星期 5 次，一直持续 4 周。结果发现跳绳可以消除疲劳，曾经一度整日为疲劳袭击的妇女，现在已经突破这层障碍了，因而在下午 3、4 点钟困乏的现象消失了，她们的工作效率提高了。

无需再强调，跳绳的功效是怎样的卓著，这种运动，男女老少皆宜，因为，正如前面所说的，任何空间都能跳跃，而且省时又廉价，只等着大家去施行了。

跳绳就像游泳和骑脚踏车一样，一旦学会了，一辈子都不会忘记。

◎怎样学习跳绳

首先，练习操纵绳子；其次，练习有节奏的跳跃；最后，将二者配合起来。就这么简单的过程，相信谁都会做。

①跳法

双脚齐跳，有弹回动作：每跳过一次绳子，双脚再一齐在地上垫一下。

双脚齐跳，无弹回动作：即连续不断的跳过绳子。

单脚跳：就是两只脚轮流跳，很像跑步的动作。

②跳跃的速度

慢的：平均每分钟跳 60～70 次。

较快的：平均每分钟 140～160 次。

③跳绳的步骤

第一阶段：学会操纵绳子。

首先测量绳子的长度，将绳子双折，其长度要从腋下到达地面，才算标准。然后双手放身侧成垂直状，就是手肘与手臂成直角。先把两个绳头都握在右手里，开始挥动，一圈又一圈的绕转，直到右手能活动自如，再换左手，做同样的动作。

第二阶段:跳动要跟得上绳子的节拍。

现在不但一面使绳子绕转,并且双脚也一起跳动,一直练习到双脚的跳动能跟上绳子的转动,使手脚能同速进行。

这个运动是促进眼、手、腿三部分肌肉的协调,如果你开始的动作都正确了,那么你以后跳绳的姿势就会符合标准。

刚开始总是不太能得心应手,不要在意,只要有恒心,必能跳得顺利。

第三阶段:将前面两阶段的动作熟练的配合。

双脚齐跳,有弹回动作:大部分的跳绳者都采取这种方法。首先,不用绳子,只是双脚在地上跳,心里数着一——二——一——二,跳起的高度要使绳子能从脚底通过,弹回的动作就不必太费力。也就是,一——二——一——二等于一重一轻、一重一轻。用力跳的时候,绳子就从脚下通过,轻跳的时候,绳子正好在头顶上。你只要遵守这个规律,多跳几下便能驾轻就熟了。

双脚齐跳,没有弹回作用:这是一种连续跳法,每跳起一次,绳子就从脚下穿过一次,速度慢可增加腿部韧力,速度快可增加耐力并消耗脂肪。

当你初练习时,总是用有弹回动作的跳法,那是一种慢速跳绳法。而无弹回动作却可以随心所欲,快慢任凭你自己决定。

◎跳绳时的注意事项

单脚跳:完全像跑步的动作,两脚轮流离地,这是一种标准的跳绳姿势。可以一路往前跑,也可以停留在原地跳。

在跳绳之前先做暖身运动,活动一下手臂膝盖、脚趾的关节,然后才开始跳。身体挺直但不要僵硬,两眼直视前方,以脚掌着地(非脚跟),挥动绳子时,手臂不要晃动得太厉害。

在柔软的草地或地毯上跳,如果在硬地上跳,必须穿厚的软底鞋。

◎跳绳最理想的时间和地点

肥胖的人，应该在饭前跳绳，因为饭前的运动可以减低食欲。跳绳是很奇妙的运动，清晨起床，睡眼惺忪，若先跳几回绳，可以使头脑清醒，精力充沛；但是在睡前跳绳，则有完全不同的效果产生。有一个患有失眠症的人，自从他每晚睡前跳绳，就再也不必吃安眠药了，而且跳绳后立即就沉睡入梦了。

至于跳绳的地点，前面已经提过，在任何空间都可以跳，只要是足够绳子挥动，譬如没有吊灯的大房间、走廊、卧室、车库、地下室等，到户外跳绳那就更理想了。

◎跳绳时的服装

旧的、宽松的衣服，都是最适合跳绳时穿的，这也是跳绳容易被人们接纳的原因之一，最好能在腰间加一条带子，使得衣服不致因为跳动而滑上滑下。

◎跳绳的时间长短

通常是每次 30 分钟，一星期 5 次，但是并非绝对的，这得视个人的体力以及需要量而定。刚开始学跳绳，一次跳 5 分钟也许就气喘如牛了，那么就不必非强迫自己跳 30 分钟。动作熟练之后，运动了 30 分钟，尚觉得意犹未尽，大可以增加时间。

交叉运动减肥法

前面介绍的许多运动中，你最喜欢什么呢？

划船？骑车？跑步？跳绳或游泳？是否很难决定自己喜好的运动？既然如此，交叉运动应该很适合你！

何谓交叉运动？简单地说，就是利用两种或三种有氧活动交替着做，以达到减肥健身的目的。换句话说，你不必只做游泳、跑步或骑车等一种活动而是两种或三种交替来做。结果可以使你得到理想的效果。

交叉运动有何作用？跑步主要是腿部后侧的活动；游泳是手臂、上背与肩部的活动；而骑车则属于腿部前侧的活动。依据运动生理一说，如果从事单一的活动，则只能使某些特定的部位达到强健的效果。若以游泳和跑步来交互活动，则可以使上、下肢都能强健，亦可使手臂及腿部的肌肉结实。

同时，也可以消耗多量的卡路里，因为运动是控制体重的最佳方法。借着交叉运动，你会经常兴致勃勃；如果你跑步跑累了，可以去骑车；如果骑车骑累了，可以进游泳池泡一阵子。

由于是几种运动交替着做，因此较不可能受到伤害。如果每个星期 7 天一而再、再而三地只重复做同一种运动，容易使身上某些部分的肌肉负荷过重。但是，如果一天骑车，一天游泳，一天跑步，则可以避免肌肉负荷过重的情况发生。

此外，交叉运动还有一项功能。因为不是日复一日做同一种运动，因而不会觉得厌烦。交叉运动可以保持较长久的兴趣。

◎如何开始交叉运动

刚开始先选定一项运动，举例说如果选了跑步。开始时，边走边跑 10～20 分钟，每周三次。一个月后，你可以在 20 分钟内完全跑步，不可停下来。然后在往后两个月内逐渐增加跑步的时间，一次跑 30～60 分钟，每周 4～5 次。

加入第二项运动，像游泳。这时只需将每周 1～2 次跑步的时间，消耗在游泳池内就行了。但是要注意两种运动时间必须交替，不可连续两天游泳。逐渐做到每次游泳 30～60 分钟，每周 3 次。

逐渐将骑车排入日程表中，务必使跑步、游泳及骑车三项运动都能岔开。最理想的方式是每周能运动 9 次,使每项运动都能每周做 3 次。例如有些日子,可以做两项运动——骑车及跑步。

切记!在每项运动之前要做暖身运动,之后要做缓和运动。在从事各项运动时都必须全力以赴,运动时呼吸及脉搏均会加速,而且会满身大汗。给自己定下个目标——每当跨出一个步伐的同时,都能很轻松地与朋友交谈而不喘气。此外,在天气热的时候,一定要饮用大量的水。

◎跑步、游泳、骑车的减肥效果

跑步——强健手臂及腿部;每小时可消耗 600~1000 卡路里,视你的步伐及距离而定。选择一双有舒适衬垫的慢跑鞋可以保护脚部免受伤害。

游泳——能使每个主要的肌肉群都能得到活动而不会压迫关节。可以强健手臂、背部、胃部及腿部。每小时消耗 300~1000 卡路里。千万不要单独游泳,必须确定有救生员在附近。由水中浮出来时,不要忘了将耳朵内的水甩掉,以免耳朵发炎。

骑自行车——强健大腿前部及两侧肌肉,亦可使下肢匀称。每小时约消耗 600 卡路里。三段变速的自行车则适合长距离使用,可以走陡坡。骑车时应戴安全帽,以保护头部,并且戴上手套,以防双手生茧或磨破。

减肥体操:创造优美的曲线

美国有一公司颁布了这样一个令人诧异的命令——公司干部的体重如果超过标准,要扣减薪水,成为大家茶余饭后的热门话题。据说男性的皮带每增长 1 厘米,寿命就缩短 1 年。基于这个原因,想在经济不景气的恶劣环境中生存下去,公司的这项要求不能说是没有道理。

事实上，这对现代的女性也具有深远的意义。尤其女性的腰部向来被视为是年龄的尺度，腰部增加 1 厘米，就减少一分青春的热情及魅力。

如果用手指去捏腰部，能捏起 3 厘米厚的脂肪，那就是危险的信号了。腹部有很深的皱纹也不例外。

许多人都希望减肥变苗条，但是，说到实际成果，几乎都很不如意，半途而废的例子不少。

像这类减肥不顺的人，可以向她们介绍减肥体操。这里所提的腰部、腹部、臀部的体操最适合从来都不运动及运动却不能够持之以恒的人。

由于运用最适合我们身体构造的动作，所以能够在最自然而又毫不勉强的情况下，消除腹部、腰部及臀部的赘肉。

针对想要瘦身的部位来做体操，只需花 10 分钟就可以全部做完，效果很快就能显示出来。两个月后，你就会拥有玲珑的曲线，令人刮目相看。

◎使腰部纤细

想要减肥的人，几乎都是希望自己变得苗条，而她们的第一目标就是使腰部、腿部变细。

女性的美，在于细而结实的肌肉和圆润丰满的美肤组合而成的整体美。

其中，腰部就是需要凹细的部分。在细小的腰上系一条粗皮带，这可是颇富魅力的打扮。人开始发胖的时候，腰部最敏感，但最容易减肥的地方也是腰部。因此，告诉你们最简单而有效的减肥方法。

扭转身体的运动。

这种体操是扭转上身和腰部，锻炼腹外斜肌，消除腰部的赘肉，使你拥有柳腰。

坐在地上，用手抓住一只脚的脚踝，往脸的方向拉过来。可以边看电视边轻松地做，做体操时不必太拘束。

秘诀是扭转上半身。熟练后，把脚一直拉到肩膀附近。

这种方法，也可以锻炼腹部肌肉，并将发挥使大腿结实的效果。当然，最大的效用是在于可使腰部纤细。

首先，坐下来，弯起一只手，抓住脚踝。

接着，一直把脚拉向脸的方向。

这种姿势保持20秒钟的时间，然后换脚。左右各反复做2次。

秘诀：扭转上半身。熟练后，脚板要拉近至肩膀上。

效果：使腹外斜肌结实，消除腰部的赘肉，对改善腹部、大腿的曲线很有效。

◎消除腰部、臀部的赘肉

女性之美在于胸部和腰部至臀部的匀称曲线。

创造这种美丽曲线的体操，是利用锻炼腹直肌和斜肌等，将常被疏忽的腋下至腰部的赘肉消除掉，使它匀称婀娜。

这是由柔道卧技紧束法“三角紧束”衍生出来的体操。柔道训练时一定要把头抬起来，使肌肉变硬，但是，做这种体操时，目的是消除赘肉，头部不必抬起来，这样就可以发挥效果了。

体操的做法是，仰卧，膝盖竖起，把一只脚的脚踝盘在另一只脚的膝盖上。再将竖起的膝盖扳向盘着脚的这一边。

秘诀是上半身不可以动，最重的是，要一直扳到膝盖着地。

这种方法，可以使上半身柔软，塑造很有女人味的身段。

首先，仰卧，膝盖竖起来。

接着，一只脚的脚踝盘在膝上，朝盘着的脚的方向扳倒。

这种姿势保持20秒钟。左、右交替做2次。

秘诀：上半身不动，扳倒的膝盖要着地。

效果:可以使腰部变细,消除腹部的赘肉,增加上半身的柔软。

◎消除腹部赘肉

本来,腹部的脂肪是为了保护内脏器官,女性则要保护肚子里面的胎儿,所以比男性脂肪层厚。圆润的腹部,别具女性美,但松松垮垮或从侧边看凸出来,就很难看了。腹部脂肪太多的原因,可能是吃得太多、热量摄取过多及运动不足。摄取的能量用不完,会囤积在腹部,所以要利用运动把它消耗掉。

现在要介绍消除腹部脂肪极有效且简单又有趣的体操,将这种体操视为一种游戏,如此更能收到心理方面的效果。

预备姿势是手脚向前伸直。一伸开,双脚就上下拍动,双手同时向左右伸开。

秘诀是膝盖不要弯曲,脚也不必抬得太高,上身不可向前弯。

小腹微凸是女士们的烦恼,做这个体操,腹部必须用力,因此可以消除腹部的赘肉,使腿部变细。

首先,坐在地上,手脚向前伸直。

接着,脚上下拍动,双手同时向左右伸开,维持平衡。

维持这个姿势,从 1 数到 15(15 秒钟)。反复 3、4 次。

秘诀:膝盖不要弯曲,脚不要抬得太高,上半身也不可以向前弯。

效果:可以锻炼腹外斜肌,消除腹部的赘肉,使腹、腿部变细。

◎让懒得动的人消除腹部赘肉

这种体操,也可以躺卧着做,很简单,对懒得动又没耐心而肥胖的人来说,可以说是种福音。它可使腹部匀称,效果实在好。

体重超了 10 千克的黄小姐说:“做这种体操一点都不辛苦,这种体操可以强化因肥胖而变弱的腿、腰部的弹性,也可以强化内脏,一举数得呢!”

首先仰卧,双手和双脚向旁边大大的打开,把脚抬起来。从1数到20。脚放下,休息并深呼吸,再反复。开始觉得困难的人,只要从1数到10就可以,并且减少次数,以后熟练了再慢慢增加。

但是,深呼吸休息的时间不要拉得太长。脚打开的宽度以自己肩宽的2倍为宜。最好坚持做30次以上。开始时,2、3天内腹部的肌肉或腰部可能会微痛,那是因为有效果的关系,不久就会好。

这是很容易的运动,只要天天进行,两个星期后,就会有效果。

首先,仰卧,双手打开。

接着,脚抬起来,也打开。

保持这个姿势从2数到20,恢复到第一步。反复地做2、3次。

秘诀:脚打开的宽度约等于肩宽的2倍。做起来如果很辛苦,可以10秒钟为一次。

效果:可以锻炼腿、腰部的弹性。加强内脏的功效,可以使腹部结实,消除赘肉。

怎样运用按摩减肥

按摩减肥术

按摩减肥术的做法如下：

◎肩部、上肢减肥

①准备工作

首先，应摘掉手表、手镯、戒指之类的东西。

接着坐在凳子上或椅子上，全身放松。

如在户外，用站式也可，双脚距离与肩同宽，全身放松。

②自我按摩

拿法：右手放在左肩上，五指分开，五指同时用力将肩部肌肉拿起，再松开，为一次。上臂做3次，小臂做3次。以此方法从肩部按摩至左手腕处，为一遍。一般按摩36遍。

拍法：右手五指并拢，从肩部拍至左手腕处，为一遍。一般如此拍36遍。

轻揉法：右手放在左肩上，轻轻的揉按至左手腕处，为一遍，一般揉按9～10遍即可，以缓冲和减轻以上拿、拍后肩部和上肢的不适感。

③注意事项

按摩右上肢时，方法相同。

也可以先用拿法按摩一遍，再用拍法按摩一遍交叉进行。

尽量用力，效果才会明显。

不要反方向按摩，即不要从手腕处按摩到肩部。

如肩围较大，上肢较粗，可以根据情况多按摩几遍。

④辅助动作

如有精力和体力做以下辅助动作，更有助于肩部、上肢减肥。

方法是：左脚在前，右脚在后，左弓步站好。或右脚在前，左脚在后，右弓步均可。双手握拳，左右胳膊轮换向前抡圈。一般抡36次。如胳膊较粗，尽量多抡几次，做到很累为止。抡圈时，尽量用力，速度要快。

这一辅助动作特别有助于肩部和上肢减肥，坚持做1个月就有很明显的减肥效果。

◎腰部减肥

①准备工作

排空大小便。

仰卧在床上，腰带解开，全身放松。

②自我按摩

捏法：右手放右腰部，左手放左腰部，拇指在上，四指在下。两手同时用力将腰部捏住，停留约2～3秒钟，再松开，为一次。共反复捏36次。如腰部较粗，尽量多做几次，但不要做太多，也不要太用力，以免引起腰部皮下充血，或伤及内脏器官。

轻揉法：做完捏法后，双手不动，仍在腰部轻轻揉36次，以缓冲或减轻捏法后腰部的不适感。

③注意事项

患有严重的肠胃病、急性肝炎、肾炎、急性腰痛等病的肥胖者，不要按摩腰部，应先查出病因，治好病后，再自我按摩减肥。

参见自我按摩减肥注意事项。

④辅助动作

站立,双脚平行,距离同肩宽。目视正前方,双手叉腰转动腰部,正转9次,反转9次,再重复一遍,共计36次。如腰部较粗,尽可能多转几次。

◎腹部减肥

①准备工作

排空大小便。

仰卧床上,腰带解开,全身放松。

②自我按摩

摩腹法:右手掌心紧贴腹部,左手掌心贴在右手背上,两手同时用力顺时针方向按揉腹部,共按揉36圈。

推腹法:做完摩腹法后,将两手移至上腹部,仍保持右手在下,左手在上,两手同时用力从上腹部推至下腹部。共推腹36次。

③注意事项

按摩时,要根据肥胖者的具体情况掌握用力大小,千万不要用力过猛、过大,以免损伤内脏器官。

做推腹法时,不要反方向推腹,即不要从下腹部往上推。

患有肠癌的肥胖者和患有子宫癌以及在经期、孕期的女肥胖者严禁按摩腹部。

参见自我按摩减肥注意事项。

④辅助动作

仰卧床上,两手紧靠身体,两脚并拢,脚尖朝上,同时将两脚抬起,尽量靠近头部,抬脚时,两脚要伸直,不要弯曲。然后将两脚缓缓放至离床面5～10厘米高的位置(注意:不要放在床上)。稍停1～2秒钟,再将两脚抬起,尽量靠近头部,如此反复做9遍。

◎臀部、下肢减肥

①准备工作

取半盆热水，将两脚放盆中，浸泡 10～20 分钟。

将两脚擦干净后，坐在床上，双腿伸直，放松。

如出门在外，热水泡脚不方便，也可先散会儿步，找地方坐下后，再自我按摩。

②自我按摩

拿法：右手放在右臀部，左手放在右大腿里侧根部，两手同时用力将肌肉拿起，再松开。以此方法从臀部按摩至右腿腕处，为一遍。一般按摩 36 遍。

拍法：两手五指均并拢，右手在右腿外侧，左手在里侧，同时用力拍腿。从右大腿根部拍至右脚腕处，为一遍，一般拍 36 遍。如臀部肥大，单独用右手，用力拍击臀部 36 下。

轻揉法：两手抱住右腿根部，轻轻揉摩至右脚腕处为一遍。一般揉摩 9～18 遍即可，以缓冲和减轻以上拿、拍后，臀部、下肢的不适感。

③注意事项

按摩左臀、左下肢时，方法相同。

也可以先用拿法按摩一遍，再用拍法按摩一遍，交叉进行。

尽量用力，效果才会明显。

不要反方向按摩，即不要从脚腕处按摩至大腿根部。

如果小腿不粗，大腿粗，要着重按摩大腿，小腿可以轻轻按摩或不按摩。

④辅助动作

如在室内，右手扶在墙上或门上，桌子也行；如在室外，可扶在大树上。左脚站立不动，向后、向前踢右腿 36 次。如果腿粗或臀部肥大，尽量多踢几次，并且用力大一些，腿尽量踢高些。效果才会显著。

这一辅助动作，特别有助于臀部和下肢减肥，坚持做 1 个月，就有很明显的减肥效果。

自我按摩减肥注意事项

①如在室内自我按摩，最好在按摩前，先打开窗户，通通风，以保持室内空气新鲜。

②按摩前要把手洗干净，指甲要修剪，不要留得太长，以免按摩时擦伤皮肤。

③按摩时要全神贯注，精力集中，不要边看电视或边听收音机按摩。并且，按摩时，尽量不要受他人打扰。

④自我按摩最好直接在皮肤上进行，如在室外进行，也可隔衣按摩。但隔衣按摩不如直接在皮肤上按摩效果好。

⑤刚吃完饭，喝酒后，过度饥饿时或暴怒后，均不要自我按摩。一般饭后 2～3 小时再按摩，效果最好。

⑥如患者在经期、孕期不要自我按摩，尤其是腰部、腹部严禁自我按摩。

⑦患有恶性肿瘤，各种溃疡性皮肤病，各种感染性、化脓性疾病和结核性关节炎，严重的心、肝、胃、肾等内脏器官疾病，肥胖部位有烧伤、烫伤、骨折、骨裂等均不能自我按摩，应先以治病为主，千万不要只顾按摩减肥，耽误了治病。

⑧自我按摩减肥术运用时，不要死搬硬套，若全身肥胖，可全身按摩。若只腰粗，只做腰部减肥即可，依此类推。

⑨自我按摩减肥术中的辅助动作，是为了使减肥效果更好一些，更快一些而增设的。肥胖者可根据自己的体力情况、肥胖程度以及兴趣爱好来选用。

⑩自我按摩减肥，如果每次都很认真地做，每天做 1～2 次即

可。每星期选择一天(最好固定时间)休息。做几星期后,如没有什么不良反应,坚持做下去,一直做到体型改变,有明显的减肥效果为止。

自我按摩减肥术,既减肥,又健身。自我按摩后,一般没有什么不良反应,大多数人都感到全身舒适、轻松,并稍有些疲劳感。

如果出现心慌、恶心,被按摩的肥胖部位很不舒服,甚至出现青紫的淤斑(多见女性肥胖者)。这说明,按摩时,可能用力过猛,或按摩手法和方法不正确,应予以纠正,或休息几天,再自我按摩。

自我按摩减肥的测量

自我按摩减肥,最好做减肥记录,了解减肥情况,以增强减肥的信心,增添自我按摩的兴趣。

在自我按摩减肥以前,先测量一下你肥胖的部位,自我按摩一段时间后,再测量一下,看看减少了多少厘米,一般自我按摩减肥,一星期或两星期测量一次。

如全身肥胖,就将主要部位都测量一下。如局部肥胖,例如腰粗,单独测量腰围就可以了。

测量用的尺子,一般使用软尺。测量每个部位时,尺子松紧度要一样。这次测量紧,下次测量松;或这次测量松,下次测量紧,都不准确。不要自己欺骗自己,要实事求是。

测量时,最好直接在皮肤上进行,自己测量不方便,可由家属或亲友协助。

另外,测量的时间也要一致,如这次是晚饭前测量的,下一次也最好在晚饭前。以免影响测量的准确性,因为有的人饭前饭后腰围能相差好几厘米。

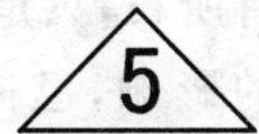

怎样运用医疗减肥

热疗减肥

人体有使自身在外界温度变化时仍保持体温衡定的功能，即低温时增加产热，而高温时增加散热。两种调节过程都要消耗大量能量。热疗是指在高于体温的环境中，促进机体增加散热而消耗体内能量（可由脂肪分解而来），并排汗减少体液量，从而减轻体重。目前常用的主要是蒸汽浴，亦称桑拿浴。

蒸汽在特定的浴室内，通过向烧红的炭火上泼水产生的高温蒸汽进行治疗，充分发汗，一次浴后体重即可下降 2～3 千克，浴后有轻快感。除此之外，因热对下丘脑援食中枢有抑制作用，故治疗者浴后饥饿感不明显，此与其他运动项目有所不同。

蒸汽浴时出汗多，要增加心肺功能负荷，心肺功能不全者不宜行此治疗。

中医对肥胖病的辨证分型

中医是具有悠久历史的传统医学，虽有经典的八纲辨证，但受各种学派的影响，具体病症的分类多有不同。如李振华将肥胖分为 4 型：脾肺气虚型，肝肾阴虚型，气阴两虚型，痰湿阻滞型。余永诺将肥胖分为 3 型：肝郁气滞型，脾虚痰湿型，脾肾两虚型。福建省人民医院则归纳为:湿阻气滞型,脾肾阳虚型,肝热挟湿型,风湿挟热型,等等。施治方案也各有所长,只是疗效评价很难一致。

现代中医接受西方医学的影响,已向标准化、统一化迈进。1989 年第二次全国中西医结合肥胖症学术会议根据各地经验,将肥胖病的中医辨证分型修订为 5 型:

①脾虚湿阻型:主要表现为肥胖、浮肿、疲乏无力、肢体困重、尿少、纳差、腹满、脉沉细、舌苔薄腻、舌质淡红。

②胃热湿阻型(湿阻不化郁久化热):表现为肥胖、头涨眩晕、消谷善饥、肢重怠惰、口渴喜饮、脉滑小数、舌苔腻微黄、舌质红。

③肝郁气滞型:表现为肥胖、胸肋苦满、胃脘痞满、月经不调、闭经、失眠、多梦、脉细弦、舌苔白或薄腻、舌质暗红。

④脾肾两虚型(脾肾阳虚):表现为肥胖、疲乏无力、腰腿软、阳痿阻寒、脉沉细无力、舌苔薄、舌质淡红。

⑤阴虚内热型:表现为肥胖、头昏眼花、头涨头痛、腰痛腿软、五心烦热、低热、脉细数微弦、舌苔薄、舌尖红。

每型具有诊断证候 2~3 项以上,舌脉象基本符合者,即可诊断。

针灸减肥的方法

针灸是传统中医的重要组成部分,为针法和灸法的总称。针灸减肥的方法主要包括体针、电针和耳针。体针和电针都是在病症所属或相关的经脉上选穴,耳针则仅涉及到耳廓。

体针治疗也需根据中医辨证取穴,与中药配方相似,也受取穴者本人经验的影响,多有主穴和配穴。下面介绍按八纲辨证选择的常用主穴:

胃热湿阻:梁丘、公孙。

痰湿内盛:天枢、大横、阳陵泉。

脾肺气虚：列缺、大渊、太白。

心脾两虚：神门、隐白。

脾肾两虚：肾俞、三阴交。

水饮内停：水分、阴陵泉。

易饥疲乏：足三里、内庭。

月经不调：血海、中极。

产后肥胖：曲泉。

在体针的基础上可配用灸法，或加用脉冲电流——电针，提高针刺效果。电针治疗仪国内已有多种产品，甚至有系列产品，购置很方便。

耳针减肥取穴的方法

耳廓虽小，却是全身经络汇聚之处，所谓“五脏六腑，十二经脉有络于耳者”。耳针的基本穴位有49个，基本耳穴示意图多以人体部位或脏器直接命名。在中医理论中，肥胖与内分泌、心脾病变有关，故耳针取穴多以内分泌、神门、脾为主穴，配以其他穴位。如有气喘多汗，加肺穴；心慌心悸，加心穴；易饥多食，加胃穴；下肢浮肿，加三焦穴；便秘，加大肠穴；小便不利，加尿道穴等。

一般每次选择1个主穴，1～2个配穴，留针5～7天交换另一组主、配穴，1～2个月为一疗程。多双耳同时换用穴位。亦可一组穴位单耳相互交替。因留置耳针给病人带来不少麻烦，且有感染的可能，现多采用在穴点上留置王不留行药粒（为麦蓝菜的种子，直径约1.5毫米的颗粒），该药粒有行血通经的功用。留置王不留行为非穿刺性取穴，效果好，甚至患者可以自己更换穴位，方便易行。

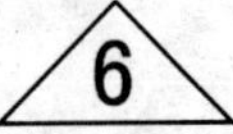

时尚前卫的健身减肥

来自印度的密语——瑜伽

◎瑜伽的起源与发展

瑜伽在印度已经流传数千年，是印度悠久智慧的结晶。瑜伽的起源最早可以追溯到印度河文明时期，至少可追溯到公元前3000年以前。五千年来，它一直是体现印度文化的一个重要组成部分，历经时代多次变迁，瑜伽一直充满活力。

瑜伽的出现和发展，一直与印度的生活方式和哲学密切相连。然而从实质上讲，它一直与任何宗教信义或伦理保持分离状态，从不要求任何信仰系统接受它。瑜伽不是一种宗教，它是基于一些心理行为的生活哲学，它的目的是使身体和精神之间完美平衡的发展，以使得个体和宇宙之间完全和谐。它是一种超世俗的探求，是出于真诚期望对生活及与其联系在一起的所有现象的深入理解。

"瑜伽"在梵语中意义为"结合"。斯瓦米·韦委卡南达(Swami Vivekananda)把"瑜伽"解释为"一种把自身的演变压缩为一个肉体存在的一生，或几个月，甚至几个小时。"奥罗宾多(Aurobindo)认为，"瑜伽"的意义是努力通过发展个体存在的潜在能力实现自我完美的一种方法论。这就是说，瑜伽象征某种进程，通过这种进程，人们能够学到最契合的生活方式。达到这一境域后，它就成了需要坚贞警觉和包罗生活万象的永久进程。这种契合的生活方式中，辨别所有导致生病的要素和利用恰当的技术消除疾病影响，就成了瑜伽所关注的最基本的一部分。这样，原本是一门个人精神成长科学的瑜伽同时也成就了一门保健和医疗科学。

与以往不同的是，今天的瑜伽不再局限于苦行，而是使自己适应了现代城市生活。瑜伽科学及其技术已经将其定位调整为适应现代生活方式及其社会逻辑的需要，包括现代医学在内的各科医学专家正在意识到这些技术在预防疾病和促进健康方面的作用。

瑜伽是一门科学，同时也是一门使人们在体质、精神、道德和心灵方面修行锻炼的保健艺术。它完全不再受种族、年龄、性别、宗教、种姓和信念的限制。瑜伽强调的是发展兄弟情谊、和谐、博爱及和平等，这不仅仅是对于不同肤色、种姓、民族、年龄和性别的人，而且还对于所有的生命。这种态度使得瑜伽思想非常明确实际，使得人们从一切精神怨恨中解脱出来，从一切由此而产生的精神、心理和生理疾病中解放出来。

◎瑜伽的特点与功能

瑜伽是一种长期保持健康的系统，并能培养人乐观和满足的精神。它通过教授修炼者如何挖掘出自身体内的能量储备，从而达到由内至外地散发健康和快乐的瑜伽气质。瑜伽能提升身体的健康和年轻程度，还能净化大脑。因此，持之以恒的修炼能帮助延缓身体的老化，减轻体内聚集过多的压力。

◎瑜伽的三大机体功能

①保持青春。瑜伽认为衰老的原因是自体中毒（Autointoxication)，即身体长年积存大量毒素，无法排出体外所致。多练习瑜伽姿势，身体会变得强壮，体内不会积存过多胆固醇和脂肪，血压恢复正常，心脏变得更健康。整体健康改善了，人自然更青春、更有活力。瑜伽的每一个姿势都有令身心畅通、提升或恢复元气，达到头脑冷静、情绪稳定的作用。当人变得健康，心灵变得更豁达、更坚强了，自然更能面对生活上种种无形的压力和挫折。

②提神醒脑。瑜伽调息法可以调节体内的能量。大部分人是用胸部而非腹部呼吸的，这种呼吸方法不能善用肺部的功能，使氧气不能充分填满肺部，因此并不健康。而瑜伽调息法是一种呼吸技巧，为脑部提供更多氧气，令整个精神状态变得平静和积极。它甚至可以在缩短每日所需的睡眠时间的同时，让头脑保持清晰稳定。

③洁净身心。身心长期处于紧张状态，抵抗力便会减弱，疾病自然有机可乘。在每一套瑜伽的最后部分，都会以“仰卧式”来结束。它有极大的放松及静心作用，给人一种既松弛又平和的感觉。当我们将这份感觉伸延到日常生活里，人际关系便会变得和谐，我们也能对周遭的一切更宽容、更自在。

◎瑜伽的治病力量

长期练习瑜伽姿势、调息法及放松法可预防百病，尤其是糖尿病、高血压、饮食失衡、关节炎、动脉硬化、静脉曲张、哮喘等慢性疾病。有研究显示，长期练习瑜伽的人比普通人更懂得控制自身的体温、心跳率和血压水平。近年医学界已证实瑜伽可以有效调节神经系统及内分泌系统，进而改善个人整体健康。目前，瑜伽已被应用在治疗艾滋病的层面。而它在心理及精神方面的影响力，更被用来改善囚犯的精神健康，帮助他们减轻精神压力、恐惧感、攻击性，以及改善他们重归社会的能力。瑜伽的益处多不胜数。当我们明白生理、心理和精神三方面的健康并不能分割处理时，自然会对整体生命有更透彻的了解。瑜伽的最终目的是拓宽个人意识,令我们更了解当下生命的意义和价值。

◎瑜伽姿势对腺体的影响

身体内的内分泌腺支配着身体的活动,内分泌腺分泌荷尔蒙到血液里,这些荷尔蒙借着血液的运送,分布到不同的器官,以控制身体的消化作用、身体的活力、体温和身体的水分、身体的成长、细胞的补充、性功能等。这些内分泌腺体和七个脉轮都具有密切的关系。脉轮控制了内分泌腺的分泌,产生许多不同的荷尔蒙,而这些荷尔蒙流入血液,影响身体所有的器官。因此脉轮以内分泌腺控制身、心的活动,当腺体的分泌作用正常时,人的身体健康,心智安定。而当任一腺体功能失常时,也就是分泌作用不平衡时(无论分泌太多或太少),便会导致身、心的疾病。瑜伽动作能使各个腺体的分泌作用趋于平衡。瑜伽动作的扭转或弯曲姿势,通常需停顿相当一段时间,在这段时间中,所给腺体的压力,正是要强化这些腺体,使其分泌正常。

◎瑜伽入门的三步法

瑜伽作为一门保健医疗科学,它的一切技术和方法,基本上都是指的精神感受,自动地瞄向促进健康,把医疗对准受到疾病折磨的肉体和心灵。

第一,有效的训导,设计练习坐法、调息和沉思(Meditation)。

坐法涉及对一系列体质和生理作用的加深认识,这些作用受到控制有度的对各部位肌肉的伸展、收缩和放松的影响,受到各动作在平衡和保持姿势等方面进行协调的影响。

调息活动也是这样,涉及的是随着对胸腔和腹腔压力变化的不断感受而调整自己的呼吸机制。

禅定，或沉思调息运动，增强自己内心活动的意识感受，其中包括思想、激动、记忆等。它能使人意识到，心灵上长期的烦躁对于情绪压抑、持久恐惧和不安全感起推波助澜的作用。这种强化了的意识感受与练习禅定的运作技术相结合能逐步使心理－生理行为恢复到健康、和谐和平衡状态。

第二，调整规范饮食和日常习惯，其中涉及就寝、娱乐活动和工作习性。这有助于消除一切导致身心机能不平衡的刺激。

第三，个人态度、行为和生活方式，这将有助于诱导自己在对待友谊和关怀方面分享感情和热忱，热爱并敬重整个美好的世界。这对于绝望和孤独感是一味解药，人们由于与周围世界缺乏适当的关系就可能产生这种情感。

◎瑜伽小词典

①正确姿势。无论是站着抑或坐着，在日常生活中，很多人都有含胸、曲背、跷二郎腿、肩膀缩起、身体左右不对称等姿势问题，时间长了，这些不良姿势，往往成为身体大小毛病的罪魁祸首，较常见的例子如腰痛、盆骨歪曲、脊椎弯曲、脊椎侧曲、椎间盘突出、膝痛、五十肩，以及各式各样引发的生理及心理毛病。试想想，一个经常弯着腰、曲着背的人，他的自信心会大到哪里去？但什么才是“正确姿势”呢？在练习瑜伽时，我们常常会听到导师不厌其烦地叫大家“挺胸、收腹、垂肩”，或适当的放松或收紧膝盖、两脚板平支撑身体重量等，背后的原因，离不开瑜伽这套极科学化的理论，这些都是用来纠正和巩固正确的姿势，以及提高身体的协调和平衡，最终为人们带来健康和幸福。因此，无论何时何地，我们都应保持正确的姿势。

②正确呼吸。这里所说的“正确呼吸”，并非指瑜伽那套博大精深的“调息法”，而是泛指正确的呼吸方法。有没有留意，不少人呼吸的时候，肩膀是上下伸缩的。原因是，他们只用胸部来呼吸。

这个呼吸方法会限制肺部吸入的氧气量和吐出的二氧化碳量，同时令呼吸短促，容易造成精神紧张和疲倦（如果你同时曲着背，情况可能会更严重），反之，当我们慢慢深呼吸，上腹部分首先会向前推，然后胸下部的横膈膜向左右扩展，最后空气充满整个肺部；呼气时，胸部先放松，最后收缩腹部肌肉，让所有废气呼出体外。瑜伽所重视的，就是这个令身体健康起来的正确呼吸法。它能大大增加肺部吸入的氧气量，也使肺部排出更多二氧化碳，令人精神抖擞，松弛神经，甚至帮助改善血液循环和呼吸系统的毛病。

③调息法（Prana Yama）和冥想（Dhyana/Meditation）。梵语里 Prana 是“生命之气”，Yama 是“控制”的意思。瑜伽的调息法是一套科学化同时有治疗效用的呼吸法，原理是透过有规律的吸气（Puraka/Inhalation）和呼气（Rechak/Exhalation），以及有意识地屏息（Kunbhaka/Retention），使内脏得到适当的刺激和按摩，进而畅通及唤醒潜藏在体内的能量（生命之气），使之得以保存、调理和提升。在瑜伽的理论里 ，当人控制了生命之气，就可以进而控制宇宙其他能量。至于冥想，并非仅仅是放松（Relaxation）这么简单。后者只是简单地使身体和心情放松休息下来；冥想却是有意识的把注意力集中在某一点或想法上，在长时间反复练习下，使大脑进入更高的意识（类似禅的“入定”），最终达到天人合一的境界。“调息法”及“冥想”是较高层次的瑜伽术，并不适宜自学，初学者必须先练习各个瑜伽姿势，待充分掌握后才可学习它们。此外，患有任何情绪病或精神疾病的人士，更不可练习“调息法”或“冥想”，以免造成危险。简单而言，胡乱练习“调息法”或“冥想”会对健康造成不少伤害。由于本书主要的对象是瑜伽初学者，所以在“调息法”及“冥想”部分只能作上述简短的介绍。若你对这两个课题有兴趣，请先打好姿势的基础，才可找专业的导师学习。

◎瑜伽的辅助道具

每个人天生的体质及柔韧度都不同，我们也不是一出生就练习瑜伽，无法一开始就能掌握所有动作。不理会身体的局限而盲目强迫自己完成某些瑜伽动作，只会是带给身体长久的伤害。这完全违背了瑜伽提升生命的原意。况且，瑜伽亦不鼓励学习者心急或与他人比较。不少瑜伽动作是需要时间慢慢掌握的，在练习过程中，身体会不断调节、适应。初学者必须保持耐性，量力而为之余，更应利用一些辅助道具来帮助练习。做瑜伽必备的是一张标准的瑜伽垫，它能在太硬或不平坦的地上发挥应有的缓冲作用，帮助我们保持平衡。不同姿势相应的道具都不同，一些帮助伸展手臂或提腿，一些使背部较容易后弯或向前伸展，如瑜伽砖、瑜伽绳、家里的毛毯、垫子、攬枕，甚至桌椅，都可以拿来作道具，帮助循序渐进，同时更准确掌握每一个姿势传达给身体的感觉，甚至帮助资深的瑜伽练习者增加动作的难度。

◎瑜伽与素食

瑜伽并不等同于素食，正如瑜伽导师未必是瑜伽修行者一样，虽然有很多修习瑜伽的人最后会变成素食者。在瑜伽的理论里，身体内外必须保持平衡，否则便会生病。一般瑜伽修行者都坚守生活作息的规律，也非常注重饮食的平衡，认为任何食物都能影响个人内外，饮食不当的话，便会致病。他们推崇新鲜蔬菜、豆类及水果等天然、有益的食物；反对吃肉或任何经过加工的食物，因为这些食物只会为身体带来大量毒素，影响健康及心智的成长。烟、酒危害健康人们已经熟知，一些瑜伽修行者更提倡定期“断食”(Fasting)，使身体得以休息和恢复元气（特别是在生病时）。至于“灌肠”，戒吃菌类、葱蒜类等刺激性食物的条规，也是某些瑜伽派别所奉行的。这些“洁净方法”的最终目的，是净化身心，助以提升个人意识和生命力。不管如何，你不必成为一个素食者才能练习瑜伽。但当你的练习愈来愈深入，你便会更能聆听身体的信息，也会对健康愈来愈重视，那时候，你自然会摒弃一些曾经令你甘之如饴其实对健康毫无益处的饮食和生活习惯。

◎练习瑜伽的注意事项

①饭后（800～1200 卡路里）的 2～3 小时内不可练习瑜伽，于小餐（少于 250 卡路里）30 分钟后方可练习瑜伽。

②练习瑜伽之后相隔最少 30 分钟，才可以进食。

③练习时请穿着舒适及有弹性的衣服或运动服，鞋袜必须脱掉

④练习时，请关掉所有电视、电话、收音机，保持环境宁静；也可播放轻柔的音乐来帮助松弛神经。

⑤练习时，请专注当下及细心聆听身体发出的信息。若有任何不适或疲倦，请慢慢停下来休息。

⑥姿势在进行时，切忌过快或勉强伸展或扭曲身体，否则容易损伤关节或肌肉。

⑦没有特别提示时，请用鼻子呼吸。保持呼吸缓慢，不要屏息。

⑧大病后或患有任何慢性疾病，在参加瑜伽班前必须先向导师说明。若有任何健康上的疑问，请先向医生寻求意见。

⑨生病时应多休息，不应再消耗体力。可以做一些简单的伸展动作来稍稍松弛。

⑩患有高血压、心脏病或视网膜脱落的人士，请勿进行任何倒立动作。

⑪女性在月经期间也不适宜练习任何倒立姿势。但平常多加练习倒立姿势及其他瑜伽动作，则可改善月经流量及痛经等问题。

⑫怀孕女性必须先寻求导师及医生的意见才可练习瑜伽。

⑬瑜伽是一项不带任何竞争性的活动。每个人的身体状态都不一样，因此不应与别人比较。在任何时候，请集中精力，同时量力而为。

⑭练习时，可喝一点清水以帮助排除体内毒素。每一个瑜伽姿势都会运用相关的身体部位，当中牵涉的肌肉组织、关节及骨骼不计其数。初学者要掌握和明白个中动作原理，必须对人体结构有基本的认识。

古老的武术精神——跆拳道

◎跆拳道的起源与发展

跆拳道古称跆跟、花郎道，是起源于古代朝鲜的民间武艺。早在公元 688 年，新罗王国统一了朝鲜，经济繁荣，百业兴旺，建立了一种"花郎"制度。到真兴王时，便创立了"花郎道"。花郎道是花郎制度的组织形式，即将年轻人组织到一起进行武艺锻炼。其宗旨是"事君以忠，事亲以孝，事友以信，临阵无退，杀身有择"，以此磨炼人的意志、锻炼人的体魄，培养造就了一批又一批忠君事孝、英勇顽强、无所畏惧的战士。在一本描写新罗风俗习惯的书《帝王韵记》中，记载着跆拳道活动。

公元 935 年，英勇善战的高丽军队推翻了新罗王朝，建立了高丽王朝。士兵们的战斗力来自平日的训练和对跆拳道的喜爱。他们平时常常用拳掌击打墙壁或木块，以磨炼手部的攻击能力。十分喜爱徒手搏斗的忠惠王曾专门邀请臂力过人、武功超众的士兵金振都（亦有称金扼郁的）到宫廷表演手搏技艺，使跆拳道声望大振，并日渐被广大民众所接受。1392 年，高丽王朝被李朝取代，武功及跆拳道没有得到足够的重视，但在民间，这一活动却始终没有停止。1790 年汇编成书的《武艺图谱通志》中收录了“手搏”、“跆跟”等武艺的技术与方法，以及动作图解和一些器械的使用方法，并将很多攻击性很强的武术技艺融会到跆拳道的技法之中。

1910 年日本侵占朝鲜后，建立起殖民政府，一度下令禁止所有的文化活动，跆拳道自然在劫难逃，在朝鲜境内销声匿迹。一些不甘寂寞或被生活逼迫的人远离国土，到中国或日本谋生，同时把跆拳道延续下来。更为重要的是将其与中国武术和日本武道交融与结合，孕育了新的技术体系。第二次世界大战后，自卫术再度兴起，从异国他乡回归故土的朝鲜人也将各国的武道技艺带回本国，逐渐与跆拳道融为一体，形成了现在的跆拳道体系。1955 年正式称朝鲜的自卫术为“跆拳道”。

1961 年 9 月韩国成立了唐手道协会，后更名为跆拳道协会，并成为全国运动会正式竞赛项目。1966 年第一个国际组织——国际跆拳道联盟成立。1973 年 5 月在汉城成立了世界跆拳道联合会。1975 年“世界跆拳道联合会”(简称世界跆联)被国际体育联合会接纳为正式会员。1980 年国际奥委会正式承认世界跆联，迄今为止，世界跆联已有 144 个会员国，6500 多万爱好者参加练习。

1973 年，“世界跆拳道协会”成立。有美国、中国香港、中国台湾、日本、马来西亚、新加坡、朝鲜、菲律宾、沙巴、柬埔寨、澳大利亚、象牙海岸、乌干达、英国、法国、加拿大、埃及、奥地利、墨西哥等二十多个国家和地区加入。目前会员仍在不断增加。

当然，今日的跆拳道动作似乎不像以前那样圆滑流畅，也不似从前那样重视运动中身体的平衡。然而对当今跆拳道技术的检验并不在它的外观，而是在于实战之中。具体地说，就是在实战对抗中或在大街上遭受袭击被迫自卫的情形下，新型跆拳道的技术无疑要比拘于形式的老技术更胜一筹。时代是不断变化的，随着它的变化，跆拳道也将不断的发展延续下去。

◎跆拳道的特点和功能

简单地说，跆拳道就是不用任何武器，赤手空拳与敌手格斗保护自身的武术。说得更详细一些，跆拳道就是为了正当防卫，通过猛烈的精神和肉体训练，锻炼手、脚和身体的各个部位的方法与技术。跆拳道不仅注重威力和技术，而且强调严格的纪律，高超的技术和强健的精神教育，以培养正义感，刚毅，果敢品质的独特的武术。跆拳道不仅教给人们思考和生活的方式，而且培养人们的克制力和陶冶崇高的人格。所以不少人说它是近乎一种信仰的武术。从字面上解释，跆拳道就是：跆，意味着用脚踢、踏。拳，意味着用拳刺或破。这意味着朝古代圣贤铺平的路前进，也就是进行精神修养。总而言之，就是为了用空手赤足护身。把跳、踢、刺、挡、闪避等动作，敏捷而得当地适用于活动的目标，给对手以最大的打击的技术加精神修养的武道，确实，跆拳道使先天性体弱者，经过科学的锻炼，具有击败强敌的力量和自信心 。但如果运用不当，无异于使用凶器，因此，必须经常强调精神教育，不许滥用它。冲出这个误区，大胆地去进攻或反击，就会体会到，对手并非所想像的那样可怕。

◎跆拳道与健康

跆拳道运动不同于显示力量的重量运动，不是调节大而突出的肌肉，而是使无力的脂肪组织变成肌肉，使身体变得轻盈敏捷。通过重量运动发达的肌肉使血管之间的间隙拉开，由于血管数不变，因此无法在扩张的血管之间补充新的血管，其结果是通过吸氧和血流来排除人体内排泄物发生困难，而跆拳道把不必要的大肌肉锻炼成为柔韧的肌肉，使身体得到更多血液，提高最大的持久力和促进健康。

练跆拳道是通过踢腿、闪腰、单手攻击或防御，使将另一只手向相反方向拉的动作使下腹的肌肉更加强健。而且，通过抬高、踢腿的动作，锻炼侧腰部和大腿内侧肌肉。

跆拳道对女性尤其有益。如上所述跆拳道可以全面锻炼下腹和腰以及大腿，均匀发达全身肌肉，使女性保持青春和美丽。练跆拳道可以恢复女性分娩后下垂的腹部和腰，以及大腿内侧的肌肉，对重新塑造健康身体和均衡体形有与众不同的功效。如此看来，跆拳道是保持健康和女性美的最理想的武道。

跆拳道通过科学的修炼和广泛的全身运动，增加脉搏，长时间提高心脏和肺的氧需求量，有如下好处：

①顺畅肺活动。

②扩张血管，减少血流阻力，降低心脏扩张器的血压。

③增加供血，尤其能增加红细胞和血红素。

④供给更多氧气，使身体组织更加健康。

⑤增强心脏，能够抵抗任何冲击。

⑥使睡眠安稳，易于排除排泄物。

⑦跆拳道不仅使瘦的人增加肌肉，相反，还使肥胖的人减少脂肪，使体重恢复正常。跆拳道不同于一般体育活动，做激烈的活动使每小时消耗的卡路里量为 600，减少体重约 0.5 千克要消耗 3500 卡路里，以此，一天练 1 个小时的话一个星期就能减少约 0.5 千克。

从上面所述可以看出跆拳道对感受性和集中力，视觉与肌肉发达，心脏与肺活动有很大帮助。而且，能在其他一般体育活动中更加敏捷。因此，跆拳道被人们认为是对男女老少皆宜的运动。学习跆拳道除了护身以外，为了健康上的益处，以及为了获得学习古代武术的满足感也应成为所有人生活中的一部分。

◎跆拳道的基本动作

跆拳道以其变幻莫测，优美潇洒的腿法闻名于世，被世人称为踢的艺术，这是跆拳道区别于其他格斗术的一个重要特点。跆拳道的腿法讲究变化多样和灵活多端，对人体的柔韧性，大脑反应的灵敏性，身体运动的稳定性都有很高的要求，它是对人体机能和体能的综合考验。

跆拳道实战中脚踢进攻时一般适用的部位包括脚前掌，脚趾，脚背，足刀，脚后跟，脚后掌(脚跟底部)，利用这些部位可以进行站立踢、跳动踢、助跑踢、转身踢和飞踢等不同形式的踢法进攻，而且每种踢法踢击的部位各有不同。实战过程中，运用脚踢时要根据具体情况，如对方所处位置，暴露的部位，防守的姿势以及双方的距离，选择不同的踢法。脚踢时要利用步法保持身体的平衡，并有效接近对方做出踢击动作。注意两臂的防守，踢击完成马上回到准备姿势，准备下一次的进攻和防守。腿的回位动作要快，以免被对方抓住或抱住。脚踢的练习方法主要是靠平时用各种腿法踢击悬挂的沙袋，经过反复练习提高踢的力量、速度和高度。

①前踢。实战姿势由基本姿势开始。右脚蹬地髋关节向左旋转，双手握拳置于体侧；同时，右腿以髋关节为轴屈膝上提。当大腿抬至水平或稍高时，关节向前送，向前顶，小腿以膝关节为轴，快速向前上方踢出，力达腿尖，整条腿踹直，踢击后迅速放松，右腿沿原路线弹回，将右脚放置在左脚前面仍成实战姿势。动作要领：膝关节夹紧，小腿放松，要有弹性；往前送，高踢时往上送；小腿回收与前踢的速度一样快。主要攻击部位有面部、下颌、腹部、裆部。前踢亦可用于防守。将前踢发力部位由脚尖改为脚跟时，前踢动作就变为前蹬动作，动作方法要点相同，只是脚的形状发生了变化。

②侧踢。实战的基本姿势：右脚蹬地右腿以髋关节为轴屈膝

提起，两手握拳置于体侧；随即左脚以前脚掌为轴外旋 180 度，髋关节向左旋转，右腿以膝关节为轴向前蹬伸，右脚快速向右前上方直线踢出，力点在脚跟。发力后沿起腿路线收腿，放松，重心落下（原处或向前均可），再次回到实战姿势。动作要领：起腿时大小腿、膝关节夹紧；踢出发力时头、肩、腰、髋、膝、腿和踝成一直线；大小腿直线踢出，原路线收回。侧踢动作的主要攻击部位有膝部、腹部、肋部、胸部和头面部。

③后踢。实战姿势开始，转身后腿后撤背对对方。重心后移至左脚，右脚蹬地后屈膝提起，右脚贴近左大腿，两手握拳置于胸前，随即左脚蹬地伸直，右脚自左大腿内侧后方直线踢出，力达脚跟，踢击后右脚沿原路线快速收回，成实战姿势。动作要领：起腿后上体和大小腿折叠收紧；后踢时动作延伸要长，用力延伸；转身、提腿、出脚动作连续一次性完成，不能停顿；击打目标在正后偏右。后踢动作的主要攻击部位有膝部、腹部、裆部、胸部和头面部。

④下劈。实战姿势开始。右脚蹬地，重心前移至左脚。同时，右腿以髋关节为轴屈膝上提，两手握拳置于胸前；随即充分送髋，上提膝关节至胸部，右小腿以膝关节为轴向上伸直，将右腿伸直举于体前，右脚过头。然后放松向下以右脚后跟（或脚掌）为力点劈击，一直到地面，成实战姿势。动作要领：腿尽量往高，往头后举，要向上送髋，重心往高起；脚放松往前落，落地要有控制；起腿要快速、果断；踝关节要放松。劈腿的主要攻击部位有头顶、脸部和锁骨。

⑤勾踢。实战姿势开始。右脚蹬地重心前移，右腿以髋关节为轴屈膝上提，两手握拳置于体侧；左脚以前脚掌为轴外旋 180 度，右腿以膝关节为轴继续向前上方伸成直线，顺势右脚的脚掌用力向右侧屈膝鞭打，顺鞭打之势上体右转，右腿屈膝回收，右脚落回原处，成实战姿势。动作要领：提膝，伸直，右侧屈膝鞭打动作要连贯快速，没有停顿。击打点在体前偏右侧，以脚掌为击打点；左

脚旋转支撑，保持平衡，踹击后迅速将腿收回。勾踢攻击的主要部位是头面部和腹胸部。

⑥后旋踢。实战姿势开始。两脚以两脚掌为轴均内旋约180度，身体随之右转约90度，两拳置于胸前。上体右转，与双腿拧成一定角度。右脚蹬地将蹬地的力量与上体拧转的力量合在一起，右腿继续向右后旋摆鞭打，同时上体向右转，带动右腿弧形摆至身体右侧，右腿屈膝收回；右脚落到右后成实战姿势。动作要领：转身旋转，踢腿连贯进行，一气呵成，中间没有停顿；击打点应在正前方，呈水平弧线；屈膝起腿的旋转速度要快；重心在原地旋转360度。后旋踢攻击的主要部位有面额和胸部。

⑦推踢。实战姿势开始。右脚蹬地，重心前移，右脚以髋关节为轴提膝前蹬，用右脚脚掌向前蹬推，力点在脚掌，推力向正前方。动作要领：提膝后尽量收紧膝关节；重心往前移，利用身体的重量和力量；推的时候腿往前伸展，送髋；推的路线水平往前。推踢的主要攻击目标是腹部。

⑧横踢。实战姿势开始。右脚蹬地，重心前移至左脚，右脚屈膝上提，两拳置于胸前；左脚前脚掌碾地内旋，髋关节左转，左膝内扣；随即左脚掌继续内旋至180度，右脚膝关节向前抬至水平状态，小腿快速向左前横向踢出；击打目标后迅速放松收回小腿。右腿落回原地成实战姿势。动作要领：膝关节加紧，向前提膝，尽量走直线；支撑脚外旋180度；髋关节往前顺，身体与大小腿成直线；严格注意击打的力点在正脚背；踝关节放松，击打的感觉似"面团"，"鞭梢"。横踢攻击的主要部位有头部、胸部、腹部和肋部。

⑨跳踢。指先跳起使身体腾空，然后在空中完成各种踢法的攻击技术。跳踢包括旋风踢、双飞踢、腾空后踢、腾空劈腿、腾空旋踢、跳步横踢等多种方法，是跆拳道高难技术动作。

⑩单腿连踢。同一条腿连续进行两次以上的进攻方法。

⑪双腿连踢。两条腿连续进行两次以上的进攻。

◎练习跆拳道的注意事项

由于跆拳道的爆发力比较强,所以安全性是必须要注意的问题。对于没有自控力或是自控力比较弱的初学者,不能过早地急于对打,首先要进行体能训练,还要等到熟悉套路之后才能考虑对打。每次练习跆拳道前都要进行20分钟的体能训练,计时跑或跳,这是热身活动,要让肌肉完全放松,练完之后不要马上洗凉水澡或吹空调,要注意及时补水,长时间练习中间要有休息时间,一般练习1个小时休息10分钟。此外最为关键的是,不能用所学到的跆拳道欺侮别人,要时刻记住习练跆拳道的宗旨。

热情如火的激情——拉丁舞

◎拉丁舞的起源与发展

古巴是拉丁舞和拉丁音乐的发源地。最初,拉丁的音乐和舞蹈是人们庆祝胜利或丰收的一种表达方式,后来渐渐发展为年轻人相互表达爱慕之情的一种方式。在其发展的过程中,拉丁舞曾因为动作过于热情、表达情感过于直率又没有任何约束而受到排斥,但这并没有影响到拉丁舞的发展,令人无法抗拒的魅力终使拉丁舞风靡世界。很多白种人曾经因为无法模仿拉丁舞中没有规律的节奏及动作变化而苦恼,后来出现的cha－cha正是为解决此问题的产物。

在今天的年轻人中,拉丁是不可阻挡的热潮。无论是在音乐还是舞蹈,拉丁的风格都在流行。由于现代人追求自然、随意的特点,当前流行的拉丁舞不是与老百姓有一定距离的国标舞,而是人们长久以来喜闻乐见的民间拉丁舞,例如salsa、merengue等。学拉丁舞的最好去处是舞蹈教室，虽然学费较高，还是“火”得不得了。在各种各样的party中越来越多的“高水平”舞者直接反映了“拉丁队伍”日益庞大。

◎拉丁舞的特点和功能

拉丁舞分为Ballroom版和Street版两种。动作的要领都在于腰胯的“8”字形摆动。Ballroom版较学院派，像学钢琴那样又分级考试，每过一关便得一枚奖牌，因此得遵循一套特定的形式；而现在比较流行的Salsa则是由街头Style演变而来的，自由和随意，更能凸显个人风格。据说，这种古巴风格的Salsa源自街头，拉丁乐手在街上即兴奏起音乐，闻声起舞，空气顿时弥漫起Fiesta的欢娱。和同样作为拉丁舞的伦巴、桑巴、恰恰等相比，它在服装和舞技上更为随意，不需要固定的舞伴，舞姿也更为热烈奔放；而和迪斯科相比，它又多了高雅的气质；比起探戈、华尔兹，它少了束缚感而更具“煽动性”的风情与活力。或许是世界杯巴西人的“桑巴足球”让我们真切地感受到了拉丁的激情与狂野，拉丁舞对于每一个南美人都代表着一种精神，在狂欢节游行的街道，或是入夜后的酒吧里，无处不弥漫着这种用最原始的方式表达出的热情，在你看过拉丁舞之后，就会被那种激情完全征服。当你踩着拉丁音乐强烈的节奏，摇摆、旋身、抖肩、展臂、扭腰、送胯，看上去就如同一条美人鱼在大海里游动，把拉丁舞渲染得风情万种。拉丁舞的感觉又很现代，而且跳起来也不像国标舞那样一板一眼，舞者可以尽情地自由发挥，因此很多人喜欢这种风格。

◎有氧拉丁

拉丁的音乐和舞蹈如此富有魅力，使它走进健身房成为一种必然。人们在感受拉丁魅力的同时强健身体，可谓两全其美。把拉丁舞引入健身房后，拉丁舞便成了“有氧拉丁”。这个名字一下子道出了将拉丁舞作为一种健身方式的创意。

有氧拉丁自由随意、热情奔放、节奏明显，非常适合青年人。它要求百分之百的情绪投入，强调能量消耗，越是淋漓尽致地把拉丁的感觉发挥出来，就越能放开，无所顾忌，在音乐中释放身体，从中获得精神上和身体上的舒展。

另外，它对动作的细节要求不高，只要能跟上节奏就好，它注重的是运动量和对髋、腰、胸、肩部等关节的活动。它并不是单纯的健美操，不要求整齐划一，一旦你有了到位的感觉，大胆释放自己的能量，随意、自由地扭动就可以了，一堂课坚持下来，腰部两侧和大腿内侧得到充分的锻炼。这也就是许多年轻人看中它能锻炼女性腰部、臀部和大腿，以防赘肉堆积的特别好处所在。

作为一种体育舞蹈，拉丁舞既是一种健身运动，也是一种娱乐节目。当音乐响起的时候，你能如醉如痴地随着跳跃的音符尽情的表现自己，这就是拉丁——力与美的体现。拉丁舞腿脚的运动，腰胯的扭拉，手臂的摆动，可以让人全身得到很好的锻炼；优美的音乐，又能让人忘却烦恼忧愁，投入到艺术的天地里，全身心得到放松。因此很多人喜欢上了拉丁舞，拉丁舞也正在人们的生活中发挥着它独特的作用，散发恒久的魅力。

◎拉丁舞的基本站立姿态

双脚并立，身体尽量伸直，使头、肩、胯三点成一线，两眼平视，脖子拉直，下颌稍微内收，使人可以从后看到后颈较直。挺胸使两肩胛骨向后向内关闭，两肩下沉同时将身体的中段（胸腰部分）向上拔起，使身体的中段和两肩有个互相顶压的力。臀部稍向内收，小腹向上拉，但不可过分使身体变形，感觉上身躯干是直的。两条大腿要稍内收，双膝要绷直，不可弯曲，大腿和小腿的肌肉要收紧，感觉是向反方向拉紧。

预备步站立姿态:左脚在前,脚尖向前方,身体重心在左脚,身体尽量伸直,使头、肩、胯三点成一线。右脚在后打开,膝盖绷直,大拇指内侧点地,脚跟向内侧下压,不要翘起来,脚面绷直。右胯向后斜 45 度打开,使身体从上身到右脚尖形成一条很长的直线,可以在舞蹈中表现出很漂亮的形态和体型。

◎拉丁舞的三大要点

①当舞步移动时,不是单纯只有脚步的移动,而是要以身体的动作来带领脚的移动,同时移动后的姿势应以身体由内而外不断的延伸。

②拉丁舞所表达出的肢体语言必须是性感的,大部分的舞种皆表现出二人互相吸引或互相欣赏的动作,因此在表现上应通过音乐的控制、脸部的表情、眼神及身体动作来表达,教练会一遍一遍地强调:“一定要很性感!拉丁舞是非常性感的舞蹈。”

③所有的平衡动作皆由身体中心向外发出,在连续旋转时,速度应由慢渐快再渐慢,重心在张开的双足之间,不可太前或太后,脚部的移动不可过大或过小,为了身体的平衡,应不断地练习找出适当的步位。

◎拉丁舞的注意事项

拉丁舞是两个人的舞蹈,舞动起来非常的迷人,它比其他舞蹈更能展示自我,和国标舞所不同的是,它更为关注自身的释放和随心所欲,是性感与狂野的结合。对于拉丁舞的服饰,为了更多地体现拉丁的美感,最好选择能使人显得修长的服装。裤子可选择紧身敞口裤,也可以是低腰的,以便突出髋部动作。上衣可以随意,紧身背心外套一个大袖口的罩衫是最佳选择。鞋子的选择则是以鞋底柔软最为重要。

专家说，对于初学者，建议把注意力集中在跳好基本步上，这一点看似简单，但真正做好的人并不多，千万别以为几个节拍的基本步就那么简单，里面有很多学问，重要的是通过学习拉丁舞步，获得那份感觉。

在跳拉丁舞时，人体的状态应分成3部分。

①上半身，尤其是肩部应巍然不动，体现了西班牙人的高贵，是拉丁舞中白人文化的精髓体现。

②身体中部，包括腰部和胯部应尽情地扭动，彰显了非洲文化活泼、外向的特点。

③下半身，腿和脚的动作起源于印第安人的文化，拉丁舞中的舞步有一些是起源于此。

所以要跳好拉丁舞，必须好好体会这3个特征，将多元化的个性融会到肢体语言中，真不是件易事。

优雅的古典魅力——形体芭蕾

◎形体芭蕾的起源与发展

芭蕾发源于意大利，17世纪在法国宫廷形成。法国宫廷芭蕾在发展过程中形成了严格的规范和结构形式，其主要特征是女演员要穿上特制的足尖鞋立起脚尖跳舞。1661年，法国国王路易十四下令在巴黎创办了世界第一所皇家舞蹈学校，确立了芭蕾的五个基本脚位和十二个手位，使芭蕾有了一套完整的动作和体系。在欧洲，芭蕾深深影响着社会个体的举止形态，举止优雅还是粗俗，已经成为社会衡量个体文明的标准。随着社会的发展，芭蕾的美丽已不仅是贵族消遣的游戏，如今又成为一种新的健身方式，变得更实际和实用。

健身方式的芭蕾,大家习惯称为形体芭蕾。成人的芭蕾形体课是以芭蕾舞的基本动作为训练内容,通过掌握芭蕾的几个特性,如开、绷、直等,使身体各部位发展均衡,姿态优美挺拔,同时在优美的音乐伴奏下,提高乐感、陶冶情操,最终达到舞姿与音乐的完美结合。让美丽不仅仅是流于外表或者藏于内心,我们要让美丽得到直观而又含蓄的展现。大家知道,减肥不只是达到瘦身的目的就够了,还要跳出健康、跳出美丽、跳出风采,可见单单身材好并不能满足大家的审美要求,形态美了我们还要提高内在的修养,还要将内外结合起来,所以我们在练习的时候注意动作的同时还要注意培养内在的美感。

如今的都市女性不仅注重美容,而且注重健身。所以芭蕾已经成为都市女性的新宠,也许你从来没有设想自己也能触摸芭蕾,感受她的美丽和高雅,那么现在就让我们走进健身房,一起体验这种高雅艺术带来的享受。

◎形体芭蕾的特点与功能

从运动学角度讲,芭蕾舞是一种无氧运动,其健美力度是一般健身运动无法比拟的,开、蹦、直芭蕾的三因素,具有收缩纤维的功能,使人练后身材更修长,在动静结合的运动中有效地消耗多余脂肪,塑造形体美。成人形体芭蕾,那些看似简单的训练动作,能让我们达到腰背细窄,身材匀称的效果;长期坚持甚至能够培养内在的美感,让精神面貌、气质也发生改变。成人练芭蕾最大的好处是可以改变体态,可以将芭蕾中天鹅般高雅、闲适的感觉带到日常生活当中去。学芭蕾学到的是控制自己肌肉的方法,在需要的时候你应该知道怎么样能让自己显得文雅。而且这项活动的最大好处是适应面宽,任何能站立行走的人都可以参加。芭蕾的基本动作中有不少肩背和手臂的动作,特别适合办公室的白领来松弛紧张的肩背。

◎形体芭蕾的基本动作

形体芭蕾分解动作：芭蕾给人一种坦露的、直接的而又优雅庄重的美感。形体芭蕾的一系列基本动作，都建立在这一审美的观念上。

①运动前先做一些热身运动，更有利于把动作做得舒展、到位。

②胳膊前提，两手置于大腿处，双肩打开，眼睛平视前方。

③双手提至肚脐位置。

④右手提至头顶位置，眼睛平视前方。脚跟转开，腋下放松，眼睛看斜线方，胳膊打开成圆形，主动力腿的胯向上提起，臀部、小腹收紧。

⑤主动力腿胯上提，另一条腿膝盖伸直脚尖绷直，脖子放松，指尖向远处拉伸。

⑥胳膊向远伸，眼睛看手指尖处。

⑦双肩下沉，双手打开成圆形，像是在抱着一个球。

⑧身体前倾成 90 度，把腰部向远处伸拉，下旁腰，头向左侧倾斜。

◎形体芭蕾的基本训练方式

形体芭蕾主要分地面素质训练、扶把训练、脱把训练等基本训练方式。

[地面素质训练]

包括坐在地上做勾脚背、盘腿压胯、仰卧吸腿、侧卧旁吸腿、俯卧后吸腿、腰部训练、仰卧前大踢腿等动作。这些动作可以打开肩部和胯部关节韧带，加强腰的柔韧性；增强腿部和后背肌群的弹性和力量。

[扶把训练]

是指训练的时候扶着固定的物体进行的训练。常见的有擦地、半蹲、全蹲、小踢腿、划圈等动作。单腿蹲和小弹腿、压前腿、压旁腿、压后腿也是相当重要的训练动作。这些训练动作可以使脊柱、臀、脚踝、臂充满活力,从而培养优雅和高贵的气质。

[脱把训练]

训练难度较大,动作分为手位与脚位的训练,如手臂波浪形的舞动,脚做划圆等动作。与前面的训练相比,增加的练习有跳跃练习。小跳还可以分为一位小跳、二位小跳、五位小跳。中跳是随后的训练,主要以原地跳为主,分为一位中跳、二位中跳、单起双落方法和双起单落方法,最后就是大跳了。以上训练,是将臂、腿、弹跳等舞姿造型组成的小组合,既能训练身体的基本能力,也调整了身体的基本姿态,并使其能够灵活自如地运用到芭蕾中去。

◎形体芭蕾的装备

[给新手的提示建议]

①服装。专业舞美设计的练功服。对舞蹈者来说,练功服绝不仅仅是为了漂亮,它们中每一件都有其切实的作用,最基本的要求,是要具有保护作用。紧身衣和紧身裤袜是舞蹈者在练功室最常用的基本练习服,棉和莱卡的结合会同时保有穿着的舒适和足够的弹力。而蓬松的纱裙和华丽的丝缎更多是出现在舞台上。

②发式。发式也是舞蹈服饰的一部分。许多跳芭蕾的姑娘们爱把她们半长的头发在脑后挽成一个髻,这样脖子和头部的线条

就显得十分清晰，既美丽又有助于老师纠正动作。

③鞋。是最重要的。在练足尖前，用柔软的薄皮革或帆布制成的芭蕾软鞋是练功时的必备。脚尖舞鞋用以支撑女演员长久地站立和脚尖行走、跑和跳。脚尖舞鞋是在普通舞鞋的脚尖部分增垫棉花、松香或轻质木楦，并在鞋尖上用线缝衲多次而成。对提高和丰富女子舞蹈的技巧和表现力，对浪漫主义芭蕾的轻盈欲飞的仙女和精灵的形象塑造很有帮助。一般有粉色、红色和黑色可供挑选，鞋子须以较紧的包住脚为宜。趾套，则是在练足尖时用。

完美的健康体验——舍宾

◎舍宾的起源与发展

舍宾运动或简称形体运动，是一项源于前苏联，盛行于俄罗斯、独联体和欧洲地区的身段健美运动。舍宾是英文 SHAPING 的译音，其含义就是形体整型、塑造或雕塑。主要是针对女性的生理特点，由许多致力于形体研究的运动学家、医学家、营养学家、美学家和电脑专家等经过多年的共同努力，全面研究了人类生命、健康、长寿、生长、发育以及肌肉、骨骼等领域，得出的一套人体标准体态和最佳气质的人体美化工程系统，创造性地开发出了一套人类形体的计算机测评系统和骨骼结构分类形体模型标准设计方法。是一套全新的形体雕塑和形象美化的科学方法。具有很强的综合性、科学性和针对性。

SHAPING 运动是一个完整的形体雕塑及形象设计系统，是世界上第一个把现代减肥美体理论及综合治理原则转变成具体的、可操作的、严密的系统工程体系，也是当今世界惟一形成专利体系及连锁俱乐部形式发展的国际性运动协会组织。SHAPING

形体运动设定的人体健美标准是形体的线条美和围度的比例美。为此,SHAPING 运动体系通过测量把人类体形分为九种不同的类型,建立各种体形类型的最佳模型标准,使每个参加者都能从 SHAPING 系统中找到适合自己遗传条件的分类标准,并通过电脑形体测评了解自己的形体现状于标准模型间的差距,然后根据 SHAPING 体系提供的运动处方和营养处方,在教练的指导下通过训练、调养来缩短、消除差距,达到一个围度比例日趋美好的形体。

SHAPING 形体运动对人体美的定义是健康、体形、动作、姿态、修养、服饰在个性基础上的协调和统一。因此 SHAPING 运动不仅仅有效地对参加者进行形体雕塑,而且还通过多种练习使参加者身体健康、动作协调、姿态优美、举止文雅得体。SHAPING 体系的发型、化妆、服装参谋系统将对参加者提供合乎个人形体与气质的总体形象美化的指导。

舍宾形体运动以其独特的理论,先进科学的训练方法,明显的减肥健美效果,一经推出便火爆都市,风靡世界,迅速成为现代都市女性追求的时尚。舍宾形体运动是塑造女性形体的过程,舍宾舞蹈是表现形体语言的过程。

◎舍宾的减肥及保健作用

舍宾减肥通过一系列的人体功能和代谢平衡方面的电脑测评,测定个人的身体状况是否需要和能否减肥,以及体脂分布状况。舍宾专家参照每人的不同数据,分别制定一套准确率很高的肌肉和脂肪分布测评方案,为减肥和形体雕塑打下基础。然后通过与传统运动理念迥然不同的舍宾运动来训练,安全减肥是舍宾的重要原则。

舍宾除了要塑造女人健美的形体,最重要的,是要给予女人一个健康的心理、自信的气质。这可应了哲学家里戈里的一句话“魅力等于内在美和外在美的总和”。这样说来，舍宾运动给予女人的不光是曲线，还有生命律动的活力。掌握了展示女人美丽的法宝，我们便可轻易看到以这个法宝点缀自己的女人——在大街小巷的人流里，女人“挺”好的胸脯、修长朦胧的双腿，紧身衣流露出的绝妙曲线，让人眼花缭乱。在运动的召唤下，女人终于讨回了自己本来的生活面目，也使男人倍增对女人的关注。运动，终究给女人带来了种种好处。

舍宾的健身治疗，对于失眠症、神经衰弱、高血压、肠胃病、胃下垂、妇科病，一周锻炼两次舍宾，一次不低于1～1.5小时，是最有效的。这可比天天锻炼愉快得多。

◎舍宾系统的分类

走进舍宾训练房，教练让你做的第一件事，是通过电脑测评系统来确定你的身体状况及体脂分布，对照“标准模型”，找出各部位差距，同时对你进行体能测试和医学测试，将这些测试的信息输入计算机，最终给出一个只属于你个人的形体训练计划。

◎舍宾系统的形体测评

舍宾系统的创造者用了近十年的时间，通过大量的人类形态数据的调查和处理，以人类不易改变的骨骼结构特征为依据，将人类分成九种不同的骨骼结构类型，从而解决了人类形体评价方面的世界性难题，并以此为划分基础，在上述九种不同类型的群体中取得标准模特数据。因此模型标准同样也具有广泛的代表性。每个骨骼结构类型的人在舍宾的模特中均能找到自己，通过努力即可能达到的标准。

◎舍宾系统的运动处方

进入舍宾系统的评测不只是形体测评。为了给出运动训练处方还必须进行体能测试和医学测试，将上述测试的信息加上形体测评信息输入电脑，您将会得到一个只属于您个人的，完全针对您个人的形体训练计划。值得说明的是，舍宾运动，对脂肪的局部消耗和全身消耗兼而有之。另外，也许大多数体脂高的人肌肉内生化环境好，经常运动，体脂比较低的人安静时代谢功率更高。因此，在舍宾的综合治理中，运动处于重要位置。此外，所有减肥方法中通过舍宾系统锻炼改善了肌肉内生化环境的人，由于消除或减轻了体内增肥因素，所以其反弹是各种减肥方法中最少、最慢的。

◎舍宾系统的营养处方

在舍宾的词典中没有“节食”二字，只有合理的营养调配，即舍宾营养处方。舍宾的营养处方不是一般的营养原则，也不是凭医生和专家经验得出的饮食配方，它是综合每个舍宾参加者的营养测评信息、身体测评及运动处方等信息后，针对每个人形体雕塑和基本健康需要而制定的科学化配餐表。其作用是与运动处方配合起到最佳的形体锻炼效果。舍宾的营养调配的另一指导思想就是以人类的自然饮食为基础，各种合成的减肥营养品都只能作为万不得已的辅助减肥用品，因为剥夺人的饮食乐趣是不可取的，也是任何人无法长期坚持的。

◎舍宾的形体语言训练

从舍宾系统的角度看，人们仅有健康和静态的外形美还是不够的，与静态的美相比，动态的美(包括步态、姿势、表情、动作优美协调等)更显现出人的气质和魅力。没有优美的动态是不可思议的，因而动态的训练在舍宾系统中占有十分重要的地位。舍宾为动态美练习设计了专门“舍宾形体语言教程”。这种教程特别强调步态、姿势、表情及形体训练的性别感、节奏感和优美感。该形体语言教程设计的过程相当复杂，所用资料也相当庞大。舍宾系统的创造者在形体雕塑程序训练中，为女子设计的形体雕塑动作均注意拥有女性化动态魅力。实践证明舍宾系统的动态美训练十分成功。参加过舍宾训练的模特、演员、选美小姐或普通的女性，无论少年、青年或中老年，她们的动态感均得到了不同程度的改善。

◎舍宾系统的形象设计

舍宾系统的形象设计概念包括健康、形体、形体语言、气质、整体形象设计（服装、发型、美容化妆）以及与整体美有关的各种细节设计、养护以及教育。

◎练习舍宾时的装备

练舍宾请您带 6 项用品：舍宾形体服、舍宾鞋、舍宾腰带、舍宾塑腿袜、舍宾袜套和一双高跟鞋。

[舍宾塑腿袜]

舍宾塑腿袜采用 100％的高弹亮光伸缩纱织成，无横纹，触感润滑，前后左右伸缩均匀，贴身性强，适合各种体形穿着。舍宾塑腿袜比一般丝袜厚 2～3 倍，因其弹性超强，可束缚腿部赘肉，改善腿部曲线，将臀部至腿部整个拉直，一次性达到腿部、腹部、臀部的整体曲线造型，同时舍宾塑腿袜能随着下肢的运动不断按摩腿部，帮助血液循环，防止静脉曲张，有缓和腿部疲劳与减缓腿部浮肿的效果。

[舍 宾 鞋]

舍宾鞋的鞋面采用小牛皮，而鞋底则采用翻毛牛皮制成，符合舍宾运动原理的要求。

[舍 宾 服]

舍宾服与高质量的健身服相似，棉加莱卡，弹性强、贴身透气、不变形。其最显著的特点是根据舍宾运动原理设计制作而成，在版型方面注重人体黄金分割比例原则，从视觉上调节人体的上下身比例。

[舍宾腰带]

舍宾腰带在脂肪燃烧时保持腰部的温度，对腰部的减脂有很好的辅助效果。同时对腰部有一定的束缚作用，让腰部处在一种紧张的状态，既能矫正腰部的姿势又可调节气息，掌握正确的呼吸方式，让气息始终保持在胸腔，而不是在腹腔，从而导致小腹的松懈，并在运动中对腰部起到保护作用。

[舍宾袜套]

舍宾运动中有很多的地面动作，因此，袜套能保护脚踝，避免脚踝与地面的直接接触。舍宾袜套具有整体的装饰效果，让脚踝处的线条自然过渡，避免头重脚轻的视觉现象。

[高 跟 鞋]

舍宾每节课共有五个部分：姿势、姿态、步态训练、协调性训练和肌肉训练，高跟鞋是在步态训练时所需要的。许多女士坐立都比较松懈、含胸、小腹突出。舍宾独到的步态训练，加上一双合脚的高跟鞋，能让女性在站立和走路时，习惯性保持抬头挺胸的站立姿势和优雅的迈步方式，让女性更显完美的曲线。

◎舍宾训练的注意事项

舍宾训练非常重视饮食的配合。打一个简单的比方：我们吃一个肉馅饼，可摄取约200～300千卡的热量。一场舍宾课下来，所消耗的热量也在200～300千卡左右，如果在训练前吃一个肉馅饼，相当于消耗的就是刚才摄入的馅饼。所以舍宾规定，如果你的训练计划目的是减脂，那么在训练前你不能提前储存热量。当人在饥饿状态下运动时，血糖下降，身体会调用肝糖来提供热量，以达到燃烧脂肪的目的。运动后，人的新陈代谢旺盛，急需建构材料补充，并且吸收性特别强，此时，不能马上进食，否则身体会超量吸收，导致肌纤维变粗，形成男性化特征的块状肌肉。但若在一段时间后再补充，就不会有问题，所以运动后的一段时间内也不能进食。结论：舍宾饮食规则并不是要求节食，纯粹是为了配合当时训练以确保效果。

一般健美操教练恨不得天天锻炼才好，而舍宾专家认为对于一般人而言，为了健康、长寿和美丽，最佳的运动节奏，恰好是过去人们常常批评的“三天打鱼，两天晒网”式。舍宾的最佳运动负荷和运动节奏为每周训练2次，每次不少于1～1.5小时。这是因为人体肌肉和骨骼有72小时的恢复期，即运动维持量及脂肪消耗可以达到72小时。只有当个人的有氧代谢达到一定水平时，每周训练3次才是适宜的。

妙趣横生的体操——健身球

◎健身球的起源与发展

FITBALL的中国名叫健身球，是一个直径为66厘米的充气橡皮球，利用它作辅助工具来做健身操，既轻松有趣，又可以达到减肥健身的目的。它最早起源于瑞士，用于理疗康复，后来才发展为富有娱乐性的训练器械和健身体操并风靡欧美。

健身球是一项新兴、有趣、特殊的体育健身运动。健身球用途和优点多：它适合所有的人锻炼（包括需要康复治疗的人），它的健身效果良好（特别对脊柱和骨盆的锻炼），健身球有很好的损伤恢复和康复功能。健身球在锻炼时比较安全，不容易出现损伤，健身球可以提高人的柔韧、力量、平衡、姿态、心肺功能。

◎健身球的特点与功能

健身球一般采用对人体无害的 PVC 材料制成，直径在 60～70 厘米之间，内部为空心结构，需充气使用。这种健身球能承受高达 300 千克的压力，所以既柔软舒适又非常安全。

健身球拥有三大特点：

①因球有弹性，可避免对关节造成强大冲击，可避免运动伤害。

②健身球操可以针对某个特定的部位进行准确的训练，减肥效果更直接。

③因球有不稳定性。想要保持身体重心，就要求收紧全身每一块肌肉，所以球操运动量大却不激烈，是动力和静力结合最佳的一种运动。

健身球的主要作用是训练人体的平衡能力，增强人对肌肉的控制能力，提高人体的柔韧性和协调性。而普通运动都是在地面或稳定性很强的器材上进行，锻炼者不用太多的考虑身体的平衡问题。一般来说，人超过 20 岁后，缺乏力量训练的人每年会蒸发约 0.25 千克肌肉，但肌肉消失不只会影响力量，还会造成体重上升。将健身球加入健美动作中，例如卧推举及仰卧起坐，这些动作做起来会比以前困难，需要更多平衡力来稳定身体，但会增加力量。伸展运动对维持健康及充满活力的生活也十分重要，一般人认为力量训练和柔软度训练不可以并存，其实两者应该是相辅相成的，利用健身球就可以创造出很多伸展身体的运动。定期做伸展运动不单可以预防肌肉酸痛受伤，更会促进身心松弛。

值得一提的是健身球还具有按摩作用，当人体与球接触时，健身球就会均匀的给人体进行按摩。

健身球操的适用群体很广泛，很多力量训练都不适合一些年龄较大、体质较弱的人，特别是那些心脏病、高血压患者，而做球操时运动者的心率保持在每分钟 115～135 次之间，人不会感到气喘，但消耗的热量却达到每 45 分钟 3 000～6 000 卡路里。

对于初学者来说，球操有一定难度。但一边玩球，一边健身，可以让你更快摸清健身球的特性，掌握球操的技巧。当然，想在球上保持造型非一日之功，需要好好练习才行。

◎简单易学的健身球操

球操动作多样，完成全套动作需要 45 分钟左右，每周进行 2～3次为宜。做球操可以帮助你锻炼全身肌肉，其中以腰、腹部的瘦身效果最为显著。

[腿部及平衡能力训练]

仰卧健身球上，并保持身体平衡，把双手分放两侧，而且最好是以上背部接触健身球。然后就是慢慢抬起左腿，放下，抬右腿，要慢慢地抬。可以锻炼你腿部肌肉和你的平衡能力。

[手臂及肩部力量训练]

将双腿放健身球上，双手支撑，成俯卧撑形。并保持身体呈直线。然后用双手做移动，还原。重复。另可以变形做俯卧撑练习。

这个练习可以锻炼你手臂及肩部力量。

背部扩展训练 1：

动作过程：在开始训练之前应使膝部处于柔软位置以免受伤。腹部位于健身球上，把双手放颈部，但不要把双手交叉结合，以免因为接触球未掌握好平衡而滑倒。弓背挺起，上体尽量向上挺，到最高点时，静止 1 秒钟。然后慢慢回复。

呼吸方法：上体挺起时呼气，前屈时呼气。注意要点：向上挺伸时应尽力收缩骶脊肌，动作不要过快。

背部扩展训练 2：

在开始训练之前应使膝部处于柔软位置以免受伤，胸部放在球上，并将双手分别放在球两侧，慢慢移动球至腹部并双手及腿部伸直，使背部拉伸尽量成一个"L"形。还原重复。可以有效锻炼背部肌肉。

［大小腿力量训练］

在地上坐好，以臀部为接触面，双手向后撑开与背部成 35 度角。将整个身体的重心都放在后部，一腿前脚掌着地，另外一腿伸直，用外脚背做颠球运动，左右交替各练习 10～15 次。

呼吸方法：用鼻子深深吸气，使肺部尽量扩张，在腿抬起到下落的过程中用鼻子缓缓呼出。如此反复，呼吸的节奏要尽可能的舒缓均匀。

知心提示：要达到锻炼的效果，一定要注意绷紧脚背，整条腿成一条直线，才能使运动中的腿成一条直线，才能使运动中的腿部充分得到舒展。

◎练习健身球的注意事项

①练习时间及强度。最好在饭后 1 小时练习，每次 30 分钟即可，强度无需太大，一般来说使身体达到中等训练强度就可以了。

②购买技巧。市场上出售的健身球按照质量、大小的不一样，价格也在几十元到一百多元不等，在一般的健身器材专卖店就可以买到，在购买时可根据自己的身材选择大小适合的健身球，当坐在球上，膝盖的位置应该低于骨盆。如，大腿与上体所成的角度应该大于 90 度。另外也可以看身体的比例。

健身球多由乙烯基制成，里面充满空气，在挑选时要首先看其是否由乙烯基制成，其次检查外观是否圆润，有无破损，再次检查它的弹性及受重能力是否合适，一般的健身球最多可承受 200 多千克的重量。

拳打脚踢的运动——有氧搏击操

◎有氧搏击操的起源与发展

有氧搏击操，英文名为 Kickboxing，最早是由一名黑人搏击世界冠军创造的，近一两年才在国内发展起来。其具体形式是将拳击、空手道、跆拳道、中国功夫，甚至一些舞蹈动作糅合在一起，在激烈的音乐中，进行一些拳击和跆拳道的基本拳法和腿法练习。健身者在出拳、踢腿的过程中，随着音乐挥动双拳，动作刚劲有力，让健身者尽情地发泄，尽情地出汗，并在不知不觉中减掉全身多余的脂肪。

◎有氧搏击操的特点和功能

[特　点]

①适合于生活压力巨大的现代人缓解身心压力，既好玩又不伤害任何人。因为健身者不是跟别人搏击，也无需任何器材，而是

利用身体面向镜子向空中挥拳。

②有氧搏击操结合拳击及武术的基本动作，强调运动者必须仿效拳击选手，保持灵活的下肢移动及左右挥拳的身手，运动量相当大，能够帮助健身者消耗卡路里，对促进心血管健康也有帮助。只要跳个15～20分钟，就能让你累得满头大汗。

③有氧搏击操只需要做出许多不断重复的拳击、踢腿等快速动作，不需要全身动作协调，比韵律操更容易上手，所以越来越多的人爱上了它。

［功 能］

①增强肌肉力量、弹性与身体柔韧性。有氧搏击操的动作在发力时要求迅速有力，而收缩时自然、放松、快捷。通过练习过程中动作速度的逐渐加快，大幅度的反复练习，肌纤维的反复收缩，使肌肉的力量与弹性得到增强，反应速度加快。各种踢腿对提高下肢的柔韧性也非常有效。

②消耗大量热能，帮助减肥。有氧搏击操采用了长时间中低强度的运动方式，因此需要动用体内大量的血糖与脂肪，非常有利于减脂，一节完整的有氧搏击操会消耗大量的热量：一个体重60千克的人，做1个小时的有氧搏击操可消耗600卡的热量，是健美操的两倍，尤其对侧腰、腹部、大腿、手臂、肩背减少脂肪非常有效果。

③收缩腰腹。有氧搏击操中的各种拳法与腿法，都要求腰腹发力，可以说腰腹练习始终贯穿整个练习，大量的腰部摆动与腹肌的收缩，使锻炼者的腹部变得强健平坦。

④增强自信、放松心情。通过练习有氧搏击操，体质将得到提升，使人在日常生活和工作中更具活力与自信。一旦投入练习，你很快会被它的激情与热烈气氛感染，把一切不顺心的事看作一个假想敌，用重拳向它出击，释放你压抑的心情。

［基本技术特点］

①有氧搏击操动作多变，包括直拳、勾拳、摆拳、正踢、侧踢、侧蹬等搏击动作，而且在做每个动作时要求迅猛，有爆发力。

②有氧搏击操运动在出拳时，要求腹肌收缩，大吼一声，不但可锻炼到平时不易使用的腰腹肌，用力出拳，大吼大叫都是缓解情绪的好办法，通过这种方法可以宣泄情绪、减轻压力。想像一个假想敌就在你面前，出拳、踢腿、发泄心中的不满，1 个小时之后，心情也会轻松不少，许多跳过搏击操的人都感觉畅快不已。

③有氧搏击操动作简单易学，每个星期只要做 2～3 次，一个月之后，身体就会出现明显的变化。例如：加强关节活动能力、肌耐力，身体不再僵硬；消耗热量并增加肌肉量，进而减轻体重。

［适合人群］

有氧搏击操由于瞬间爆发力强，肢体伸展幅度大，运动量比传统的健美操更大，适合脂肪堆积过多的年轻人，堪称是效果十足的“瘦身”运动。

有氧搏击操中的所有动作几乎都要求腰腹保持平衡并发力，所以一节课下来，对腰腹部的锻炼超过了任何其他健身方式，因此，非常适合长时间久坐，致使脂肪堆积在腰腹部的现代上班族。

◎训练时的注意事项

①热身时间要足够，否则身体得不到足够的伸展。

②避免和专业运动员一样进行长时间的训练，应交替进行大运动量和低运动量的练习。

③侧踢时不向前扭胯，否则会导致压力集中在膝部。绷脚尖会扭伤膝盖，应向脚尖方向扭胯，以减轻膝盖的侧压力。

④膝盖不要僵直，以减轻缓冲。在转身时要抬起膝盖，否则会

扭伤十字韧带。

⑤击拳时要由肩部带动出拳，在完成击拳和踢腿动作前一直看着目标。

⑥避免肘、膝部用力过猛，避免进行闪躲或猛击动作时由于动作过大而脱臼，避免扭转动作。

⑦若发生以下情况，可停止练习：腿部疲劳，身体局部出现痛状不适，眩晕，心率过快等。

与心灵的狂欢——街舞

◎街舞的起源与发展

街舞（英文名字 Hiphop）最早起源于美国纽约，是爵士舞发展到上世纪 90 年代的产物，它的动作是由各种走、跑、跳及其变化，以及头、颈、肩、上肢、躯干等关节的屈伸、转动、绕环、摆振、波浪形扭动等连贯动作组合而成的，各个动作都有其特定的健身效果。街舞在两个相邻的强拍动作之间的弱拍上，也增加了动作（有时甚至增加两个动作），这就使街舞的节奏比健身操快了许多。

街舞能让人注意力集中，动作美、随意，还有瘦身功效，因为它是一种中低强度的有氧运动，消耗全身脂肪的作用相当强。此外，Hiphop 是一种小肌肉运动，经常练习能增加全身的协调性，让身材比例更趋标准。

街舞属于有氧运动，有资料显示，在街舞锻炼过程中，随着时间的延长，脂肪的供能比例也在增大。如：在 40 分钟、90 分钟、180 分钟连续运动时，脂肪的消耗量分别占总耗能的 27%、37%和 50%，想达到更好的减肥效果，就应适当延长锻炼时间，并且持之以恒。

◎跳街舞的基本要求

在练习广播体操、健美操时，可能教练对大部分动作的要求是“横平竖直”，而街舞更多的是强调随意性，要求动作松弛，所以练习时您要尽可能放松自己的肌肉、关节，让它们更灵活。

①耳听音乐，熟悉节奏；

②眼盯住教练的脚，学会步伐；

③下肢动作熟悉后，可以学习躯干和上肢等部位动作。全身各部位动作的同步性是关键，也就是说，把下肢动作和躯干与上肢等部位动作结合好。

◎给新手的建议

初步学习街舞时，切不可一下子就加大运动量，要循序渐进。通常是先做热身活动，将身体的各个关节、韧带，尤其是膝、踝关节要充分活动开，以免跳动时损伤；而后进行一定强度和时间的练习，最好不要少于30分钟；最后采用各种伸拉练习使身体放松。

练习街舞时所用的音乐是非常有特点的Hip－hop节奏，所以大家在练习前首先要熟悉并适应伴奏音乐的特点。如果一听到音乐，你就可以很准确、自如地踏上步点并与音乐合拍，那你便可以开始学习街舞了。

勇敢者的游戏——攀岩

◎攀岩的起源与发展

攀岩即徒手攀登岩壁，是指不依赖任何外在的辅助力量，只靠攀登者的自身力量完成攀登过程。攀岩运动要求人们在各种高度及不同角度的岩壁上，连续完成转身、引体向上、腾挪甚至跳跃等惊险动作，集健身、娱乐、竞技于一身，是一项刺激而不失优美的极限运动，被全球的攀岩迷们称为“峭壁上的芭蕾”。

攀岩运动是脱胎于登山运动的一项新兴极限运动。50 年代起源于苏联，军队开始把单独的攀岩活动作为训练科目，到 70 年代，攀岩在欧洲成为了一项竞技体育运动。根据比赛内容的不同，可分为难度攀岩和速度攀岩两种。根据比赛场地的不同，又可分为户外攀岩和室内攀岩两种。80 年代初，攀岩运动从北美进入我国，开始时主要是作为中国登山协会的训练内容，以后渐渐在民间流行起来。首先是各地的一些大学先后组织了登山、攀岩协会，而后一些热衷户外运动的年轻人又自发组织了民间户外俱乐部，每到周末或节假日，他们就背起了背包到山里去攀登自然岩壁。1987 年，中国登山协会主办了第一届全国攀岩比赛，1993 年 12 月在我国长春举行了第一届亚锦赛。自此，每年一届的全国攀岩锦标赛成了攀岩爱好者们交流技术的盛会。

◎攀岩分类

①按地点分类

A、自然岩壁攀登

定义：在野外攀爬天然生成的岩壁；一般是开发和清理过的难度或抱石路线。

优点：可以接近自然，充分体会攀岩的乐趣：岩壁角度、石质的多样性带来攀登路线的千变万化；由于岩壁固定，路线公开且可长期保留，所以自然岩壁的定级可经多人检测对比，成为攀岩定级的主要依据。

缺点：野外岩场地处偏僻，交通不便，时间和金钱花费都较大；路线开发也比较费力。

B、人工岩壁攀登

定义:在人工制造的攀岩墙上攀登,包括室内攀岩馆和室外人工岩壁。

优点:对初学者安全性较高;交通方便,省时省力;不可预见因素少,可以定期训练或进行专项训练;人员密集,便于交流切磋;另外,人工岩壁可以对路线进行保密性设置从而成为攀岩比赛的主要形式。

缺点:缺少特殊地形,创意性少,自由发挥余地小;支点的可调性使得人工岩壁路线常变,定级主观性更强,准确度偏低。

②按攀登形式分类

A、自由攀登(free climbing)

定义:不借助保护器械(主绳、快挂、铁锁等)的力量,只靠自身力量攀爬。

特点:此种攀登形式在我国占主导地位,较符合体育的涵义范畴,考验人体潜能。

B、器械攀登(aid climbing)

定义:借助器械的力量攀登。

特点:在大岩壁攀登(big wall)中较为常用,对于难度超过攀登者能力范围的路线有时也借助器械通过。其意义存在于攀登者的项目目标和活动历程中而不在于攻克难度动作。对器械操作的要求较高。

③按保护方式分类

A、顶绳攀登(top rope)

定义:在岩壁上端预先设置好保护点,主绳通过保护点进行保护,攀登者在攀登过程中不需进行器械操作。

特点:安全,脱落时无冲坠力,适合初学者使用;但对岩壁的要求苛刻,岩壁必须高度合适(8～20 米)且路线横向跨度不大,由于需要绕到顶部进行预先操作,架设和回撤保护点的工作都比较繁琐。有时为方便初学者,可在先锋攀登的路线上架设顶绳。

B、先锋攀登(sport)

定义:路线预先打上数个膨胀钉和挂片,攀登过程中将快挂扣进挂片成为保护点并扣入主绳保护自己,攀登者需要边攀登边操作。

特点:在欧洲尤其是法国最为盛行,它比传统攀登安全性高,可以降低心理恐惧(fear factor)对攀爬的影响,从而全力以赴突破生理极限,挑战最高难度;另外,在角度较大或横向跨度较大的路线中,先锋攀登方式比顶绳保护有更大的便利,可以让攀登者脱落后很容易地重新回到脱落处,对难点进行反复练习。由于这种方式使攀岩由冒险的刺激运动变成安全的体育训练,所以先锋攀登称为 sport climbing 。

C 、传统攀登(traditional or trad)

定义:将不同规格的岩石塞放置到岩壁上天然生成的裂缝、岩洞、石桥等地形中,形成保护点;再使用快挂和主绳进行保护;攀登者边攀登边操作。

特点:是最初最天然的攀登方式,可以最大程度上保持岩壁的完整性,在国外,老一代的攀岩者十分推崇此种形式的攀登;但操作复杂,需要相当丰富的器械操作经验,相对而言难以掌握,并且比较危险,对传统攀登感兴趣的攀岩者一定要稳扎稳打,循序渐进。

D、抱石(botldering)

定义:攀登路线短、高度低、难度大的线路,不使用主绳、安全带等保护装备,代之以抱石垫作为坠落时的缓冲。

特点:操作简单便利,费用低;对攀登者的心理调控和耐力要求较低;是攀岩运动的新兴分支。

E、自我攀登(solo)

定义:不依赖第二人,攀登者使用器械自我保护进行攀登。若无保护品攀登达到一定高度(一般为 10 米以上),则称为 free solo。

特点:不需要搭档,但操作较为复杂,费时费力,从事这种攀登方式的人员较少。

④按岩壁的大小分类

A、单段路线(single pitch)

单段路线:一般低于25米,50米的主绳可以保证攀登者到顶并返回地面。人工岩壁路线多为此类。

B、多段路线(multi pitch)

多段路线:当岩壁高于25米时,一般主绳长度就不够了。这时路线会被划分成数小段,每段长度在50米以下,攀登者完成一段后,架设保护点,保护第二人到达同样高度,这样主绳也被带到了此处,可以进行下一段的攀登。攀登到顶后,下降过程也需分段进行。

C、大岩壁(big wall)

大岩壁:也是多段路线,但路线更长或难度更大,需要一天以上才能完成,除了保护装备外,攀登者要携带饮食露宿的物资。

◎攀岩的五大好处

①增加身体柔软度与协调感(Flexibility & Coordination of mind and body):这是攀岩的关键能力,其重要性更胜于体力,国外已有医疗领域将攀岩用来矫治孩童肌肉发展及手、眼、身体之协调训练上。

②增强体力(Strength):攀岩运动要的是手脚均衡的力与美,并且足以负荷自己的体重、对抗地心引力。这件事,女孩可是一点儿也不输男孩的。

③集中精力(Concentration):脚下全神贯注地踏着岩块,留意身体在岩块上位移的每个细节,可以培养一个人对于事物的专注程度。

④进取心(Initiative):当自己靠着攀登绳承受体重,挂在高高的岩壁或岩塔上时,是放弃还是继续坚持?已经不只是勇气可形容,还有意志力、荣誉感,及自我超越的决心。面对比自己身高还高至少7~8倍的岩场,仍毅然决定向上攀登,不怕面对攀岩过程中的困难,心情自然要比常人自重与自信。

⑤平衡感(Balance):被称为在岩壁上行走的"蜘蛛人",行走的基本姿势是三点不动一点动,靠的就是平衡感!

◎攀岩的基本技术

①身体姿势

攀登时身体要自然放松,以3个支点稳定身体重心,而重心要随攀岩动作的转换移动。这是攀岩能否稳定、平衡、省力的关键。要想身体放松就要根据岩壁陡缓程度,使身体和岩石保持一定距离,靠得太近,会影响观察攀岩路线和选择支点。但在攀登人工岩壁时要贴得很近。在自然岩壁攀登时,上、下肢要协调舒展,攀岩要有节奏,上拉、下蹬要同时用力。身体重心一定要落在脚上,保持面向岩壁、三点固定支撑、直立于岩壁上的攀登姿势。

②手臂动作

手在攀岩过程中是抓住支点、维持身体平衡的关键,手臂力量的大小直接影响攀岩的质量和效果。因此,一个优秀的攀岩运动员必须有足够的指力、腕力和臂力。对初学者来说,在不善于充分利用下肢力量的情况下,手臂的动作就显得更为重要。手臂如何用力,在人工岩壁攀登和自然岩壁攀登时情况不同,前者要求第一指关节用力扣紧支点的同时,手腕要紧张,手掌要贴在岩壁上,小臂也要随手掌紧贴岩壁而下垂,在引体时,手指(握点)有下压抬臂动作,其起动规律是,重心活动轨迹变化不大,节奏更为明显。但攀登自然岩壁时其动作就变化很大,要根据支点不同采用各种用力方法,如抓、握、挂、扣、扒、捏、拉、推压、撑等。

③脚的动作

一个优秀的攀岩运动员的攀岩技术发挥的好坏，关键是两腿的力量是否能充分利用。只靠手臂的力量攀登不可能持久。脚的动作要领是，两腿外旋，大脚趾内侧靠近岩面，两腿微曲，以脚踩支点维持身体重心，在自然岩壁支点大小不一和方向不同的情况下，要灵活运用。但要切记，膝部不要接触岩石面，否则会影响到脚的支撑和身体平衡，甚至会造成滑脱而使膝部受伤。另外，在用脚踩支点时，切忌用力过猛，并要掌握用力的方向。

④手脚配合

凡优秀攀岩运动员，上、下肢力量是协调运用的。对于初学者或技术还不熟练的运动员来说，上肢力量显得更为重要，攀登时往往是上肢引体，下肢蹬压抬腿而移动身体。如果上肢力量差，攀登时就容易疲劳，表现为手臂无力、酸疼麻木，逐渐失去抓握能力，失去抓握能力后，即使有好的下肢力量，也难以维持身体平衡。所以学习攀岩，首先要练好上肢力量，上肢又要以手指和手腕、小臂力量为主；再配合以脚腕、脚趾以及腿部的力量，使身体重心随着用力方向的不同而协调地移动，手脚动作的配合也就自如了。

⑤器械攀登法

上升器攀登法：在上方将主绳一端固定好，将另一端扔至峭壁下方，下方固定拉紧。后继攀登者双手各握一只分别与双脚相连接的上升器，并将它们卡于主绳上，与双脚协调配合，不断沿主绳上攀。也可利用双主绳，将上升器分别卡于两根主绳上向上攀登。也可利用一根主绳，将分别连接身体和双脚的两个上升器卡于主绳上，利用腿部的屈伸动作，沿主绳向上攀登。

抓结攀登法：抓结是一种绳结，抓结攀登是在没有上升器的情况下采用的攀登方法。其连接方法是用两根辅助绳在主绳上打成抓结（手握端），另一端打成双套结（连脚结），不断向上攀登。其攀登方法要领与上升器攀登法相同，都是抬腿提膝使拉紧了的辅助绳松弛，将上升器沿主绳向上推进到不能再推进为止，脚随之下蹬，身体重心移到上升一侧，另侧也如此动作，反复进行，直到登顶。操作过程中，需维持好身体平衡，可利用岩壁的摩擦力向上抬腿，始终保持面朝岩壁姿势。动作要协调，有节奏。

◎攀岩的装备器材

攀岩的装备器材是攀岩运动的一部分，是攀岩者的安全保证，尤其在自然岩壁的攀登中，因此平时要爱护装备并妥善保管。攀岩装备分为个人装备和攀登装备。

①个人装备：个人装备指的是安全带、下降器、安全铁锁、绳套、安全头盔、攀岩鞋、镁粉和粉袋。

安全带：攀岩用安全带与登山安全带有所不同，属于专用，并不适合登山，但登山用安全带可权作攀岩时使用。我国大部分攀岩者多使用登山安全带，这是因为国内没有安全带生产厂家，而攀岩爱好者又常是登山人，于是两种安全带也就混用了。

下降器："8"字环下降器是最普遍使用的下降器。

安全铁锁和绳套：是攀登过程中，休息或进行其他操作时自我保护之用。

安全头盔：一块小小的石头落下来，砸在头上就可能造成极大的生命危险，因此头盔是攀岩的必备装备。

攀岩鞋：是一种摩擦力很大的专用鞋，穿起来可以节省很多体力。

镁粉和粉袋：手出汗时，抹一点粉袋中装着的镁粉，立刻就不会滑手了。

②攀登装备：攀登装备指绳子、铁锁、绳套、岩石锥、岩石锤、岩石楔(CHOCK)；有时还要准备悬挂式帐篷。

绳子：攀岩时一般使用直径 9～11 毫米的主绳，最好是 11 毫米的主绳。

铁锁和绳套:连接保护点,下方保护攀登法必备的器械。

岩石锥:固定于岩壁上的各种锥状、钉状、板状金属材料做成的保护器械,可根据裂缝的不同而使用不同形状的岩石锥。

岩石锤:钉岩石锥时用的工具。

岩石楔:与岩石锥的作用相同,但可以随时放取的固定保护工具。

悬挂式帐篷:当准备在岩壁上过夜时使用的夜间休息帐篷,须通过固定点用绳子固定保护起来悬挂于岩壁。

③其他装备:包括背包、睡具、炊具、灶具、小刀、打火机等用具,视活动规模、时间长短和个人需要携带。

◎攀岩的注意事项

攀岩前要换上适当的衣服,活动关节,放松肌肉,调节心理,使自己处于灵活的状态,当系上安全绳套后,就必须依靠自己的力量和智慧来挑战绝壁。在攀岩的过程中必须时刻渴望成功,任何的懒惰都意味着失败。

攀岩前要选择好攀岩路线,不同的高度、角度的岩道,不同位置大小的岩眼,其难易程度都会不同。攀岩时要依靠冷静的判断力、坚强的意志,通过四肢的协调,保持有三点贴稳岩壁,保持身体的重心落在前脚掌,减轻手指和臂腕的负担。登顶下落要注意配合下落趋势,适当的用脚支撑,避免擦伤。

第四章

美体减肥

身体的新新美丽观

爱上自己的迷人身材

每个爱美的女性都十分注重塑造自己的形体，也经常测量身体各部位的围度、长度，但往往只能做到纵向评估，而不能科学确认自己的身材是否符合美学标准。下面介绍一些女性身材健美标准及知识。

身材是体型的综合概念，身高、体重、骨骼结构与比例、肌肉发达程度、皮脂含量、身体姿势等是评价身材的综合性指标。任何人体美都必须遵循匀称、和谐、协调及各环节基本符合黄金分割的标准，同时辅之以良好的气质、自然的风度等条件。

一般来说，女性的身材美没有统一和特定的标准，只要具备以下特征皆应视为符合健美身材的标准：体重适中；骨骼发育正常；关节不显粗大凸出；有肌肉，且分布合理，线条流畅，不显粗壮，皮肤富有弹性、皮脂含量在10%～24%范围内；站立时头、肩、臀的位置协调，脊柱正向垂直、侧弯正常；双肩对称、圆润，上身略呈“倒三角”形，腹部扁平，腰紧、圆、实；臀圆上翘；胸廓饱满，乳房丰满而不下垂，正视、侧视女性特征明显等。以上可视为女性健美身材的定性标准。此外，结合当今流行的审美观点，一般推介的目前常用的机械法评价正常成年女性身材是否正常或健美的方法，是美学数据法，即定量标准。

其实，体重标准也有年龄上的差异，随着年龄的增长，体重标准的绝对值是逐渐加大的。然而，如上所说，女性身材美是没有统一标准，“燕瘦环肥”各有适宜。在数字评价上，我们可用数据作参考，但在生活中还要结合数据训练自己的眼睛以作最终的审美器官，因为带着审美意识和思想的眼光是综合考量人的身材或形体美的最精准、最贴近实际的标准。譬如，同样的尺寸，圆腰与扁腰给人的观感或对人体整体比例的影响就会大不相同，等等。也就是说，定性的评价与印象有时更能说明问题。

测测你的身材是否标准

①标准身材计算法

体重(千克)＝身高(厘米)－112

胸围(厘米)＝身高(厘米)×0.52

腰围(厘米)＝身高(厘米)×0.37

腹围(厘米)＝身高(厘米)×0.457

臀围(厘米)＝身高(厘米)×0.542

腿围(厘米)＝身高(厘米)×0.26＋7.8

这套计算公式可以判断身体各部位的标准数值。

②理想体重计算法

男性：[身高(厘米)－80]×0.7＝理想体重值(千克)

女性：[身高(厘米)－70]×0.6＝理想体重值(千克)

正常范围：±10%

体重稍重：＞10%～20%

过度肥胖：＞20%

③BMI计算法

BMI＝体重(千克)÷[身高(米)]^2

男女生BMI值分别为24～26.9以上和21.5～23.921以下，

体重判断过重和适当显瘦。

④WHR值计算法

WHR＝腰围÷臀围

例如一个女性的腰围是89.1厘米，臀围是115.5厘米，按照公式计算出的WHR值为0.77。

理想的值是在0.8以下，超过0.8的，就代表腹部脂肪有堆积过多的倾向，就需要减腹部。

经由这几种不同的计算方法，你可以从不同的角度来检测你的身材，并更准确而全面的找出自己身材的优缺点，从而使你的塑身计划更有效和到位。

令人向往的完美体型

女性的身高与体重，四肢与躯干等部位的比例为多少才符合健美的标准呢？在这方面，有关专家、学者进行了大量的研究，总结出一套女性完美身材的测量标准。

①上、下身比例：以肚脐为界，上下身比例应为5∶8，符合“黄金分割”定律。

② 胸围：由腋下沿胸部的上方最丰满处测量胸围，应为身高的一半。

③腰围：在正常情况下，量腰的最细部位。腰围较胸围小20厘米。

④髋围：在体前耻骨平行于臀部最大部位。髋围较胸围大4厘米。

⑤大腿围：在大腿的最上部位，臀折线下。大腿围较腰围小10厘米。

⑥小腿围：在小腿最丰满处。小腿围较大腿围小20厘米。

⑦足颈围：在足颈的最细部位。足颈围较小腿围小10厘米。

⑧上臂围：在肩关节与肘关节之间的中部。上臂围等于大腿围的一半。

⑨颈围：在颈的中部最细处。颈围与小腿围相等。

⑩肩宽：两肩峰之间的距离。肩宽等于胸围的一半减4厘米。

骨骼美在于匀称、适度。即站立时头颈、躯干和脚的纵轴在同一垂直线上；肩稍宽，头、躯干、四肢的比例以及头、颈、胸的连接适度。

肌肉美在于富有弹性和协调，过胖过瘦或肩、臀、胸部的细小无力，以及由于某种原因造成的身体某部分肌肉的过于瘦弱或过于发达，都不能称为肌肉美。

肤色美在于细腻、光泽、柔韧，摸起来有天鹅绒之感，看上去为浅玫瑰色的最佳。

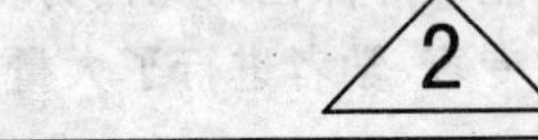

魔鬼塑身计划

让你拥有纤纤美臂

◎打造纤细手臂的绝招

如果你从不进行针对手臂的练习，手臂肌肉将以每年225克的速度消失，如此下去你的手臂将很快“衰老”。如果你不考虑为胖手臂减肥，每一次投向它们的视线都会被横向扩张，你看上去至少比实际体重“胖”2～4千克。如果你不打算裸露手臂，你将遭遇被所有时装设计师抛弃的命运。因为袖子是设计师最先剪掉的部分。如果你还记得鲁迅先生那段关于性感的描写，你一定知道第一眼性感是从手臂开始。标准的美臂是光洁圆润、修长、紧致、无赘肉。你是否曾经梦想拥有像哈瑞·贝瑞那样漂亮的肌肉线条有张力的手臂，或者像刘嘉玲那样引人遐想的东方式的圆润美臂？

下面两组动作能够调动手臂的有氧练习，可以让“胖”手臂变“瘦”，喜欢哪一项？坚持下去，你的梦想就会实现。

动作一：

站姿拉力器肱二头肌弯举

站姿拉力器颈后臂屈伸

仰卧单臂哑铃臂屈伸

注意：这组运动相当重要，力量训练容易使肌肉横向发展，而女性线条应该流畅而舒展，通过伸展运动，可以拉伸紧张的肌肉，塑造柔美的线条。

动作二：

伸展运动：将刚刚锻炼过的肩膀、肱二头肌、肱三头肌进行伸展。

锻炼强度：每组 20 个。

美臂穴位按压法：

①轻擦皮肤

先将整个手臂轻度按摩，用对侧的手抓住臂，自上而下地用手轻擦皮肤。做 10 次左右。

注意：不要太用力，只是轻擦。

②揉燃法

用对侧手，大把抓住臂，用拇指和其他四指用划小圆的方式，由手腕向肩部揉搓肌肉，特别是对臂内侧腋窝邻近的肌肉，用手掌抓紧后揉捏 5 次左右。内侧、外侧各做 5 次左右。

注意：每次从手腕开始向肩部依次一个过程。不要做来回的按摩。

③穴位指压

手腕至肩部有几个减肥穴位,应由远端开始依次指压。

阳池:是位于手背部的穴位。将手腕背曲后,可见到腕部有一粗大的皱纹,阳池即在其中央,它也常被称为散热的穴位。一般宜用对侧手的拇指肚按压。左右手各做10次。

曲池:位于屈肘时出现的皮皱的前端。压迫时会引起强烈疼痛,指压时应将肘关节屈曲并靠近身体,使肌肉松弛,有利于刺激的传导。左右各做10次。

大陵:位于手腕内侧皱纹中央。宜用拇指按压,每2～3秒钟略停,必须有节奏的进行 。左右各做10次。

内关:在大陵上方距两横指处,按压时也有疼痛。左右各做10次。

◎完美手臂五大运动攻略

大方的长裤搭配无袖紧身上衣,既潇洒又别致,正是每个白领女性夏季的个性装扮。肥嘟嘟的手臂,往往就成了破坏整体完美的遗憾。于是,向你推荐五大运动攻略,帮你打造完美的形象。

[毛巾攻略]

攻略道具:一条小毛巾

运动场地:家里或者办公室

刚开始做这个运动之前,最好准备一条小一点的毛巾做辅助工具,先在家里练。等到动作都熟练后,就可以不用毛巾而直接让两只手相握,并且可以在工作的休息时间练习。

基本动作:

①首先右手握住毛巾向上伸直,手臂尽量接近头部,让毛巾垂在头后,然后从手肘部位向下弯曲,这时毛巾就会垂在你的后腰部

位。

②将左手从身后向上弯曲，也是从手肘部位，握住毛巾的另一端，两只手慢慢地往一起移动，直到右手握住左手。

③这个时候两只手都在身后，而右手的手肘会刚好放在后脑勺那里，切记，不要低头，而要用力抵住右手肘，这时你会觉得右手被拉得很酸。

④坚持 20 秒钟，然后换左手在上右手在下，也做 20 秒钟。

⑤每天早晚各一次，每次左右手各做 2 遍，也就一天用 5 分钟吧。

攻略点评：这个妙方属于见效很快的那种，但是如果长时间不练习的话，还会恢复原样，如果你是边减肥边做这个动作，就不会变回原来的样子。

[矿泉水攻略]

攻略道具：一瓶矿泉水

运动场地：家里

基本动作：

①一只手握住一瓶矿泉水，向前伸直，之后向上举，贴紧耳朵，尽量向后摆臂 4～5 次。

②缓缓往前放下，重复此动作 15 次。

③每天做 45 次左右。可以不同时完成。

攻略点评：道具简单，动作也不复杂，也适合在办公室练习。

[伸臂攻略]

攻略道具：无需道具

运动场地：家里

基本动作：

①将右手臂伸高，往身后左肩胛骨弯曲。

②以左手压着右臂关节处，并触碰左肩胛骨，而后伸高。

③左右换边，如此动作每天做20次。

攻略点评：无需道具，动作也不复杂，适合在家里练习。

[画圆攻略]

攻略道具：无需

运动场地：办公室

基本动作：

①双手向前伸直，两脚站立与肩同宽。

②双手画圆，向外画圆20次。

③再向内画圆20次。

④画圆不用画得太大，用手臂的力量，而不是手掌。

攻略点评：坐在椅子上的话，就比较适合在办公室练习了。

[扩胸攻略]

攻略道具：无需

运动场地：办公室

基本动作：

①身体站直，双脚打开与肩同宽，手臂向两边打开伸平，慢慢地向前划圈。

②身体站直，双脚打开与肩同宽，手臂向两旁打开伸平，慢慢地向后划圈。

攻略点评：第一步的目的是为了紧实手臂外上侧的肌肉。第二步的目的是为紧实手臂内侧，以及胸部的肌肉。

◎气质美女“臂”胜计划

担心不必要的脂肪会直接长到你的上臂上去吗？如果这样的

话，这项针对上半部身体的运动是专门为你设计的。它主要锻炼你的手臂、肩膀和胸部。用一个卷尺来观测你的运动进度吧。在你塑造你的肌肉的时候记住卷尺的刻度也许不会变，但是你会变得不一样。

［你的锻炼计划］

每项运动分做 2 组，每组做 30 秒钟，共做 1 分钟。做这个动作的时候要保持缓慢，有控制的，每组之间休息 30～60 秒钟。每周做 2～3 次。为了达到最好的效果，你可以每天都做，如果你只是抬高你的身体的话，这对你来说是安全的。

［低位盘旋］

跪在毯子上，双手径直放在你的肩膀下面，伸开你的双腿，用你的脚后跟着地，这样你的身体就处于一个俯卧撑的位置，收紧你的腹部。

保持你的腹部收紧，把你的胳膊肘弯曲下来，放低你的身体，直到你的身体离地面只有几英尺。保持你的胳膊肘和你的手臂接近你的身体。保持这个动作 10～30 秒钟。如果你的背部有问题，可以试一下简单的版本。

［椅子上蘸地运动］

坐下，用你的双手的后部放在一个结实的椅子的边缘。把你的大腿从椅子上滑下来，用你的双手支撑你的体重。伸直你的右腿，左腿弯曲成 90 度。

把你的胳膊肘弯曲，慢慢的向地面方向放低你的大腿。保持你的胳膊肘弯曲，你的身体应该离开你的身体一段距离。把你的身体拉回来，直到你的手臂伸直，千万不要用你的脚来帮忙。每组做 8～15 次，左脚伸直，然后重新做一次。

[三头肌伸展运动]

把你的左臂径直抬过头顶,然后把它弯曲过你的脑后,朝向你的右肩膀后方。

用你的右手抓住你的左胳膊肘,轻轻的把你的胳膊肘拉向你的右肩膀用来加深你的伸展。保持这个动作 20 秒钟,然后换你的右臂重复做。

[客厅里的瘦臂小动作]

你对你的手臂不满意吗?觉得它太粗了吗?那就试一下下面这些很容易但又非常有效的客厅里的瘦臂小动作吧!

臂屈伸,训练手臂后侧肱三头肌,双手支撑在椅子上,肘关节向后,收紧腹部,双脚并拢。慢慢让肘关节弯曲,身体向下,注意重心在身体中心。然后慢慢还原。

提拉,肩部塑形:手臂垂直于身体两侧,呼气,让肘关节弯曲,提拉小臂在胸前,然后慢慢还原。注意肘关节不要超过肩膀。

推举,训练肩部三角肌中束:大臂与肩平行,小臂垂直于地面,呼气,小臂、大臂内角呈 90 度,慢慢向上推举到耳朵两侧,手臂伸直,然后吸气,慢慢放下。

弯举,训练手臂前侧肱二头肌:双手垂直在身体两侧,呼气,小臂慢慢向上,再匀速慢慢下降到起点。

颈后臂屈伸,训练手臂后侧肱三头肌:单手高举于头顶,大臂不动。

训练手臂后侧肱三头肌:小臂慢慢向后弯曲,呼气,慢慢向上伸直。

◎美臂丰胸双赢妙方

以下的方法既可以收紧手臂线条,同时也可以锻炼胸肌运动,瘦身成功而胸部也不“缩水”，令胸部坚挺，一举两得，绝对是时尚爱美一族的首选。

［哑铃妙方］

练习场地：家中或健身中心

基本动作：

①躺在地上，双膝屈曲双手紧握哑铃，伸向两边。

②手肘微微屈曲，抬高离地约13厘米。

③将哑铃慢慢向上举，呼气。

④将哑铃慢慢放下，吸气。

见效时间：一周以内。

点评：效果显著，但是需要长期坚持，保持效果。

［掌玉妙方］

练习场地：家中或健身中心

基本动作：

①跪在地上。

②俯身向前，双手放在地上，两手距离约等于肩宽。

③保持背部挺直及臀部收紧。

④双臂慢慢屈曲，胸膛靠向地面。

⑤当落到最低点，慢慢将身体向上推，回到原位。

⑥重复第④和第⑤动作各10次。

见效时间：一周内。

点评：效果显著，可根据自身情况减轻运动量。又瘦手臂，又有美胸的效果，值得尝试。

◎简单运动搞定纤柔美背

拥有一个挺拔美丽而结实的背部——包括背部三角肌、长斜方肌和斜方肌，你不仅看起来漂亮，还会纠正你日常生活中的一些错误姿势。而且，把这些肌肉练好了，你会站得更直，人看起来就会高很多了。

初级：拉带子飞翔练习

在门把手上拴一条有弹性的带子或软管，双手各执带子的一端，坐好、拉紧，使胳膊与肩膀同高，然后轻轻弯曲肘部，慢慢地往后拉带子，直至肘部与胸同高，收紧肩胛骨。保持一会儿，回到开始的位置，重复做12～15次。

中级：单胳膊弯曲练习

把右手和右膝放在凳子上，左手抓一个中等重量的哑铃，手掌向上，肘部轻轻弯曲。左肘与肩膀同高，收紧小腹，脖子与脊背在一条直线上。放下，回到开始位置，重复10～15次，换右手做。

高级：站立飞翔练习

站立，膝盖微曲，双脚分开，与肩同宽，双手各抓紧一个轻度重量的哑铃，手掌相向，上身前倾与地面平行。收紧小腹，保持背部挺直，慢慢抬高双臂，使之与肩膀同高。收紧肩胛骨。保持一会儿，回到开始的位置，重复做10～15次。

让你拥有诱人美胸

◎五组运动塑造性感迷人的胸部

在这个戴项链、穿低胸和吊带服装的时代，你想显露那迷人的胸部，使你看起来更性感吗？以下的五项运动保证你可以做到这一点。这套动作充分利用生理优势，并能摆脱重力对胸部的影响，改善你的仪态。如果想突出你的胸部曲线，那么做这套运动再好不过。它完全可以帮你实现你的梦想，拥有一个丰满、曲线分明的胸部。因为这些动作是从多个角度来锻炼你的胸部肌肉。为达到最佳效果，每周训练两次（在不同天做），保证运动前后的热身、放松和舒展运动。

①扩胸器。选择一个适于你自己的力量值。调整你的座椅高度，使你的手臂弯曲后刚好与胸部持平。将把手慢慢拉向胸前直到两个把手的距离与肩同宽，再慢慢地将两个把手按到可以碰到胸前的位置。在这个位置保持两秒钟。然后缓慢地将把手回至原位。控制运动速度，每套动作做 15 个重复，每次完成 3 套动作。

②向下俯卧撑。两手放宽，将双脚撑在一个长凳上。脚尖并拢勾住长凳边缘。使身体向下垂直移动。移动时保持躯干和双腿的挺直。将手臂弯曲达到 90 度，缓慢下降身躯直至胸部触到地板为止。你可以感到胸部肌肉的伸张。然后缓缓向反方向返回至原位。为了保持胸部肌肉持续的紧张状态，在移动到最高点时不要完全挺直肘关节，试着慢慢做 8～12 个重复动作。如感到有困难，可把脚放在低一点的长凳或地板上。

③向上俯卧撑。将两手放在长凳上，并拢双脚，脚尖撑地。保持躯干和双腿的挺直，将身躯向下垂直移动。努力收缩你的腹部肌肉。将身体下移至手臂弯曲呈 90 度，缓缓下移到你的胸部碰到长凳为止，你可以感到胸部肌肉的伸展，然后缓缓向反方向返回至原位。确定在最高点你没有挺直肘关节。试着慢做 8～12 个重复动作。

④拉绳 21 次。在拉绳器每边放适量重物。双脚并拢垂直站立。将拉绳器绕过背后，双手抓住把手。肘关节弯曲。腹部收紧。慢慢将两个把手斜拉向下做弧线运动。使双手在小腹处交叉。用拉绳器的拉力将你的手臂向上、向外拉回到原位。重复 7 次。

拉绳。将手臂抬高使双手在胸部的位置相接触，挤压你的胸部肌肉使你感到乳沟处收缩。再缓缓回至原位。重复 7 次。做最后 7 个重复。这次双手抬高到双眼的位置再多做一套这个练习。

⑤仰卧飞鸟。平躺在长凳上，小腿自然下垂使脚触地，两手各

拿一个2.5～4千克重的哑铃。向身体两侧伸展手臂。在运动过程中肘关节保持一定弯曲。在开始时抓紧哑铃。同时你的上臂与凳面平行。

慢慢向上举起哑铃。运动路线呈弧形，就好像你要拥抱一棵大树，在项部将哑铃碰到一起。然后缓缓沿原路线使手臂回到开始的位置。在手臂抬起和放下的过程中不要弯曲你的背部。控制运动速度，每套动作做15个重复，每次完成3套动作。

◎美丽丰胸养成计划

①紧实胸部。有一些适度的运动能帮助你达到收紧小腹，修饰双臂，结实胸部的目的。方法很简单，在办公室也能施行。

方法一：坐时背脊挺直，沿椅子边轻轻举高双腿，维持20秒钟，每天做10次，有收紧小腹的作用。

方法二：坐在桌前，双臂于胸前交叉，用手掌抵住另一只手的上臂，用力互推形成拉锯阻力，重复。如此可以强健双臂肌肉并使胸部紧实。

②丰胸时机要把握。丰胸行动在体内的刺激素最旺盛时最有效。一般来说，在排卵期前三天，以及排卵期后与下次月经前就是最好的丰胸时机。在这期间可多做按摩，多吃有助紧实胸肌的食物，效果更理想。

③丰胸美食。对美胸有效的食物包括：西兰花、粟米、番茄、茄子、木瓜、牛奶、香蕉、苹果等。

④美胸产品可以试一下。美胸产品未必可以令上围更加丰满，但可以令胸部肌肉更加紧实，有弹性，增强视觉效果。涂用具有美胸效果的按摩膏时，应该由上至下、由内至外，由乳房下方慢慢按摩至颈部，刺激乳腺。使用美胸按摩膏的最好时机是在洗澡后，趁血液循环正旺盛时，令产品藉由热传导达到最佳渗透效果。

让你拥有婀娜美腰

◎炼就“水蛇腰”宝典

如果想拥有迷死人的“水蛇腰”，既要有时间锻炼，又要有“金石为开”的执著，看了本文后，记下这些少而精的方法，便可以着手练习了。

热身：练习前，在屋子内轻松地走几圈，时间为 3～5 分钟为宜。

［骨盆运动］

①平躺时两腿平放在地板上（最好铺一张垫子），臀部放松，膝弯曲；

②用力收小腹并轻轻地呼气，腰部着地，轻轻地向上抬臀部。

③重复以上动作 20 次。

［上腹运动］

①平躺时两小腿离地，两小腿弯曲成一定的角度；

②收缩腹部肌肉，骨盆上提，腰部着地；

③交叉两小腿；

④两手将头抱住，肘向上；

⑤轻轻地提肩，努力让肩部和膝靠拢，大腿保持不动；

⑥保持小腿动作（如果实在支撑不住，可将小腿放在椅子上）；

⑦重复以上动作 10～20 次。

［下腹运动］

①平躺时将两手放于身体的两侧；

②收缩腹部肌肉，骨盆上提，腰部着地；

③朝脸部弯曲膝，上提小腿，使小腿与上身成一定的角度；

④两腿在踝关节处交叉；

⑤下腹肌肉收缩，上提臀部，膝向肩部轻轻移动；

⑥放低臀部，重复动作10～15次。

注意：想要使练习部位出现效果，得花费一些时间并坚持下去，这一动作可感觉发生在耻骨与下腹部这一部位，做起来不是很费劲。

［上腹部和腰部运动］

①与上腹部运动的体位一致，不同的是一条腿弯曲，另一条腿伸直；

②扭动肩部，一侧肘与另一侧抬起的膝尽力靠拢。

③以上动作由慢到快，要有节奏感，重复10～20次。

注意：打直小腿后让腹部肌肉负重更大，因此可在开始时让小腿抬高一些，随着练习次数增加，再逐渐将小腿放平。

［肌肉放松运动］

①完成腹部运动后，为了放松肌肉，平躺时将膝收缩至脸部，腰部着地，手指交叉抱住膝；

②缓慢而深深地吸几次气。

◎摆脱“水桶腰”的终极挑战

你是否发现生活中一松懈，隐藏在腰部的赘肉又开始蠢蠢欲动了，原来婀娜多姿的小蛮腰，又面临指数0.8，看到这个除了臀和胸之外的第三种性感符号，又开始反弹，每次都着急得很，该死的“水桶腰”该怎么摆脱？别急，我们时尚健身教练教你几招快速减肥法,保你在一月之内以腰示人,成为曲线玲珑,姿态有致的美女。

①什么样的腰最美

腰围较胸围小20厘米,是最美的腰围。不只要纤瘦,还要有结实的肌肉线条,才称得上完美。可惜的是,维持腰部曲线并不是件容易的事,你得趁现在开始锻炼,才能秀出令人称羡的小蛮腰。

②为什么腰部最难瘦下来

当一个人开始发胖时,大多都是从腰腹这个地方胖起来的。因为在日常生活中,凡逛街走路、跑步、爬楼梯、骑脚踏车等活动,都会有意无意地运动到身体各部位的肌群,像腿部、手部、臀部等,惟一例外的就是腰部,除非刻意锻炼,否则这里的肌群几乎不太有机会动,脂肪当然就特别容易驻足。如果你不想裤子尺寸越买越大的话,那就快从现在起,好好锻炼一下腰腹的肌肉吧!

③如何进行瘦腰行动

下面这套运动完整地做下来需要20分钟,我们建议你在最近1个月内每3天练1次,避免肌肉过度疲劳。如果你在做的过程中感到体力不支,可每次只选择一个动作进行练习。

腰部是极易囤聚脂肪的部位,所以在锻炼肌肉的同时,是需要配合做一些耐力练习来燃烧脂肪,另外均衡合理的饮食也必不可少,不多不少,刚好填饱肚子最好。

动作一:为了腰围数字再小点

起始姿势:双脚分开站立,腰腿微曲,双臂向双侧水平伸展,与肩持平,上身挺直、收腹。

动作过程:上身连续向左右送出,同时保持胯部以下不动。

初级:将双手放在耳朵处,做1～2组即可。

中级:按照标准动作做2组,每组尽可能多做。

高级:手腕处负1千克重物,做2～3组,每组尽可能多做。

呼吸方法:上身向两侧送出时呼气,回位时吸气。

注意:保持胯部不动,腰部以上用力。

动作二:练纤腰的理想动作

起始姿势:双手交叉握住松紧带的一端,手臂伸直,另一端固定在墙上,与胸部等高,身体侧转。

动作过程:双腿不动,双臂向回拉。

初级:可站得靠墙近些,将松紧带稍稍拉直即可,每侧做1组,每组尽可能多做。

中级:按照标准动作,每侧做2组,每组尽可能多做。

高级:站得离墙远些,将松紧带拉紧,每侧做2~3组,每组尽可能多做。

呼吸方法:手臂用力时呼气,放松时吸气。

注意:手臂先用力,上身随后配合用力。

动作三:苗条的腰身看起来很舒服

起始姿势:侧卧,右手托住头部,左手触地保持身体平衡,右脚交叉放在左脚上,双腿伸直,膝盖抬离垫子。

动作过程:双腿顺时针划圈,双脚始终并拢。

初级:开始时双脚可不交叉,每侧做1~2组,每组尽可能多做。

中级:按照标准动作,每侧至少做2组,每组尽可能多做。

高级:每划5圈换一个方向,每侧做2~3组,每组尽可能多做。

呼吸方法:双腿向上运动时呼气,向下运动时吸气。

注意:双脚脚尖指向水平方向,以便所有力量都作用于腰部。

动作四:这个运动让你的腰肌力量升级

起始姿势:侧卧、左前臂、左脚支撑身体,右臂垂直伸展,双脚并拢,双腿伸直。

动作过程:尽可能持久地保持起始姿势不动,腰部尽量抬高,两个支撑点(前臂和脚)不要移动。

初级:前臂和膝盖触地,每侧重复一次,尽可能延长动作时间。

中级:按照标准动作,每侧重复2次,尽可能延长动作时间。

高级:空的那只手放于胯部,每侧重复2～3次,尽可能延长动作时间。

呼吸方法:深吸一口气,然后慢慢呼气。

注意:不要在光滑的垫子或地板上做动作,否则身体支撑点易滑动。

◎白领丽人的美腰秘笈

①左右压腿:取坐姿两腿分开(130度至150度),左手握左踝,右臂上举贴耳,以右臂带动上体向左侧压后还原。连续做8次,然后交换另侧,右手握右踝,左臂上举贴耳向右侧压8次。

注意:上举臂应一直保持伸直姿态并与躯干在同一平面内,防止手臂弯曲并落于体前。

②侧踢腿:侧卧,右小臂放平支撑上体,左手于体前辅助支撑。左右腿伸直并拢,上下重叠后,左腿直膝向侧上方踢(上踢腿与躯干在同一平面内,脚尖下绷,努力够头,上踢角度范畴在90度至150度),上踢到最大角度后慢慢还原。连续踢8次,然后换另侧,用同样的方法踢右腿8次。

③仰卧举腿:仰卧并腿,两臂上举,两手抓牢物体使上肢固定。两腿伸直,脚尖下绷后,收腹吸气,直膝上举两腿与地面垂直,然后呼气慢慢地、有控制地将腿还原,如此连续做8次。

④举腿交叉:并腿坐,上体后仰,两小臂支撑于体后。两腿伸直上举至60度至80度后,两腿分开1～2个肩宽,保持2秒钟,向内交叉使一腿在上,一腿在下,再保持2秒钟,如此分开交叉连续做4次后还原。

注意:做本节操时,要始终保持两腿伸直的姿态。

最后给你一点提示:如果做完后没有感觉累,这说明运动量较小，可通过增加练习次数和时间来加大运动量；如果身体出现酸痛情况则可减小运动量，但不要停止练习，坚持一段时间，身体就会适应，然后再慢慢加大运动量。

◎在地铁上悄悄地锻炼松弛的腹部

搭乘地铁这种固定不变的时间是绝佳的运动时机。无论是坐在椅子上，或者是站立不动，均能有效运用这段拥挤不堪的时间，使之变成塑造美丽体型的快捷方式。

①搭车时如果有座位，请把皮包紧贴腹部放置。

应用篇：站着也能运动

混乱的车厢里，大大的皮包非常麻烦，这时不妨利用皮包做个训练腹肌的运动。将皮包抱在腹部，腹部向内缩，然后用一只手连着皮包一起紧压腹部，使腹部犹如接近背部一般，然后用力保持紧绷的状态。

A、一面用手压挤，小腹一面向内缩。

B、感觉腹部向背部接近。

②双手紧压皮包的同时，腹部向内收缩，背部同时用全力压向椅背，紧压的动作持续 6 秒钟。

A、用背部压着整个椅背。

B、腹部向内收缩的同时，用两手紧压皮包。

次数：此一动作持续 6 秒钟算一组，反复做 3～5 组。

每日养成习惯：这个动作对即使腰力不强的人，也能够轻松进行，坐着时若能养成这个习惯，可以有效预防腰痛。

◎简单收腹动作还你迷人腰身

拥有纤腰是每个女人的梦想，许多健身专家都有这样的结论：相对腿部而言，腰腹部是最容易瘦下去的。纤腰最实际的做法就是做运动，只要动作到位，并结合控制饮食，一个月就能有明显效果。

［简单收腹运动］

这个运动虽然简单，但非常有效，躺在地上伸直双脚然后提升，放回，不要接触地面，重复15次。

运动密度：每日3～4次，每遍15次。

［仰卧起坐练正腹肌］

①膝盖屈曲成60度，用枕头垫脚。

②右手搭左膝，同时抬起身到肩膀离地，做10次，然后换手再做10次。

［呼吸练侧腹肌］

①放松全身，用鼻吸进大量空气，再用嘴慢慢吐气，吐出约7成后，屏住呼吸；

②缩起小腹，气上升至胸口上方，再鼓起腹部将气降到腹部；

③将气提到胸口，降到腹部，再慢慢用嘴吐气，重复做5次。共做两组。

［转身练内外斜肌］

①左脚站立，提起右脚，双手握着用力扭转身体，左手肘碰右膝；

②左右交替进行20次。

◎不同类型的收腹秘诀

肚腩绝对是追求苗条人士的大敌，不是只有小肥妹才有幸被肚腩肥肉缠身哦，不少瘦人也都有肚胀胀的烦恼，一穿贴身裙或低腰裤，就原形毕露，所以一定要在天气转暖前赶走“大肚腩”啊！现在就找出你小腹突出的原因，对症下药，雕塑完美曲线吧！

①上腹聚脂

原因：身体的新陈代谢率降低，加上平时缺乏运动，而且喜欢吃甜品和冷饮，肥肉就很容易积聚在上腹部位。

A、饮食瘦肚法——改吃天然糖

叫一向嗜甜的你忍口戒甜，总会觉得难捱，甚至搞到情绪低落，其实开始瘦腹时可以给自己一个缓冲期，以天然糖代替精制糖，例如用黄糖或蜂蜜取代白砂糖，逐步将口味改变达到减腹效果。

B、家居瘦肚法——泡足浴活血

每星期在家泡2～3次热水足浴，可以促进血液循环，加速身体新陈代谢，有助排走聚积腹部的毒素。浸热水浴同样具有瘦身效能，令你的瘦腹疗程进行得更加顺畅。

C、运动瘦肚法

身体平躺在地上，双手交叉放在胸前；

将头同肩部抬起45度，双腿同时尽量抬高，离开地面；用力时呼气，放松时吸气。维持动作5秒钟，重复10次。

②下腹赘肉

原因：对于日日驻守办公室的上班族来说，吃饱就坐，有时工作忙起来连水都来不及喝，所以好多人都有便秘困扰，久而久之，大肚腩就不知不觉跑出来了！

A、饮食瘦肚法——多喝乳酸菌饮品清肠

增加乳酸菌和纤维素的摄取量能改善便秘问题，加速肠胃活动机能，成功赶走废物。

B、家居瘦肚法——每日要饮8杯水

人体每日基本需要饮水2000毫升，即8杯分量，果汁、咖啡、奶茶另计。当摄取水分不足，便有碍肠胃运作蠕动，因而产生便秘。大家从今天开始，试试每早起床后喝1杯温开水，你会发觉便意顿生，非常利于排走体内的宿便。

C、运动瘦肚法

双脚夹枕头，屈曲成90度角；双手放在颈背，头部微微向下垂低；

全身拉直，身体微微向后倾。维持动作5秒钟，重复10次。

③水桶粗腰

原因：一条水桶腰足以令你身材毫无线条可言，主要是怪你贪吃之故，一个星期都不做一次运动，不想变条"熊腰"都难了！由今日开始节制食量吧。

A、饮食瘦肚法——慢嚼多吃菜减食量

每餐细嚼慢慢品尝，可以令你提早感到饱意，还要在主菜来前先吃一盘生菜沙拉，饱肚又不怕肥。而且尽量戒食煎、炸、油腻品，多选清蒸或灼熟的煮法。

B、家居瘦肚法——扭呼啦圈瘦腰

一边看电视，一边扭呼啦圈是家居瘦腹的理想组合，不会因为枯燥而扭动两下就放弃，或者可以选做伸展体操，动作就好似游泳前的热身操，伸展手臂、扭扭腰。

④内脏肥胖

原因：成日觉得肚胀，但又看不出赘肉来，这表示你属内脏肥胖型。内脏新陈代谢运行不好，压力大，精神紧张也会影响身体内部机能正常运作。首先要自我放松，再配合一套通淋巴穴位按摩，令你再次瘦瘦见人。

A、饮食瘦肚法

切勿将肥膏送进口，也应少吃内脏食物，因为脂肪含量相当高，你都不想食形似形吧！

B、家居瘦肚法——香熏减压

点燃香熏油，深呼吸以镇静神经，冷静情绪，令自己处于一个完全放松的状态,甚至用香熏油按摩身体也有舒缓疲劳减压功效。

C、冷热浴刺激内脏

冷热水交替浴可以有助刺激内脏,加速体内新陈代谢,放松紧张的身躯。

D、运动瘦肚法

坐在地上,双脚平放地面,双手放左侧,大腿伸直,头转向左方。右面做法相同。每边维持动作5秒钟,重复10次。

◎瑜伽六式“纤腰”显奇招

第一式,骆驼式:伸展、强壮腹部,减少腹部脂肪。

①跪于地上,双腿与双脚略分开,脚趾向后;

②吸气,双手放在两侧髋部,轻轻将脊柱向后弯曲,伸展大腿的肌肉;

③呼气,双掌握住脚底,头向后仰,并轻轻将脊柱向大腿方向推,操持30秒钟后慢慢还原。

第二式,风吹树式:伸展背、腰及腹部,改善体态。

①双脚并拢站立,双臂放在身体两侧;十指相交,双臂高举过头顶,掌心向上翻转手腕;

②上身躯干侧倾向右侧,保持6秒钟;换另一侧重复,每边至少做12次。

第三式,三角伸展式:消除腰围区域的赘肉和健壮髋部肌肉。

①双脚尽量分开站立,脚尖向外,双臂向两侧平伸,与地面平行;

②呼气,慢慢向左侧弯腰,注意维持双臂成一条直线与地面垂直,保持10秒钟;吸气还原,反方向重复,两侧各做5次。

注意:妇女怀孕六个月之后不适宜练习。

第四式,侧鸽式:强化侧腰肌、臀肌,减少腰、臀即髋部脂肪,柔软肩关节。

①曲左膝，伸直右腿，抬起右小腿用右肘揽住，左手和右手在体前相扣；

②右脚固定在右肘弯保持不动，两手臂保持成相扣的环状，向头后伸去，吸气；

③呼气，头向左侧转，挺胸，收紧侧腰肌，自然呼吸保持 20 秒钟，还原放松。

第五式，腰转动式：使腹部器官得到按摩，腰围线上的脂肪也逐渐减少。

①挺直身体站立，双脚分开约 66 厘米；十指相交，吸气，双臂高举过头，掌心向上翻转手腕；呼气，上身前倾直到双腿和背部形成 90 度角；

②双眼注视双手，将上身躯干尽量转向左方，吸气，转向另一侧时呼气；重复做 4 次；

③将上身躯干收回到原来的中心位置，两臂放回身体两侧。

第六式，半舰式：强壮双腿、腹部和背部，强健神经系统、脾脏、肝脏和胆囊。

①两腿伸直向前坐于练功毯上，十指交叉扶在头后，呼气，向后倾身体，两脚离开地面；

②伸直脚趾、两膝，抬高脚趾至与头部在同一高度，两腿与地面成 30 度角；保持 20 秒钟。

◎三十天全面歼灭肚腩赘肉

①垫上运动扼杀脂肪堆积苗头

腹部是由许多肌肉组成，平时的活动就很少。而东方人的脂肪特别容易囤积在下半身，如果吃得太多又不运动，肚腩更容易形成。而一旦长出了赘肉，缺乏锻炼和饮食的不注意会使肚腩肉长期盘踞，难以消除，形成恶性循环。

垫上运动分别锻炼上腹部和下腹部，通过加强这些部位的活动达到消耗脂肪的目的。在训练过程中，通过局部用力，运动脂肪乃至分解。而经过较长一段时间的训练后，将脂肪转化成肌肉，肌肉本身需要消耗能量，因此，越发达的肌肉就越不容易堆积脂肪。训练的最终目的即是形成这样的良性循环，保持平坦有力的小腹。

这一系列的垫上运动放在30分钟的全身运动后进行。由于脂肪要在运动30分钟后才被消耗，因此，要消除局部脂肪，最好的办法就是在全身运动后进行局部的针对训练。尤其是腹部，只有这种针对性的训练，才能有效消除囤积的脂肪。

同时，这一系列的垫上运动不同于其他，只要在能力范围内，做得越多越好。高强度的运动是快速消除赘肉的重要途径。此外，这一系列运动还需要日常生活习惯的辅助。最重要的是保持良好的站姿和坐姿，时时注意收紧小腹，不论何时何地，都不让脂肪有松懈的机会，把一切脂肪堆积的苗头扼杀在摇篮中。

②打造动感小肚肚

被厚厚的脂肪排挤得只剩一条缝的肚脐显然做不出任何表情，而紧贴着后腰的瘪瘪的肚皮也只有一种"干巴巴"的表情，况且随着岁月流逝，瘦瘦的你也得面对"肉松皮皱"的可怕现实。

只有运动创造的有肌肉的平坦腹部才能做出丰富的表情。下面这组动作集中了最有效的腹部练习。假以时日，集中练习，你的腹部将变得更多情。具体可采用以下步骤。

步骤一：体下屈(左)——平躺在垫上，双手自然放在身体的两侧。双腿抬起，大腿与地平线以及小腿与大腿成90度角。运用下腹及大腿的力量使两腿依次放下再抬起。腿放下的时候不要碰到地面。单腿放下及抬起为1个8拍，每次做8个8拍。

步骤二：仰卧起坐(中)——平躺垫上，双手置于脑后，双肘打开平头面。依次侧起，4拍向上抬起，4拍放下。注意利于腰部力量左右侧起，双肘与头持平。

步骤三：俯身肘撑（右）——面部朝下，双手弯曲置于胸前，用肘关节和脚尖撑地。运用腹部力量将身体撑起，保持10～20秒钟再放下。可重复动作多次。

推荐：收腹塑身健身球运动操

健身球操除可以带给你健康的体魄之外，也可以带给你窈窕的身姿，在这里将向你推荐一款可以收腹的球上健身运动。

平躺于球上，一手扶头，一手放于腹部，呼气时收紧腹部，借腹部力量抬起上身。每天2组，每组12次。

③围剿赘肉

A、器械

腹肌训练机：手放在支架上，配合呼吸，做向前弯腰的动作。支架的力量可调节，根据个人情况制定力度，用弯腰的力量下压支架。每组做30次以上，可休息片刻，继续进行。能力范围内，做得越多越好。

腹肌训练板：做元宝式仰卧起坐。平躺于训练板上，双腿抬起，相叠加。双手抱头。抬上身，尽力用双肘去触碰双膝。每组做20次以上。

B、家庭练习

直立转体：直立，双脚打开略宽于肩部。双手将晾衣竿横放在肩后，左右扭动上肢。做的过程中注意保持髋部不动，集中使用腰部的力量。分别向左及向右转动一次，每天至少做20次。

坐式转体：弯曲双膝坐在地上，手指交叠反握，手掌朝外，手臂水平伸直。上半身及两手臂向左边轻轻扭转，膝盖则朝右边倾倒；维持2～3秒钟，然后反方向重复做5次。

推荐：本文介绍九种快乐的、环保的、简单的收腹妙法，找到你最乐意的那几种，坚持下去，一定有收获。

C、粗盐减肥法

粗盐有发汗的作用，它可以排出体内的废物和多余的水分，促进皮肤的新陈代谢，还可以软化污垢，补充盐分和矿物质，使肌肤细致、紧绷。

方法一：在超市或杂货店买几袋粗盐。每次洗澡前，取一杯粗盐加上少许热水拌成糊状，再把它涂在腹部，10 分钟后，用热水把粗盐冲洗干净。也可以按摩后再冲掉，然后就可以开始洗澡了。

方法二：洗完澡后，在手掌上撒一大匙粗盐，直接按摩腹部，搓时不要太用劲，以免把皮肤搓得更粗糙。

如果你的肌肤比较敏感，则改成用一种比较细的沐浴盐。

◎快速瘦小腹现身窈窕身材

最健康快速的瘦身方式，当属运动！再瘦小腹，必须每天运动，本单元提供几项在家自己做的实用瘦小腹健身法，一步一步照着做，搭配着清淡饮食，相信不需太久，肥肥讨厌的小腹，就会神不知、鬼不觉，悄悄消失！

示范动作 1：仰卧收腹运动

平躺在抗力球上，双腿呈 90 度，然后再慢慢放置地上，手可放在胸前或头部的两侧，然后将腹部使力，身体往上抬至 75 度，眼睛看天花板，重复 12～20 次。

示范动作 2：侧腰肌群运动

身体侧卧于地，一手抬放于额头，一手侧抱抗力球，身体和面朝向侧方，两腿并拢且伸直，收缩侧腰肌群，藉由简单的仰卧起坐动作来训练侧边腰部肌肉。

示范动作 3：紧实腰部肌群

这个动作是藉由抬腿锻炼腰力，坐在地上，一腿弯曲一腿伸直平摆于地，将双手伸直，平摆于地的腿慢慢抬起，腰际尽量挺直。如果还想更进一步，则可将双脚一齐伸直往上抬起，与伸直的双手触碰即可。

示范动作 4：延展侧腰肌群及手臂臂肌

以右手撑地，身体和面朝向侧方，两腿交叉且伸直，利用地心引力增加重力，左手顺势朝天花板方向做伸展运动；停留10～20秒钟。吐气后身体与左手缓缓放下，保持放松状态，休息5秒钟后再循环练习即可。

示范动作5：抬腿紧腰运动

双脚与肩同宽，坐卧于地，将双脚往天花板伸展（切忌不可弯曲），大约持续10～15秒钟后缓缓往下摆放，循环练习即可。

示范动作6：俯身收腹运动

趴于地上双手成90度弯曲并且握紧拳头，然后将手肘打开与肩同宽，脚尖放在地上，膝盖触地，吸一口气后双腿伸直，用双手及腿部力量将整个身体撑起，成一直线，腹部持续用力以支撑后背，大约停留20～30秒钟，愈久效果愈好！

◎上班族瘦腰小贴士

上班族由于长时间久坐办公室，工作紧张而缺乏运动，很容易患上啤酒肚，减轻体重也是他们烦恼的事情。其实只要作出合理的体重控制计划，也可以与你的工作相辅相成，并增加效率。

到底怎样消除腰腹部的赘肉呢？

①不要长时间坐、卧、躺，尤其是在饭后。

②注意自己的坐姿、站姿和走路的姿势，要保持挺胸收腹。千万不要放松腹部的肌肉，也许初期你会觉得不习惯，但坚持一周以后，你会看到效果。

③长时间站立时（例如乘坐公共汽车）有意识地将腹部肌肉一吸一收，使腹部的脂肪进行运动，长期坚持腹部就会变平坦。

④很多人认为仰卧起坐可以使腹部平坦，其实单纯的仰卧起坐局部减肥效果并不好，只能改善腹部肌肉线条。想使腹部赘肉消失，就要全身运动，比如长距离散步、慢跑。

⑤日常生活中应该尽量多运动，诸如少坐电梯多爬楼梯、少乘

车多走路等，养成良好的运动习惯将会使你受益终生。

⑥尽量少吃偏咸的食品，养成良好的饮食习惯，不暴饮暴食。

◎“白骨精”们的瘦腰法则

为了让自己的腰部苗条，并拥有紧实的小腹，女孩平时可真是不惜血本。其实每天在家里做科学的锻炼是最有效的方法。你要做的就是看看我们告诉你的正确方法，然后坚持、坚持、再坚持！

①屈腿收腹

主要锻炼部位：下腹肌。上身保持不动，手放在身体两边，屈腿收腹，当腿向下时腿伸直，但脚不要着地，用腹部控制，每组15个，共三组，中间休息30～40分钟。

②元宝收腹（也称两头起）

主要锻炼部位：腹部。这个动作在椅子上或床边都可以做。首先要使臀部的重心放在椅子边上，不要坐得太多，使身体保持倾斜状态，双手放在身后支撑，保持身体平衡，然后上身和腿部与腹部为中心一起向腹部收紧，注意屈腿的幅度要均衡。每组20次，共三组。

◎坚持针对腰肌进行的锻炼

对女性来说，16～46岁之间有三次明显的体型变化，其中变化最剧烈的是38岁前后的三年，这时，肌肉开始下垂，腰间的脂肪赘肉增加，小肚子突出。

原因：造成这种现象的原因有肌肉老化、荷尔蒙平衡遭到破坏以及疲劳等。

对策：针对腰肌进行锻炼，对正在减少的女性荷尔蒙量进行调整、补充。

①平躺向上，轻轻曲膝。这时要确认，你的背部骨头全部平伸

状态,腰肌处于弛缓状态。骨盆、大腿骨、背部骨头都没有负荷。

②大腿向上,两膝向胸部靠近,徐徐吐气。这时,腰肌收缩,促使骨盆运动。

③平躺向上,两腿徐徐伸直,勾脚成 90 度,使肚子、臀部、腿部肌肉用力,保持这种姿势 5 秒钟。

重复动作 2～3 遍,然后,腿轻轻放下到动作②的状态,缓慢呼吸。重复动作 10～30 遍是一个单元。一天做一个单元就会有效。

让你拥有性感美臀

◎瞧瞧你的臀形及格吗

常听人家说屁股会愈坐愈大,其实正确来说,应该是指久坐缺少运动的习惯,造成血液循环不良、脂肪的堆积。所以美臀的治本之道,当然是从不时起身动一动开始做起啰!

性感的臀部,当然是要既翘又圆,还要肉肉地弹性十足。什么?你一项都不及格吗?想想你是不是能坐就不站,能躺就不坐的矿物型美眉,屁股一天到晚都粘着椅子呢?这也难怪肥肉会软趴趴地既扁又没有弹性。如果你有心想向性感美臀族看齐,让臀部也能有扬眉吐气的一天,就快起身加入美臀的行列吧!

◎动出你的美臀

[甩掉臀与后腰之间的赘肉]

方法:

①双手扶着椅背呈站立姿势,左脚脚尖向前、右脚脚尖朝外,使两脚呈 90 度开口;

②以慢数到5的速度，将右腿向后抬起，达最高点后在空中暂停5秒钟，再以慢数到5的速度将右腿放下；

③右腿至少做8次抬放后，再换左腿。抬腿时身体必须保持直线姿势，不可倾斜、弯腰或曲膝，并要避免将重心全靠在椅背上。

[提臀消脂更结实肌肉]

方法：

①身体以跪姿趴下，以手肘和膝盖着地，手臂和大腿之间距离不可太近或太开并呈平行状；

②以数到10的速度将右膝往胸前靠近，然后再向后上方抬高，并在最高点稍做停留约5秒钟。

③再以慢数到5的速度将右腿放下，至少做6次抬腿后再换腿。须特别注意身体的平衡，并不能出现手肘弯曲。

[加强臀腿间曲线的区隔]

方法：

①站在阶梯或小矮凳上，双脚打开与肩同宽，身体向前弯，双手自然下垂握着哑铃，让头、肩、颈完全放松；

②以慢数到5的速度，让身体及双手再向下延伸，让哑铃到脚尖处左右，须注意双脚仍呈直线不可弯曲；

③再以慢数到5的速度将哑铃提起，回到自然下垂的膝盖高度，至少重复做10次以上。

[六个塑臀小动作]

①挥腿：左侧靠近椅子背站立，左手抓住椅子背，这样可使操练方便，此时右腿用力向前、向上、向右摆，做10次。然后移动椅子的位置，并挥动左腿。呼吸要均匀，活动量尽量大，以便使臀部肌肉承担足够的负荷，挥腿范围尽量宽，这节操能使臀部减肥。

②跨腿:右侧卧,右臂屈肘成直角,手心向下,左手掌在齐腰处扶地,支撑大腿用力使身体离开地,上体和腿在一条直线上。然后放下大腿,并右侧躺下。重复10次,然后左侧卧,在另一侧做同样动作10次。这节操能使大腿和臀部减肥。

③转腿:坐在地上,屈膝,脚绷紧,脚掌尽量靠近大腿。手掌从后面撑地,在该姿势下缓慢将双膝向左转和向右转,尽量触地。重复10～20次。这节操能使臀部减肥。

④用臀部"行走":坐在地毯上,膝盖伸直,手向前伸展,抬头,伸右手,并以臀部移动带动右腿,向前移动,然后用左手和左腿做同样的动作,这样向前移动两三次逐渐加大距离。可使臀部和腹部减肥。

⑤"半小桥"仰卧:手臂沿上体伸直,手掌用力贴近大腿,数1时膝盖向上拔,脚掌不离地;数2时大腿稍稍向上,用头和脚支撑。用力时臀部肌肉拉紧,手贴在大腿上;数3时大腿放下;数4时腿脚伸直,呼吸要均匀。重复10～15次。这节操能使臀部肌肉结实。经过一段时间的锻炼后,再做一些更复杂的锻炼。

仰卧,脚放在椅子边上,手臂顺上体伸直,手心向下,数1时臀部肌肉拉紧,大腿稍抬起,用头和脚支撑,手紧紧贴地;数2时仍保持该姿势;数3时大腿放下;数4时腿伸直,呼吸要均匀。做10～15次。

⑥持支架:趴在地上,双腿靠拢,抬头,挺背,稍屈双肘,撑地。快速向左转,同时使腿做"立剪刀"动作。用手掌撑地恢复原位,并使双腿靠拢。然后向右做同样动作。这节操在每边重复5～10次,不要屏住呼吸。刚开始做时显得复杂,要做得慢些,以便全身参加活动。该节操能使臀部和大腿肌肉变得结实。

［完美塑臀运动］

运动1:强化腰臀

这个简单的运动对收腰臀均有益处。

①仰卧,双脚张开与腰同宽,膝盖弯曲,双手平放两边。

②边吐气边尽量挺起腰部,直到气完全呼出,再回到动作①,中间不要休息,动作要保持连贯。持续做15～20次。

注意:每次做都要用力,习惯了这套动作之后,臀部可以不着地,效果会更佳。

运动2:减臀赘肉

这个运动可消除臀部上方的赘肉,锻炼腿肌,令臀部变得更挺。

①俯卧,双手屈曲托头部,脚尖伸直。

②臀部用力,边吐气边尽量抬高其中一只脚,脚要保持伸直,静止1秒钟。再回到动作①,依相同步骤抬起另一只脚。左右交替连续做15～20次。

注意:不要勉强扭动臀部抬脚,因这样可能会造成腰痛,也不能达到运动效果。抬腿时应同时收缩腹部肌肉。

运动3:美化臀形

这个运动可收缩臀部肌肉,强化腰力及腿力。尤其有效消除大腿两侧的赘肉,创造有弧度的美臀。

①双腿靠拢,立正站好,面向前方,双手叉腰。

②单腿轻轻向前跨出,两膝成90度弯曲。先吸口气,再边吐气边回到动作①。换腿跨出,动作相同,左右脚重复做15～20次。

注意:做时要保持抬头挺胸,且背脊伸直。前脚不要太向前跨出,后退下弯时,膝盖尽量贴近地面,但不要贴地。

在锻炼臀部肌肉的过程中,当你发现牛仔裤变得宽松了,即表示你的臀部形状正在改变。若连内裤也感觉到变大了,更表示臀部肌肉已逐渐绷紧,大可好好享受这种美妙的感觉呢!

有靓靓臀部,就不用再遮遮掩掩啦!

◎练出完美的翘臀

你的臀部属于那种形态？从臀部位置看，可分为下垂型、适中型、上翘型。其中适中型和上翘型都表示臀部较高，属于健美型。从侧面看，从臀部半圆形的最远点画一条与水平面平行的直线，把臀部分成上下两半，如果上下两半距离相等为适中型，上半大于下半为下垂型，上半小于下半为上翘型。健美的臀部形态还应该是体积为健美型，臀位属于适中型和上翘型，而体积瘦小或肥大，臀位下垂都属不健美。如果体积为健美型而臀位下垂，同样也不能算健美。

怎样锻炼可以改变臀部的形态，如果由于臀部脂肪堆积过厚、臀部下垂或者臀部过于扁平而影响了臀部的曲线美，那么让我们一起来锻炼吧，消耗掉多余的脂肪，使臀部肌肉结实健美。

①站立夹臀练习

并腿站立，挺胸收腹立腰。臀部肌肉用力收缩向中间夹，保持一段时间，然后放松。重复 20～30 次，完成 2～3 组。

②扶墙踢腿练习

双手扶墙，左腿支撑，上身保持正直。右腿伸直向后踢 20～30 次。换右腿支撑，踢左腿。重复 2～3 组，再向侧踢 20～30 次，重复 2～3 组。

③扶墙控腿练习

双手扶墙，左腿支撑，上身保持正直。右腿伸直向后抬至极限停住，控制 30～60 秒钟，然后落下放松。换右脚支撑，控左腿。重复 2～3 组。再控侧腿 30～60 秒钟，重复 2～3 组。

④跪撑踢腿练习

跪撑后踢腿：两手撑地，左膝跪地，右腿伸直后点地，上身与地面平行。右腿伸直向后上方用力踢，然后还原。重复 20～30 次。然后换右膝跪地，踢左腿，重复 20～30 次，完成 2～3 组。

跪撑侧踢腿：两手撑地，左膝跪地，右腿伸直后点地，上身与地面平行。右腿伸直向肩部侧踢起，然后还原。重复20～30次。然后换右膝跪地，踢左腿。重复20～30次，完成2～3组。

⑤仰卧顶髋练习

仰卧，屈膝分腿，两脚平放在地稍宽于臀，两臂平放在体侧，臀肌用力收缩向上顶髋。保持一段时间，再放松还原。重复20～30次，完成2～3组。

⑥负重深蹲练习

分腿站立，上身保持正直，双手持重物置于颈后肩上，呼气深蹲，稍停，吸气还原。重复10～20次，完成2～3组。

以上练习在负重条件下，效果更佳。每周练习3次，隔日进行。另外，还必须加强有氧练习，如长跑、有氧舞蹈等。

◎塑臀五大法宝

①爬楼梯

爬楼梯，简单又省钱，但是，因为每栋办公大楼几乎都有电梯，大家搭电梯习惯了，怎么可能还想爬楼梯呢？其实，爬楼梯有很多好处，可以消耗卡路里，另外，如果你在走楼梯时，每次踏两个阶梯，可带动您的大腿及臀部肌肉群，紧实您的臀部。

②推墙

双腿并拢，双手撑在墙上，腿打直，臀部先向外伸展10秒钟，接着再朝墙靠近10秒钟，重复做，不仅可以雕塑臀部曲线，也有收腹的效果，小腹会慢慢变平。

③立姿蹲举

最好能有弹力绳或跳绳辅助，如果没有，也可以空手做。首先，双脚张开与肩同宽踩住弹力绳，双手再握住绳子放在肩上，臀部往下蹲，使大腿于小腿之间约成90度，静止动作维持8秒钟后，再站直。至于该做多少，就请依照您的个人情况调整。

④前后步蹲举

同样可使用弹力绳或是跳绳辅助。脚踩着绳子后，双脚成前后步，接着下蹲，使前后脚的大腿及小腿都成90度。

⑤金鸡独立

找一把椅子，扶着椅背，一脚站直，另一脚在空中向后伸展，约2秒钟后，再放下，动作可重复10～15次，接着换脚再做。

◎美丽你的臀之简单体操

示范动作1：让臀肌更挺翘

平躺于垫子上，将双腿弯曲，待重心调整稳定后，将左脚慢慢向上抬，小腿伸直，将肚子收起，臀部夹紧，然后双肩放松并且保持轻松呼吸。

示范动作2：强化股四头肌

双脚与肩同宽，双手放在椅子上，将身体整个打直，然后用力吐气，并将膝盖微微弯曲，放松时吸气，动作反复8～16次即可。

示范动作3：强化结实臀大肌

双脚与肩同宽，右脚站着，膝盖微弯，左脚往后距离约一个脚掌，将双手放置在椅子上，此动作反复8～16次，可左右脚对换。

◎舞出迷人的臀部

下面的几个独特而完美的美臀方案，定会使你的臀部拥有无与伦比的魅力。放一些激烈的摇滚乐，20分钟连续地（注意：不可间断）做这套练习，每周三次。坚持下去，不出一个月即会收到明显效果。

①芭蕾舞步：两脚分开站立，比肩稍宽，脚尖朝外，尾骨处下沉，臀部收紧。双臂抬起，向前伸展开，往下蹲，成马步，并保持双臂与肩同高。这个动作可以帮助你保持平衡。在保持身体舒适的

情况下，尽量放低身体，但不要使膝盖弯曲超过脚尖。保持这个姿势2秒钟，然后恢复到预备动作。重复这个蹲下站起来的动作10次。第11次蹲下时，坚持20秒钟。

②向侧滑步：两脚并拢站立，双臂置于身体两侧，将身体重心移至右腿。稍稍弯曲膝盖，将左脚置于一块毛巾上，脚尖朝下。双脚抬起向前伸直，用毛巾帮助左腿慢慢向外侧滑动，心理默数4秒钟。将腿滑动至不会感觉不适的最远距离，再将腿抽回，移至初始位置，默数4秒钟。重复这个动作12个来回，换右腿。

③提臀：两脚分开站立，与肩同宽，脚尖向前。将左脚置于右膝内侧，双臂于身前自然下垂。左脚向后伸展，双臂分别向两侧伸开。脚离地不应超过25厘米高度，以保持身体平衡。恢复预备动作，并如此重复5次，换腿，要记住，每次伸腿同时要收紧臀部。

④剪刀跳：右腿屈膝向前迈出，使膝盖与脚踝成直角。左膝向下，至膝盖轻轻着地。两脚蹬地，向上跳起，在空中换腿，落地时呈左腿向前迈出姿势。重复10次。

⑤螺旋蹬腿：面向左侧躺倒，将头部靠在伸直的左臂上。右掌于胸前着地，作为支撑。右膝盖向胸部移动，臀部轻轻转动，使膝盖朝向地板。调整足部动作，使脚后跟指向天花板。用大幅度动作抬起和放下左腿。坚持做20次，再换一侧。

⑥桑巴旋风：最后一个步骤设计的是下身的摇摆动作，以分解练习过程中身体出现的乳酸。两腿分开站立，比肩稍宽。将双手置于臀部，大幅度旋转胯部。向前、向后、向左、向右，要坚信，胜利就在眼前！再上下摆动，直至感觉肌肉全部放松。OK！大功告成！

◎娇翘美臀六步走

动作一：我们先从简单的开始。请你平躺在地上，膝盖弯曲，脚掌触地。然后向上挺起臀部到最大限度(最好挺起至腰部与大腿成直线)，回落，重复此动作3组20次。

动作二：侧卧在地板上，用手肘支撑起上体，下面的腿弯曲。向上的腿伸直与身体成90度角。然后抬起放下，每侧重复2组20次。

动作三：侧卧在地板上，膝盖与上体成90度角，抬起上面的腿再放下，注意你的两只脚始终保持接触。重复此动作2组30次。

动作四：跪在地板上，用手肘和膝盖支撑身体。请注意背部要挺直，然后向后上方抬起右脚，收回。每条腿重复此动作2组20次。

动作五：坐在地板上，两腿并拢伸直。双手置于臀部右侧，吸气时抬起身体成一条直线，保持这个姿势尽可能长时间。你可以清楚地感到臀部肌肉在用力。慢慢回到坐姿，呼气。重复此动作2组20次。

动作六：这个动作大家都应该很熟悉，既可以锻炼你的臀部，也可以锻炼大腿外侧。请你侧卧在地板上，左手支撑头部，右手放在胸前的地板上。右腿膝盖弯曲，左腿伸直，向上抬起，放下。在做这个动作的时候，请你绷直脚尖。每侧重复3组20次。

◎给你的缩水臀围打打气

从姿态上怎样体现臀部健美？要体现自己臀部的健美，最基本的就是要保持站立时收腹立腰夹臀的姿势，以提高臀部重心的位置和表现丰满结实的臀部形态。

单腿支撑时，也应该保持支撑腿侧臀肌收紧、向斜后方微翘的姿势。坐在椅子上，则应保持收腹立腰的上身姿势。身体重心落在臀部，从侧面看，就能体现出臀部丰满的线条，也可以采用侧坐姿势，即上体和腿同时转向侧面。

行走中，在保持上身正确姿势的同时，要注意把支撑腿伸直，肌肉用力收缩上提。如想提高臀部动作的表现艺术和技巧，则可进行拉丁舞(如伦巴、恰恰恰、桑巴)、草裙舞及迪斯科等舞蹈训练。

另外,侧卧时,两腿并拢,稍屈膝,或下面腿伸直,上面腿屈膝,都能体现优美的臀部曲线。

让你拥有修长美腿

◎黄金美腿知识

时尚是变幻莫测的风,在令人难以捉摸的风向中,人们的审美标准也忽悠忽悠地随风转;怎奈我们身体的任何器官不是变形金刚,并不能随心所欲地变来变去,又怎样去迎合变数重重的时尚审美标准?有时其实很简单,“事在人为”,比如通过化妆或整形可以使脸蛋变得符合新的审美观,通过一些美体手段可以让我们的身材比例更完美……

这不,众美眉们一方面正为怎样有效瘦身伤脑筋,一方面又寻思着如何美化腿形以符合时下新的美腿标准,即膝盖光光无赘肉、脚踝纤细不粗大、小腿修长如萝卜。想要春来腿秀的美眉可不能不读读全新的黄金美腿法则,趁早“善其事”,春光初现时你就有了“秀”腿的资本!

黄金美腿法则1:膝盖光光无赘肉

无论你通过什么方法来瘦腿,记住首要任务是赶跑膝盖处赘肉,让该处肌肤光滑紧实。如果这里有多余的脂肪,会使腿显得又短又粗,所以一定要想办法使这里紧实起来。喜欢穿迷你短裙的美女更应该努把力,因为这种短裙裙边到膝盖有10厘米以上的距离,膝盖部位自然而然成为引人注目的焦点,如果恰好膝盖上有脂肪及松垮垮的肌肉,则会大煞腿之美景,影响人的审美视觉。对于美景,谁不想观赏?看到让人赏心悦目的事物,是极大的人生享受!何况美女之腿呢?再说了,你的腿美了,于人于己都是好事。

此外，有些人膝盖处本来无脂肪，但后来有了，致使膝盖部位肥大，这主要是长期使腿处于不良姿势造成的，由于膝关节错位，导致脂肪堆积而形成视觉上的大骨节。如果纠正及时，是可以得到改善的。

美腿招数 ABC：

A、多做腿部拉伸运动如压腿、踢腿等；

B、用纤体霜做按摩或去美容院养护；

C、手术拉皮，当然，这是对于症状严重者而言的，通过膝盖拉皮手术，可美化该处线条，提升整个腿形的美，好莱坞女明星就有这么做的，不过要注意的是应该去信誉好的专业整形机构做才能让人放心。

黄金美腿法则 2：脚踝纤细不粗大，有收紧感

无论大腿和腿肚部位如何细长，如果脚踝处没有突然紧收细下去，腿部就仍然缺乏线条美。相反，即使大腿和腿肚是同样粗细，只要脚踝处比较细，就依然具有线条美。

有些美眉的腿也说不上粗，但由于脚踝处较粗，使得整个腿看起来都较粗，以至于被人戏称为“象腿”。

有些人认为之所以会这样主要是因为自己天生较粗大骨骼引起的，其实，脚踝的粗细并非由骨骼大小决定。如果平时所摄食物盐分、油分过高，身体循环欠佳，导致毒素堆积引起腿部浮肿，再加之长期缺乏运动，时间一长，脚踝处就容易产生脂肪堆积，形成粗脚踝，成为“象腿”，这可不是好事，如果你不幸属于此列，可得赶紧想想办法啊！如果纠正及时，是可以得到改善的。

美腿招数 ABC：

A、多做能活动到脚踝的运动以加速腿部体液循环和代谢，如瑜伽里的一些腿部柔韧动作就具有此功能，因此，有空就去练练瑜伽不失为美腿好办法；

B、每晚临睡前用热水泡脚，并用手揉按脚踝，左右旋转踝关

节，可以加速血液循环和新陈代谢，防止浮肿；

C、减少盐分摄入，坚持清淡饮食，尤其是肾脏功能不好的人更应注意，以免肾脏不堪负荷而加重浮肿症状，应多摄取有利于腿部体液代谢的新鲜蔬果，如西红柿、黄瓜、香蕉、苹果、葡萄柚等，既能美腿又能美肤，可谓一举两得。

PS：可令双腿修长匀称的食物

香蕉：卡路里有点高的香蕉。其实可以当正餐吃。它有特多的钾。脂肪与钠却低得很。符合美丽双腿的营养需求。

苹果：它是另类水果。含钙量比一般水果丰富很多。有助于代谢掉体内多余盐分。苹果酸可代谢热量，防止下半身肥胖，水溶性纤维质、果胶可解决便秘。

木瓜：吃了太多的肉类食物。脂肪容易堆积在下半身。木瓜里的蛋白分解酵素、番瓜素，可帮助分解脂肪，减低胃肠的工作量，让肉感的双腿慢慢变得更有骨感。木瓜中的果胶成分还有整肠的功能。

西瓜：清凉的西瓜，拥有利尿元素基酸柠檬黄素，使盐分顺利随尿排出。对膀胱炎、心脏病、肾脏病也具疗效。此外它的钾含量不少。不可小看它修饰双腿的能力。

推荐：跳绳可跳掉你的大象腿。向两侧挥动跳绳，双脚并拢跳过绳子后，在抡绳子的同时一条腿向一侧张开。绳子即将回到前方的时候，双脚再并拢跳过。然后换腿重复相同的动作。

黄金美腿法则3：小腿修长如萝卜

细心观察会发现，如果小腿肚最粗处位置较高，就会使腿显得修长纤细，我们经常说的萝卜腿就是如此，腿形看上去优美匀称，粗细适中，无需增无需减，是最理想的腿形。所以，腿是否修长好看关键在于腿肚最粗部位位置的高低，如果这个位置高，就能奇迹般地使膝盖下的小腿显得长，而要使小腿变修长，就要想办法提升腿肚的位置，即先让小腿变瘦，同时注意放松腿肚处肌肉，避免其硬化。

美腿招数 ABC:

A、做形体训练,如芭蕾、普拉提等运动不但有助于美化小腿线条,还有利于保持身材,如果能长期坚持,身心都将受益无穷;

B、做专业美腿护理,美容院的瘦腿疗程能有效改善小腿浮肿及腿肚处肌肉硬化的症状。美容师通过使用按摩油、按摩手法及仪器刺激小腿血液循环,加速脂肪分解,尤其是绷带瘦腿法因其好的效果值得一试;

C、粗盐美腿。时下,都市女性中正流行使用粗盐来瘦腿,听说效果还不错,一心想要美腿的你何不一试?粗盐本身具有发汗致热的特点,使用后可以帮助人体排出体内多余的水分及积聚的毒素,加速脂肪消耗分解。其操作方法非常简单,在每天洗澡前,取一杯份的粗盐加上少许的热水拌成糊状(以涂抹在身上不会脱落为度),再把它涂在腿上想要瘦的部位,并适当做些按摩,大约10分钟后,再用热水把粗盐冲洗掉,然后开始洗澡。如果你的肌肤比较敏感,无法使用一般的粗盐,也可以购买一种比较细的沐浴盐来用。这种方式尤其适合生性不喜欢运动的人,天天坚持,一般在一到两个星期内就会见效。

◎一个月美腿行动

第一个星期:从美腿霜开始

才刚刚开始美腿的第一周,姑娘们千万不要心急哦,不习惯剧烈运动也没有关系,让我们就从美腿霜开始吧。现在有很多纤体产品,都可以用作美腿霜。方法:在双腿上均匀涂抹,然后用手指轻轻按摩,每种纤体产品都有独特的按摩方法,所有的美腿霜感觉上会像把自己的双腿厚厚包裹起来那样,感觉像进入了火团,有的美腿霜还会散发出大蒜的气味——可要忍耐呀。

当然简单的运动也必不可少,可以选择一些在家里、办公室里都可以完成的简单运动。在一个安静的地方,找一把椅子或一个台子支撑身体重量,下面就教你几招芭蕾舞演员的简单动作。

①蹲抬腿。腿打开,右手放在扶手上或椅子背上,膝盖弯曲成下蹲姿势,大腿与地面水平,膝盖与脚趾成一线,抬起身,未完全站直的时候,把身体重心转移到右腿,左腿抬起成一直线,左脚放回地面,再下蹲,重复10次。换腿,重复以上动作。

②摆腿。脚跟并拢,胯部放松展开,右手放椅子背上,用臀部力量把左腿往后甩,上体前倾直到上体与腿成一条线。头与脊椎成一线。腿收回,上体垂直,然后腿向前踢,踢到腰的高度,踢到不能再高为止。重复一次。换另一侧,重复以上动作。

③下蹲,前鹤立,右手放在扶手上,躯干挺直,左腿后撤,脚尖点地,胯部展开,直立的腿慢慢弯曲,下蹲,左腿挺直,臀部和大腿肌肉绷紧,收腹,加强承重腿的力量,脚尖拖地收回。腿向前踢,踢到腰的高度,膝盖弯曲,脚跟抬高(前鹤立)。恢复第一式。重复10次。换另一侧,重复以上动作。

不要担心你的腿踢得不高,要关注的是身体保持一条线:骨盆不乱晃,四肢伸长,腹部肌肉紧绷。记住了没有?是不是很简单呢?抓紧一些零零碎碎的时间就可以锻炼哦。

◎祛除小象腿的三种武器

武器一:保鲜膜

没错,就是厨房里常用的保鲜膜。具体做法是:将保鲜膜紧紧缠在腿上,然后开始走路或跑步,做家务也行!每天坚持约45分钟至1个小时,能够有效防止脂肪囤积,帮你雕塑出健康美丽的腿部曲线。一般来说,当你每次揭下湿淋淋的保鲜膜那一刻,基本上就会见到一些成效了!

不过,眼下天气越来越热,美女们需要具备足够的毅力才行。要是熬不住躲进舒适的空调房,那可就前功尽弃啦!

武器二:弹力球

挑自己喜爱的颜色,买一个弹力球回来,娱乐、健身两不误!具体做法是:仰卧在地板上,把弹力球夹在双腿之间,保持这样的姿势,把腿抬起来再放下,反复坚持。用不了多久,你会发现小腿的赘肉变紧了。

武器三:沙袋

找一只布袋,用沙子或食盐填满,缝制出合适尺寸的沙袋。将沙袋挂在手腕或脚踝上,抬起、放下……如此反复即可。不要小看这简单的机械运动,它的实际运动量比你想像的还要大,效果也不错。

◎健美修长的双腿练习法

①侧卧抬腿

目的:锻炼大腿内外侧及腰侧肌肉,使这两部位不致赘肉、松懈。

方法:预备姿势——右侧卧。右肘及左手掌支撑起上体,右小腿弯曲,左腿伸直触地。

动作:数一时,左腿向上抬起略高于头部;数二时还原成预备姿势;反复做 5～10 个 8 拍,然后左腿抬起,静止用力 10 秒钟;反方向重复 1 遍。

小诀窍:腿抬起和还原时,切忌甩腿,要有意识地控制住腿,抬起的腿务必伸直。

②俯卧屈小腿

目的:锻炼大腿后侧股二头肌,使大腿后侧收紧不松懈。

方法:预备姿势——俯卧。双腿伸直并拢双肘支撑,上体抬起 45 度。

动作:数一时,两小腿向上弯屈勾腿;数二时,还原成预备姿势;反复做 5～10 个 8 拍。

小诀窍：小腿向上屈举时，务必勾腿，脚跟尽量接近臀部，使股二头肌充分收缩；小腿弯屈和还原时，切忌甩腿。

③坐姿抬腿

目的：锻炼大腿股四头肌，使大腿前侧有型，不臃肿。

方法：预备姿势——坐姿。双手体后支撑，双腿向前伸直并拢。

动作：数一时，左腿伸直，尽量上抬；数二时，还原成预备姿势。换右腿做以上动作。两腿交替反复做5～10个8拍。

小诀窍：双腿始终保持伸直状态，绷直脚面，腿抬起，还原时皆不可甩腿，一定要控制着抬起和还原。

④坐姿勾脚

目的：锻炼小腿三头肌，使小腿后侧有型；肌肉位置提高，小腿修长。

方法：预备姿势——坐姿。双手体后支撑，双腿并拢伸直。

动作：数一时，双脚用力勾起；数二时，双脚用力绷直；反复做5～10个8拍。

小诀窍：双脚勾起时脚尖尽量向身体内侧回收；脚跟尽量向身体外侧远伸，上体尽量挺直不动。

◎十种快塑美腿攻略

①减肥盐做腿部按摩

从市场上购买专用减肥盐，如没有可使用粗粒食用盐。每次洗澡时用少许盐在脚踝和小腿部位反复按摩，力度以不引起疼痛为宜。每次按摩时间为15～20分钟，按摩后用温度较高的清水浸泡几分钟后洗净。如能使用齐膝深的坐浴桶按摩和浸泡双腿更佳。

②冷热浴交替法

盆浴或泡腿时，先在38℃～48℃的热水中浸泡5～10分钟。

让体温逐渐上升至38℃时，人体开始出汗。然后在冷水中淋浴或浸泡3～12分钟，使表皮温度下降8℃～16℃。休息15分钟体温恢复正常后再重复2～3次。

特别提示：每周可做2～3次，收效明显。但不可在饭后1小时内或过于饥饿时进行。

③提脚跟

双脚并拢同时提脚跟10次，脚尖并拢同时提脚跟10次，一脚收起单脚提脚跟10次，换脚10次。

④勾脚尖

站立时一腿上抬用力勾脚尖10次，换腿再做10次。坐下双腿伸平，用力勾脚尖20次。

⑤脚画圈

站立单脚画圈，顺时针逆时针方向各做10次，换脚重复。坐下，双腿伸平，双脚向外画圈10次，向内10次。

⑥原地跳

原地跳高10次，原地跳远10次。

⑦弹走走路

脚尖着地，脚跟一触地立即提起换另一只脚尖走。

⑧舞蹈体操

常跳脚尖运动的交谊舞和芭蕾舞，做牵拉伸展型健身操。

⑨仪器减肥

消耗类减肥仪使人被动运动从而消耗热量，有腿部刺痒及酸痛感，像大量运动后的感觉。不良感觉约在3天后消失。

溶脂类减肥仪只适用于肥胖不严重的部位。禁用于有伤口的皮肤及晒伤敏感肤质。

分脂类减肥仪释放与人体节律相近的交流电，收缩肌肉，分解脂肪，促进淋巴排毒。有减轻静脉曲张的功效。费用高，对操作者技术要求严格。

⑩按摩减肥

是轻度肥胖减肥及减肥后保持的最佳手段，安全有效，按摩可以消耗局部热能，可以辅以外用减肥品和束身产品，还可以配合腿部穴位按摩。需要选择有经验的减肥技师进行按摩。

◎如何去掉膝部赘肉的小建议

①多参加活动膝部的运动。如慢跑、健身操、跳高、跳远、游泳等，并在运动过程中有意加力；使膝部聚积的脂肪加速消耗，最后使膝部周围的赘肉变得结实。

②有条件的女士不妨每天爬山登高。循序渐进，由每天十几分钟增加到几十分钟，增加上下楼梯的次数和速度。在爬山登梯时必须注意尽量使膝部关节发力，让整条腿蹬直。

③变换姿势跳绳。跳绳不受天气、时间、环境的限制；随时随地可以进行。但必须注意不断变换姿势，不让双膝冲击力太强，这样膝部既能得到锻炼又保证了安全。

④游泳。游泳是女士美腿美膝最为立竿见影的运动，其中以蛙泳更为快速明显。游泳十分安全，不会因运动量大而给膝部造成损伤。

⑤坚持做膝部运动。白领女士可利用工间时间做屈膝运动，如下蹲运动，双腿并拢蹲下，起来。蹲后要尽量用膝部关节发力托起身体，每次连续蹲 30 次，每天坚持做 3 次。

⑥经常按摩或拍打膝部。力度要适当，坚持按摩或拍打可加速膝部的血液循环，有效减少脂肪的堆积。

◎“对症下药”搞定 3 种粗腿类型

了解了自己是属于哪一种腿型，然后配合运动，只要持之以恒，保证你有一对靓靓美腿。

①肌肉型

你双腿的肌肉非常结实，想双腿变得细，首先要令双腿肌肉放松，而且要将腿筋拉长，那自然双腿望上去会修长！

推荐练习：

A1、因为肌肉结实最难减，所以运动以令肌肉放松为主，用拳头轻拍大腿前部分；

A2、再轻拍大腿后面及臀部。

B1、坐于地上，双腿并拢，用拳头轻轻拍打双腿外侧；

B2、再将双腿张开，用拳头轻拍双腿内侧。

C1、双手平放在地下，与膝头大致平衡，前后腿跨大步骑好；

C2、将臀部向下压，成弓箭型，维持5秒钟后升起臀部再来一次。前后腿交换再做，每边做10次。可先完成一边再做另一边。注意后腿膝头要尽量伸直。

②脂肪型

脂肪型的人缺少运动，容易令双腿积聚脂肪，所以燃烧脂肪对这类人很重要，同时要令双腿线条增加少许肌肉，这样双腿线条会变得优美。

推荐练习：

A1、双手叉腰，背脊同双腿都要直，眼要直望；

A2、将双腿慢慢提升，只用脚尖点地，重复做10次。有助增加肌肉及拉长脚筋。

B1、好似海狮一样爬于地下，手肘屈曲平放，头、腰同地面成50度左右。用一条有弹性的橡皮筋绑住双腿；

B2、提起左腿，于空中停留1秒钟，然后换右腿，每边做10次。

C1、双腿伸直，腰要直，双手叉腰，向前直望；

C2、腰要继续伸直，其中一只腿向前踏，后退向下屈曲成“L”形。左右腿各做5次。

③浮肿型

浮肿型双腿是因为甚少运动，双腿血气运行得不好，所以有肿胀现象。适当运动，行多些路，令肌肉得到适量的运动，双腿自然会变得更有美感，亦不会这么水肿啦！

推荐练习：

A1、腰挺直，大力摆动双手，颈同头不要用力，以这个姿势步行。每日最少行20分钟；

A2、步行的力由脚跟慢慢移动向脚尖。即步行时，先由脚跟开始行。

B、躺下，双手、双脚提起，手、脚放松摇动。摇动动作约维持30秒钟。可以促进血液循环。

C、躺下，双手平放，提高双脚打圈，好似踩单车一样，动作不需要太快。约做20次。

◎睡前小动作轻松瘦双腿

[睡前的大腿前侧健身操]

前侧运动一：

尽量抬腿！并保持此一姿势数秒钟，直到双脚感到疲乏为止。缓缓抬起脚保持这一姿势数秒钟。将小腿缓缓抬起，直到与大腿同高处，保持此姿势30秒钟后收腿。以10～15次为一组动作，不妨在做完一组动作后，再逐渐增加运动量。

前侧运动二：

双腿脚踝交叉，同时弯曲膝盖，采仰卧姿势，双手置于臀部下面，弯曲膝盖，脚踝交叉抬起双腿伸展膝盖，交叉的脚朝天花板抬起并尽量伸展双膝，以收缩大腿肌肉。以15～20次为一组动作，做1～3组。

[睡前的大腿内侧健身操]

双膝夹住枕头,合力向内挤压。坐在床上,将枕头对折后,夹在双膝间,用力挤压数十次。双腿的脚踝部夹住枕头,挤压。俯卧在床上,用手腕支撑下颌,双腿的脚踝夹住枕头,合力向内侧挤压。弯曲双膝,挤压。此一动作要领为用力挤压枕头,做15次为一组动作,共做1～3组。

[睡前的小腿、脚踝运动]

双脚抬起,先后翘起,紧绷两只脚的脚尖。仰卧在床上,双手掌心朝下平放在臀部旁,抬起双腿,左右脚的脚尖轮流交替翘起、绷直。左右脚的动作在"1、2"、"1、2"的节奏下,做20～30次为一组动作,共做1～3组,直到小腿感到疲乏为止。

也可在一只脚的脚尖上套上毛巾,用力拉扯毛巾。双腿伸直坐在床上,在一只脚的脚尖上套上结成环状的毛巾,反手用力拉扯毛巾。翘起、绷直脚尖。这一动作要领为,脚尖翘起、绷直,一只脚做6～8次为一组动作;另一只脚的动作要领相同。每只脚各做1～3组。

◎美腿速成的简单练习法

要练就迷人美腿,以下三种收紧大腿的简单练习,相信可以帮助你。每一动作分两组,每组重复15次,每星期练习3～5次。

①侧向拉腿

双脚分立与肩同宽,脚趾向前,双膝微曲,双手置于腰间。右脚维持不动,左脚屈曲,身体靠向左边,须确保左膝没有超越脚跟位置。保持动作2秒钟,然后以左脚发力,恢复起始位置。转做右脚,重复以上动作。

②臀部伸展

仰卧地上，右脚屈曲，脚掌着地，右膝屈曲成90度角，左脚向上直伸，脚板向天。右脚贯力，慢慢把臀部和下背尽量提高地面。然后背部慢慢地让下背刚刚离地，但不要贴地面。保持动作2秒钟，再次提高，继而恢复到起始位置，转做左脚，重复以上动作。

③侧卧摆腿

靠左侧卧，双腿直伸，以左臂支撑头部，以右手着地支撑上身。左脚维持不动，把右脚提高约20厘米。接着右脚慢慢向前摆，摆得愈远愈好，维持动作1秒钟，然后向后摆，维持动作1秒钟。重复动作15次，再转做右边。

◎上班族的瘦腿攻略

对于很多上班族来说一天可能会在办公室坐上8个小时甚至更多的时间，慢慢地会发现大腿越来越粗壮，其实只要认清你大腿的问题真正出在哪里？用一些简单的运动甚至改变坐姿，就可以达到阻止大腿变粗的效果。

①肌肉转化为脂肪

瘦腿方案：恢复运动习惯或练“美腿功”。

双脚一前一后站立，后脚跟抬起；然后弯曲双腿，但上身和脚跟保持垂直；双脚分开站立，然后弯曲膝盖，身体也跟着向前弯；臀部翘起，但背部必须保持挺直；双掌贴墙站立，双脚合拢；其中一腿往后抬高，设法让脚跟触碰到臀部。

这套美腿功的做法是这样的：每个动作各做20～25下，隔一天做1次。几个星期后，这6个动作可多做一遍，也就是说这6个动作做完后，休息60～90秒钟后，再做一遍。如果有时间的话，一个星期可以做上四五次。

②运动不足造成的松弛

瘦腿方案：为了保持良好的臀部线条，每天都要进行针对性的运动。

伸展运动是大腿健美的最有效的方法之一。两臂下垂，一条腿膝下蹲，背部保持挺直，另一腿向后伸，直至与地面平行；或者在同一位置，另一条腿向侧面伸直，直至与身体成 90 度角，试着在每一条腿上做 3 组（每组 10 次）这种运动。

这种锻炼也可以在身体站立时进行，一条腿站立并保持身体挺直，另一条腿向侧面伸和向后伸，尽量使大腿平直与地面平行。伸腿运动也可侧身进行，在床上或地板上身体平直地侧卧，一腿紧靠地板，另一腿向上抬起，直至该腿与身体成 45 度角，然后将上腿以 45 度角支撑在一个桌子或椅子上，再抬起靠地板的腿使其与上腿并拢。

这种锻炼能增强大腿的内外侧肌肉，而不是像以往只锻炼外侧肌肉，从而保持了大腿的平衡性和对称性。

③几种简单又实用的瘦腿操

柔软结实的肌肉，是塑造美腿的前提，透过下面介绍的各式柔软运动操，每天持之以恒练习，不仅能改善原本不完美的腿型，还可让它更漂亮，更修长。

柔软操一

步骤一：两手各拿一瓶矿泉水，两手臂自然下垂于身体两侧，两腿并拢，伸直背脊站立。

步骤二：上身保持笔直，一面吐气，一面慢慢地将左腿往前跨出一大步，重心移至左脚上，弯曲左膝蹲下来。注意右脚跟不可着地，接着一面吐气，一面慢慢恢复原来的站立姿势。再将右腿向前跨出，重复上述动作。左右脚各重复 10 次。

步骤三：以半蹲姿势维持数秒钟静止不动，再一面吐气、一面恢复原来的站立姿势。两手各拿一瓶矿泉水，两手臂自然下垂于身体两侧，两腿并拢，伸直背脊站立。

注意：此动作对紧缩大腿内侧肌肉很有效果，其重点在于身体重心的移动：当上身倾向于往前跨出的那一脚时，要将重心移至前面。注意跨出步伐勿过大,如果步伐太大,恢复原来姿势时容易失去平衡。

柔软操二

步骤一:两脚张开与肩同宽,伸直背脊站立,两手各拿一瓶矿泉水,举至两肩肩上,此时注意手腕不可弯曲。

步骤二:一面吸气、一面弯曲两边的股关节和膝盖,慢慢蹲下来,此时注意膝盖方向要和脚尖一致;蹲至大腿和地板呈平行时,再一面吐气、一面慢慢恢复原来的站立姿势。重复10次。

步骤三:双手、双膝贴地,采取匍匐姿势。缩下颌,慢慢抬高一脚,尽可能地举高,脚、膝盖可以稍微弯曲,再慢慢放下。换脚做相同的动作,两脚交替各做10次。

注意:此动作可紧缩大腿前侧及臀部肌肉,重点在于蹲下时,注意臀部要往后突出,而且膝盖要朝着与脚尖同一方向弯曲。不必过于用力,避免带给膝盖负担,当大腿与地板平行时,即可停止往下蹲。

大腿内侧脂肪堆积得越来越多,有没有自己就可以进行的简单消脂方法呢?1日数次,矫正坐姿也可以达到瘦腿效果。

当你跪坐着的时候,上半身的体重全部压在两条大腿上。只要通过弹力法就可以轻松改变大腿脂肪过多的现象。但切记一定要在洗澡后身体柔软的情况下进行有意识的锻炼。让膝盖弯曲成90度角,膝盖关节以90度角打开,用手轻轻按住足尖来保持身体平衡。保持这种姿势并让身体向左侧倾斜,让上半身向左侧倾斜,保持15秒钟。同样方法再向右侧倾斜。来回进行10次即可。

◎踢掉肥腿的妙招

①侧压腿

预备:两腿侧分,坐在垫子上,两手放在体前垫子上。

做法:身体先向左侧倒,右手经头向左触摸左腿,左手在身前扶垫子以保持平衡，然后侧倒，拉长右侧腿部肌肉。这个练习做 4 个 8 拍。

作用：拉长大腿及腰腹侧面肌肉，减少这些部位的脂肪。

②侧踢腿

预备：左侧卧在垫上，右腿压在左腿上，两手前后扶垫。

做法：数 1 时，屈右腿同时向上转髋，尽量使膝盖靠近右肩；数 2 时右腿伸直还原；数 3 时右腿伸直向头部方向侧摆踢；数 4 时还原。右腿做 4 个 8 拍后，向右侧卧，左腿再做 4 个 8 拍。

作用：发展梨状肌，拉长股二头肌，对大腿减肥有益。

③侧勾踢

预备：向左侧卧在垫子上，两肘撑垫，右腿重叠在左腿上。

做法：数 1 时，向前屈右大腿，使之触腹，此时踝部也屈；数 2 时，向前勾踢；数 3、4 时，重复 1、2 动作。连续做 4 个 8 拍后，重复向后滚动，换左腿做相同动作 4 个 8 拍。

作用：勾踢伸拉大腿肌肉，如拉长股二头肌等，还能发展下腹部的肌肉，如髋腰肌等。

④侧身踢

预备：侧卧在垫上，右腿重叠在左腿上。

做法：右腿伸直前摆，经面部转髋绕 1 圈至原处，做 10～12 次后，向另一侧卧，换左腿再做 10～12 次。每次练习做 2 组。

作用：拉长大腿肌群的肌肉，发展下腹部肌力，多做可减少大腿多余脂肪。

◎性感大腿修造三秘笈

以下介绍的大腿紧收动作，可收到全面锻炼功效，令大腿看来更纤瘦和修长。每一练习分为两组，每组动作重复 10 次，每星期进行 3 次锻炼，一个月内定可看到成效。

①后腿腱屈折

俯卧地上，双手折叠置于前额位置，面部枕在互扣的手指之上。骨盆紧贴地面，接着屈曲双膝及尽量保持双膝紧贴。双腿向上提高，离地距离不宜超过 16 厘米。提腿时，集中收紧后腿腱和臀肌，持续 1 秒钟，然后双腿慢慢放回地上。

②侧面摆腿

双膝跪地，跟着向侧伸直右腿，用左膝和左手支撑身体，左手手掌平放在地上。接着提高右脚至臀部水平，并尽量保持挺直，大腿外侧应会有绷紧的感觉。提腿期间，应以腹部作为身体的平衡点。动作持续 1 秒钟，然后慢慢把右脚放回地上。重复做 10 次后，便转做左脚。

③降体骑坐

首先直立地上，双腿微微张开，较肩膀宽少许，趾尖向外，大腿内侧应会有绷紧的感觉。双臂应向两侧平伸，同时保持腹部收紧。接着慢慢蹲下，应以臀部为重心，并确定双膝不会超越趾尖，大腿和臀肌应会有绷紧的感觉。动作持续 1 秒钟，然后慢慢还原至开始时的姿势。

◎胖胖腿一族的练功要诀

有些人可能单纯是肥腿或壮腿，有些人可能是肥腿兼浮肿，或壮腿兼浮肿。仔细观察一下你的状况，捏捏看自己的腿，想想自己的生活习惯。针对不同的胖胖腿，其实有不同的功课要做，以下做分别说明。

①肥腿族练功要诀

A、要适度运动。会出现松垮的浮肉，多半是因为不爱运动，或是以前经常大量运动却突然停止运动习惯的人。适度的运动，可以让肌肉收紧结实，创造出好看的线条。

B、要少吃肉类、淀粉类等主食，多吃蔬菜水果。肥腿族的另一项特征，就是主食往往吃得比副食还多。这也是一般造成肥胖的主因，不爱运动的人，又吃了太多脂肪与碳水化合物，不只是腿，很多地方都会长肉的啰！

C、以冷热交替浴促进血液循环。这一招也可消除浮肿腿。

②壮腿族练功要诀

A、运动要适度。你可能会问，这跟肥腿族练功要诀第一条有什么不同呢？的确不同。运动要适度是针对好动的人说的，因为过多的运动并不见得有什么好处，除非你刻意要练出发达的肌肉。不过，我也看过朋友因为狂打了几天篮球，结果韧带断掉，幸好后来康复了。

B、运动过后放松一段时间，然后轻轻地按摩自己的双腿，让肌肉松弛，才不会成为硬硬的萝卜腿。这经验来自一位常年学习芭蕾舞的好友，她破除了我对一般舞者扁胸粗腿的印象。她的身材完美极了，据说每回练完舞，老师都要她们两人一组为对方按摩腿部。

C、不要常提拿重物。那简直是在做负重练习嘛！会让腿部的肌肉突起来哦！所以搬东西时就请男生帮帮忙，买菜时就拉部菜篮车去吧，常提重物也会造成腰背的负担。

③浮肿腿练功要诀

A、多吃清淡食物。过高的盐分对肾脏是一种负担，会造成水分滞留在体内。吃苜蓿芽沙拉有助于排除体内多余盐分，当然，记得不要吃太多沙拉酱或千岛汁，否则就要加入肥腿族啰。

B、浴盐泡澡。现在很流行用浴盐泡澡。如果你买的浴盐质地细致，建议你不妨也用来轻轻按摩身体，可以去除老废角质，身体线条好看了，皮肤也变光滑了，真是一举两得啊。

C、多到户外走走，让自己流流汗。大家都讨厌出汗时黏黏的感觉，其实适度流汗才是健康的事。每天待在冷气房里，只喝水、不流汗，不但腿容易浮肿，皮肤也会变粗的。

D、把脚垫高睡觉。其实上述各项练功要诀都是很好的生活态度，不管有没有胖胖腿，都值得参考。至于稍作了分类，也只是列出各种状况个别要加强注意的事情，并不是只有那些事要注意而已。

◎四步到位告别大腿脂肪

①有节奏的原地踏步，双手摆动，抬高膝盖原地踏步，尽量使力量提升至腹腰，加速呼吸率，平衡左右踏步力量，连续 20～30 步；

②后跟提起，手叉腰保持平衡，双腿向前后拉开成弓箭步伸展腿部，保持 4 秒钟；

③后跟扣下并使跨步距离加大，分离前后腿，停住 8～10 秒钟；

④后膝下沉跪下，双手手指交叠，手心向前推，身体往下沉，直到前腿呈 90 度角，后小腿与地面平行，伸展后跟腿保持身体平衡，停住保持 10～15 秒钟。

①～④反复 2～4 回后换边操作。

让你拥有万人迷身材

◎三招搞定魔鬼“三围”

三围多少最“魔鬼”？据统计，亚洲女性的标准三围（胸、腰、臀）分别是 84 厘米、62 厘米和 86 厘米。

然而，现实和理想的差距总有那么一段距离，要么胸前一马平川，要么腰粗如水桶，要么就有一个松垮肉多的肥臀。

于是乎，胸围要大，腰围要小，臀围要翘，女人就在自己的身体上玩起了加与减的游戏！

第一，评定美胸的标准：胸不在大，圆润、紧致则美。

①半球型、圆锥型的乳房是属于外形较理想的。

②乳房微微向上挺，高约8～10厘米。

③乳晕大小不超过1元硬币，颜色红润粉嫩，与乳房皮肤有明显的分界线，婚后色素沉着为褐色。

④乳头应突出，不内陷，大小为乳晕直径的1/3。

塑造迷人的胸部曲线的运动：

①仰卧在床上或长椅上，双手握哑铃，两臂平伸，依靠胸肌收缩力直臂上举，然后放松还原，每分钟重复做20～30次。

②俯卧于床边，将胸部伸出床外，然后上半身抬起，双手交替做划水的姿势。每分钟10～15次。

第二，评定纤腰的标准：腰不在细，灵活、协调则美。

①腰身宽与窄都无所谓，但必须和整个身材配合适宜，粗腰美其名曰“小蛮腰”，细腰美其名曰“杨柳腰”。

②腰身一定要轻盈灵活，走动时才能摇曳生姿，具有曲线玲珑之美。

③腰部线条紧致，皮肤不松弛，不能有一捏一大把的赘肉。

塑造轻盈腰部曲线的运动：

①站在地上，两手叉腰，两腿分开，先自左向右扭转腰部，使身体转动，再自右向左转，使身体转动，左右各转20次。

②站在地上，两腿分开，腰部向前弯，先用右手摸左腿，再用左手摸右腿，各摸10次。

第三，评定美臀的标准：臀不在丰，微翘、浑圆则美。

①臀部要有一点儿上翘，前凸后翘，是评定美臀的重要条件。

②整个臀部的大小要均衡，必须与身体比例配合，不是太大就好，太小当然也不合格。

③臀部必须紧实浑圆，走起路来不可晃动得太厉害。

④皮肤白皙、细腻、有弹性，不能没有脂肪，但却恰到好处。

塑造紧翘臀部曲线的运动：

①双腿紧贴站立，双手按墙而立，将一只脚向后踢，做 20 次，另一只脚重复此动作。

②双脚微曲平躺在地上，双手平放在两侧，臀部收紧，利用腰力将臀部上抬，保持约 5 秒钟后，将身体平放在地上，重复动作 15 次。

◎打造征服众生的性感上身曲线

①打造纤秀的臂膀

笔直坐起，坐在一把椅子或凳子上，双手放在椅子上臀部的旁边，把左脚踝交叉放在右腿上，给臀部加一点重量(较容易的方法是双脚平放在地面上)。把重量转移到手上，将臀部滑下凳子，使臀部和椅子一样平，但不要接触椅子。慢慢弯曲双臂，身体向下直到肘关节向后。保持躯干正直，双肩向下，胸部挺起，臂膀伸直但不包括肘部，把身体抬起。重复，交换双腿。

常见错误：在身体下滑时，让臂膀抬起。双手放在离后背很远的地方，或者把你的臀部放的离座位太远，这些都会给臂膀增加多余的压力。

②打造醉人的胸前曲线

支撑住脊柱，把膝盖分开，与髋同宽，脚踝交叉，双手放在双肩下，手指向前，向上拉起，使肘部伸直，收腹，然后弯曲肘部，直至胸部和地板保持很小的距离。如果你吃不消，身体向下，降到一半位置时，呼气，伸直胳膊，撑起身体，重复练习。

常见错误：后背松弛，下陷的脊柱可以拉伸后背和脖子。另外普遍的错误是先把双腿放低，导致你的背部弓起，绷紧腹部使得身体(从头部至尾骨)运动起来，就像一个整体。

③打造平滑的背部线条

阶梯或凳子越高，俯卧撑越容易做。把双手手心放在平地板上，手指向前，把脚往后伸直与双肩、脚踝成一直线。身体重量放在脚趾上，弯曲肘部，身体向上，直至胸部接近地面。呼气，伸直双臂，拉起身体。

常见错误：把臀部放得太高，这样减少了背部下半部分的重量，较容易受伤。另外把臀部放得很高，增加了双手和双肩的负担。

④这样得到迷人的曲线

保持颈部与脊柱成一直线，在撑起或下降身体时成一个整体。从撑起的姿势开始，身体重量全放在脚趾和手上。双手手心距离要比双肩稍宽一点来增加对胸部肌肉的锻炼程度，或者把双臂上半部分尽量靠近身体。训练你的臂膀（三头肌）。吸气，双肘向外面弯曲，让胸部靠向地板。呼气，把肘部伸直，撑起身体，当完全伸展开时，让肘部放松，不绷紧。

常见错误：头抬起，撑住全身，创造出了一个杠杆，这就意味着补充了更多的肌肉和更多的工作。危险是在你努力移动全身时，使得首先从头部和脖子开始，不是弓起就是下垂。

⑤巧用健身球锻炼腰腹

控住球体，倾体，面向下，双手向前，把双腿搭在一个实心球上（直径为 65 厘米的实心球），控制其停稳，手离球越远，难度越大。保持背部伸直，弯曲肘部，胸部下降，直至头部快接近地板，腹部收紧，撑起至开始的动作。重复。

常见错误：腕部负担过重，腿部大多数重量应在球上，把双腿放在实心球上可以减少因支撑双腿的重量而带来的压力。避免因收缩腹部而让背部下垂，在做俯卧撑时把脚踝提高，这样会增加对腕部的负担。

◎上半身美女 OFFICE 转型五招

①上楼梯：尽量不坐电梯，权当为美腿积德。上楼时两个台阶

一起迈，尽量抬起脚跟走，将重心移向前腿，据说这样可以消除大腿内侧赘肉。为了维护淑女形象，走楼梯前左右瞧瞧，确定没人看见你的粗犷动作。另外，在20层以上工作的可将运动量对折。

②坐椅子：将两条小腿用力盖在一起，从1数到8再交换两腿。重复该动作N遍，呼吸不要停止，据说这样可以锻炼小腿线条。数数时心中默念就行了，切忌不要数出声来贻笑大方。

③玩电脑：坐在电脑椅子上膝盖不要弯曲，将一条腿抬起，再放下，重复此动作8～10次再换另一条腿，据说可以去掉大腿两侧赘肉。但有人怀疑此举会让最高明的电脑专家心不在焉——全顾着心中的小九九了。

④走路：即使是去5米开外的厕所，也不要像逛街似的慢慢溜达，尽量将步子迈得大些，更大些，让腿上全体肌肉都得到锻炼。不过，此举很容易让人误会：你是不是憋得太急了？

⑤3分钟美腿操：叉腰，双腿分开站立，腰部轻轻向左右旋转，拉动脚部肌肉，兼有收臀效果，一举两得。该操姿势虽优美，但动作忸怩作态之嫌，不适合在公共写字间跳，不适合在厕所跳，更不适合在老总办公室跳（除非你与老总关系特殊）。想来想去，还是比较适合下班人都走光后，你倒了剩茶擦了桌子，怡然自得地在漆黑无人的办公室独舞。

◎想瘦哪就瘦哪运动

①想消瘦小腹的运动

准备一张有椅背的椅子，将两腿张开，坐在椅子上，两手手肘的部位要弯曲，而且尽量贴靠在腹部左右两侧。接着将左手先高举过头，然后往右边朝上方伸展，另外，右手则将手肘的部位往左边大腿的内侧靠近，拉紧肌肉做挤压的动作，10～15次之后换手，同样的动作换边，重复动作3～4次。此运动可使腹部肌肉收缩达到消除脂肪，让肌肉不松弛。

②想消除大腿赘肉的运动

先做准备动作，准备一对哑铃或用装满水的矿泉水瓶代替也行，只要手上有重量存在就好了。身体挺直，两脚打开距离同肩宽，微蹲的动作使膝盖处弯曲，约停留5秒钟后，再将身体整个往下蹲，再过10秒钟的时间，屁股和大腿用力使身体站起，动作完成。可以运动到大腿内、外、前后的肌肉，因为手部持有重量，也对手部肌力有帮助。从头到尾的动作都要注意，保持上半身的挺直。

③让臀部挺实的运动

找一张有点高度的小凳子或站在阶梯上也可以，两脚张开30～35厘米宽，手持哑铃或用装满水的矿泉水瓶代替，先自然垂下停留5秒钟后，把身体向下弯到脚尖的地方停5秒钟左右，再抬到膝盖部位，反复以上动作即可。对靠近臀部的大腿部位有帮助，也可修饰臀部的曲线，另外要注意做整个动作时，手部、头、颈、肩膀都是放松的状态。

选择自己想瘦的地方依照上面的方法做做运动，让你享受你想瘦的快感。雕塑出自己想要的身段，是需要全力以赴的，真是稍有松懈都不行呢！

◎水中体操——做个小美人鱼

优点：

运动效果明显。如果动作速度相同，完成同样的一组动作，水中比陆地至少要多用6倍以上的力量。

消耗热量大。水的散热性远大于空气，是空气的28倍之多。实验证明，一个人在水中运动20分钟所消耗的热量相当于同样强度在陆地上运动1个多小时。

减少运动伤害。在水中运动时，水的浮力可大大减轻地面对身体各关节的冲击力，使人体各关节不容易受伤。另外，水的浮力作用使人在水中活动时，感觉到轻松自如，克服了陆地上活动容易疲劳的缺点。

按摩、护肤。由于水中运动使人相对出汗较少，减少了陆上训练后汗水中的盐分对皮肤的刺激。而水流、波浪的摩擦和拍打还具有特殊的按摩作用，可有效避免并减少肌肤的松弛和老化，使肌肤润滑、富有弹性。同时，还能消除忧郁和疲劳，减轻精神上和肢体上的负担。

减肥。水中健身操运动采用有氧耗能形式，以糖原脂肪供能为主。因此，在进行此项运动的同时配合科学的营养饮食计划，对调节体脂代谢、减体脂有十分显著的效果。

①水中跳跃

动作要领：站于水中，做向上跳跃运动，尽量跳到最高，同时双臂上抬，落下时臀部不要后撅，身体收紧，双臂还原至侧平举。

次数：每组不少于15～30次。

锻炼部位：腿部、臀部。

②弓箭步走（跨步走）

动作要领：站于水中，做大跨步前走，身体收紧手臂随着腿部前后大幅度地摆动。

次数：每组不少于2～3分钟。

锻炼部位：腿部、臀部。

③直臂前后划水跑步

动作要领：原地跑步的同时双臂直臂前后摆动，手心向下，手指并拢，手腕不能松动。

次数：每组不少于2～3分钟。

锻炼部位：腿部、臀部、心肺。

④吸腿扭转跳

动作要领：向上做吸腿跳的同时屈臂，身体向体侧转身，转身的幅度尽量逐渐加大。

次数：每组不少于2～3分钟。

锻炼部位：腰背部、腿部、臀部、心肺。

⑤屈膝抬腿

动作要领：双手叉腰，膝盖外翻的抬腿动作。

次数：每组不少于 20～30 次。

锻炼部位：大腿、小腿内侧、髋部肌肉。

⑥直腿前踢

动作要领：单手扶池边，一侧直腿向前抬，抬腿时膝盖不要弯曲。

次数：每组不少于 10～20 次。

锻炼部位：大腿、小腿。

⑦屈臂扩胸运动

动作要领：双脚与肩同宽，脚尖朝前，屈膝，水面位于肩部，双臂弯曲置于胸前，做向后振臂动作，双臂一定要后展到头。

次数：20～25 次/组，做 4 组。

锻炼部位：胸部线条、背部。

⑧背向抬腿

动作要领：趴在池边，臀部尽量往下靠近水面，直腿做交替上下举腿动作。

次数：每组不少于 10～20 次。

锻炼部位：大腿、臀部。

水中健身注意事项：

有严重风湿疾病的人不适宜进行水中运动。

有妇科疾病(如阴道炎等)、性病的人应在完全治愈后再进行水中训练。

有严重心血管疾病的人不适宜进行有强度的水中健身。

由于水中健身需要一些特殊的技巧，最好在专业教练的指导下进行系统训练。

由于水中健身的消耗很大，如果在训练完后马上进食，会形成身体的超量恢复，也就是吸收的大于消耗。所以，至少健身 3 小时后再进食。

◎健身美体 6 大经典动作

①抬腿

减肥重点:腹部、臀部。

伸展重点:大腿外侧。

A、坐在楼梯(床沿、硬椅子边)上,双脚分开平放在地面上,抓住楼梯边缘,抬双脚与臀部同高;

B、保持姿势,双脚一齐用力并拢。放下双脚,回起始位。重复 5～10 次。

②拱桥

减肥重点:手臂、腹部、背部、腿。

伸展重点:颈部、肩部、大腿后侧。

A、俯卧,后背绷直,用前臂和脚趾支撑身体,颈部与后背在一条直线上;

B、向上抬起臀部,使身体成倒“V”字形,头在双臂之间。保持姿势放松。缓慢回到动作 A。重复 5～10 次。

③扭转

减肥重点:腹部、背部。

伸展重点:后背、颈部。

A、坐姿。抬下颌,拉伸颈部,分别向左右侧做扭转。每组 2 分钟。

B、站姿。双脚同肩宽,向上伸展双臂,在背部交叉,右手触左肩,左手触右肩,收腹,向左侧扭转躯干,静止姿势 5 秒钟,回中心位置,向另一侧扭转。做 5～10 次。

④下压

减肥重点:肩部、上臂、臀部。

伸展重点:颈部、胸部、腹部、小腿肚。

动作:俯卧在地板上,脚背绷直,脚趾向下勾。下压腹部,臀部放置最低点,双臂支撑上身,背部呈向下弓状,抬下颌,向上凝视。保持数秒钟后,脚后跟后压,缓慢回到俯卧的姿势。重复5～10次。

⑤长椅眼镜蛇式

减肥重点:腰部、腹部。

伸展重点:胸部、背部、臀部屈肌。

动作:脸向下,趴在长椅上(床沿),左脚放在地面上,左脚尖与肩在一条垂直线上,向后伸右腿,挺胸,双手支撑起身体。

提高版:向上抬右腿,同时用右手向后去够右腿,抓住右踝关节5秒钟,向下放右腿至起始位,交换重复5～10次。

⑥"T"字式

减肥重点:腹部、背部、大腿后侧。

伸展重点:大腿内侧、臀部屈肌。

动作:双脚并拢站立,缓慢由腹部开始向下弯曲身体,双手指尖触地。向后抬高左腿。如果感觉有难度可以略微弯曲右膝。保持姿势数到5,放下左腿,换右腿。重复5～10次。

◎教你如何塑出迷人的"S"形

①有氧运动塑全身

目标:全身性美体

有氧运动:有氧运动一直被认为是很好、很健康的减肥方法之一,而提起有氧运动,可能不少女士首先会想到健身房里的各种有氧操。但其实日常生活中的跑步、骑自行车、游泳、跳绳等都属于有氧运动之列。我们可以每星期用4～5天的时间进行慢跑、跳绳、骑自行车等有氧运动,训练时间每次30～60分钟,记住要持之以恒,可取得不错的全身瘦身修体效果。

耐力训练:耐力训练是指坚持长期的全身性运动,一周2次;

或是分成身体各部分的单独训练，一周4次。每次训练时，可以选择一个适当的强度、重量，做负重前举、颈后推举、健身器械等……每组运动都坚持做2～3组，每组8～12次。为了防止出现停滞不前的状态，还应该不断变换训练的运动项目和强度。

②柔韧瑜伽塑纤腰

目标：坚实腹部

柔韧瑜伽：瑜伽是一种来自印度的古老健身方式，每周3～4次，不仅可强健肌肉，增加韧性及灵活性，最重要的是还可以保持体态的苗条与曲线。小腹肥肉满满的女子，可以选择用瑜伽的某些动作来完成对坚实腹部的塑造，让自己重新拥有纤纤的细腰。

首先，以前臂和膝盖支撑起身体，肘与肩同宽，膝与臀同宽，脚趾屈起来。接着，将肩部放下去，同时收缩腹肌。把上身的重量转移到前臂上。把脚滑向后方，腿渐渐伸直，从头到脚保持一条直线。将重量均匀平衡在手和脚趾上，保持背部的笔直，同时收腹。这样保持30秒钟，将手臂提起来后保持1分钟，如此重复3～4次。但练习者应该在专业瑜伽师的指导下进行练习，切不可私下盲目进行。

③美臀运动需坚持

目标：结实臀部

美臀运动：臀部曲线是构成全身完美曲线的重要部分，下垂的臀部、平扁的臀部，又或者过于丰厚的臀部，都会大大地破坏整个的曲线美。因此，美臀运动必不可少。一些健身美体专家提出一些简易的美臀运动。

首先，面向下俯卧，头部轻松地放在交叉的双臂上。缓缓吸气，同时抬起右腿，在最高处暂停数秒钟，之后边吐气边缓缓放下。在抬腿时需注意足尖下压，并且臀部不能离地。尽量将腿伸直、抬高，你会感觉到臀部正在收紧。重复上述运动20次，然后换腿，每日进行一次，贵在坚持。

④塑形操修出美腿

目标:苗条双腿

腿部塑形操:首先身体直立、肩部后挺、双手自然扶在椅背之上,左腿侧开尽量上提,控制 30～50 秒钟后换腿;每腿共做 2～3 组。之后双手握椅背,挺直身体,左腿侧松,脚尖离地 1 厘米,抬起放下共做 100 个,换腿;双手扶椅背,右腿弯曲置于身前,左腿后曲,后面的腿抬起放下共做 100 个,换腿;双腿举起并拢,脚内侧尽量相合,慢慢将腿曲起,脚心相对。自膝盖处将腿打开成"V"字形,然后双腿举起并拢。

以上这一组连续动作共做 10 次,休息 30 秒钟,再做 10 次,便完成一组的塑形操。以上动作做完后,抖动双腿放松,并且牢记,做操前别忘了要做热身运动。

◎美丽要与时间赛跑

[20 岁美女窈窕术]

身体功能处于鼎盛时期:心率、肺活量、骨骼的灵敏度、稳定性及弹力等各方面均达到最佳点。20 岁的人能为今后的身体健康储备"资源"。所以一定要注意坚持锻炼,以保持体重,不要等到 30 岁以后再去减肥,那时就很吃力了。

健身方法:锻炼主要是胸部、腰背部、大腿和臀部的锻炼。根据身体情况和经济条件,可以多参加一些省钱的运动,如舞蹈、慢跑、游泳等。舞蹈既能让女性产生兴趣,又增加身体的协调性,对结实身体线条也大有帮助,可以多多考虑这种瘦身方法。

专家提示:在饮食上,不能一味地节食,这时候的营养不良,对健康损伤太大。此阶段不宜服用任何减肥药物以及接受任何瘦身治疗,以自然为最好。

[21～25岁美女窈窕术]

身体渐渐饱满起来,而且不如以前爱动爱玩,稍不注意就会变成很结实很壮的体形。而且肌肉的强度和可塑性从20岁开始下降,更应该加强锻炼,否则会把身材定型成自己不愿意面对的样子。

健身方法:应该多参加形体健美培训。因为正是身体塑性阶段,可以尝试低重力,多次数的肌肉锻炼。同时,肌肉锻炼有利于瘦身,因为身体在休息时,肌肉仍会通过新陈代谢来消耗能量,一个体内含较多瘦肌肉的人较一个体内含较多脂肪的人,身体在安静时会消耗较多能量。

专家提示:平时可以多穿瘦身衣裙。穿紧身的衣服会加强减肥意识,也会下意识地保持优美姿势。为了防止发胖,在饮食时要做到:

①少食多餐。少食多餐者的体重比一日三餐者瘦得快。

②吃早餐。不吃早餐,中餐或晚餐可能会吃更多的东西,不利于减肥。

③晚餐少吃。因晚上活动一般较少,需要消耗的热量也少。

④多喝水。每天应喝6～8杯水。水能帮助刺激体内脂肪的代谢并抑制食欲。

⑤吃慢些。尽量选择咀嚼要花时间的东西吃,减慢吃饭的速度可使脑部有时间形成饱足信号,消除饥饿感。

[26～30岁美女窈窕术]

新陈代谢的速度开始下降,如果维持和从前一样的饮食习惯、运动,你也会发现自己慢慢在发胖,或者体重没变,腰围、臀围却变粗了。运动时,你会发现以前可以轻而易举做到的下蹲、跳跃,现在显得力不从心。这个阶段,你更要尽力维护自己的体形,与地心引力作斗争!

健身方法:选择缓和的能持之以恒的运动。这一阶段,工作、生活繁忙,所以应该忙里偷闲,进行锻炼。推荐一种最好的运动:跳绳。它可以全面锻炼身心,而且对女性有独特的保健作用。

它能增强人体心血管、呼吸和神经系统的功能;可以预防诸如糖尿病、关节炎、肥胖症、骨质疏松、高血压、肌肉萎缩、高血脂、失眠症、抑郁症等多种疾病。

专家提示:这一阶段,可以在医生的指导下选择适当的减肥药物,达到瘦身的目的。可以选择品质好的塑身衣,通过将身体的各部位,如腋下的副乳、胃、腹、腰、背等部位的多余脂肪转移,收拢到正确合适的位置,使身体凹凸有致,从而达到瘦身美体的功效。主要的调整方式是将背、肩、腋下的赘肉转移到前胸,使胸形圆润、饱满。通过对背部、腰部的设计,使身体挺拔,避免含胸、驼背。而提臀裤则是将臀部赘肉收紧,与塑身腰腹结合,引导腰腹和大腿赘肉向臀部转移,从而塑造出优美的臀形。

[31～35岁美女窈窕术]

这个阶段的女人,稍不注意,身材就会慢慢走型,赘肉渐渐堆积,等到那时,想恢复已经很困难,惟一的办法是,对待每一寸要冒出的赘肉都要像秋风扫落叶一般无情!

健身方法:适合长时间、低强度的有氧运动,如游泳、慢跑、单车、步行等。以有氧运动减肥,不需要太注重提升心率,反而要注意在运动中消耗多少能量。所以长时间、低强度的运动,跟短时间、高强度的运动,只能消耗相同的能量。理论上可带来同样的减肥效果。但对这一阶段的女人来说,太高强度的运动会引起不必要的疲倦及受伤,所以应选择一些低强度运动,例如每星期进行5～6次有氧运动,每次维持30～45分钟。

专家提示:面对现实,要勇敢站在镜子前,告诉自己你已经很胖了,这样就会自觉地想减肥了。

冥想似乎同减肥毫无关系，不过想像自己越来越瘦，往往对潜意识的形成很有效。

［36岁以后美女窈窕术］

这一阶段，不应该强求自己如同年轻时一般苗条、有曲线，而是在健美的基础上，以健康为主要目的。

健身方法：科学家们认为，99%的人体内都蕴藏着大量的储备能，锻炼能够动员这部分潜能逆转衰老过程，这一年龄段的女人适合各类女子健身俱乐部提供的有系统、有指导的美体瘦身运动。平时，可以多进行不太激烈的运动，如散步，它使人每小时至少多消耗200卡热量。不仅加速运动时的代谢率，而且加快活动以后数小时内的代谢速度，保持骨组织强度，增强心肺功能，改善皮肤弹性和帮助机体吸收营养物质。

专家提示：享受香熏。香熏功效神奇，有些具有减肥功效。适当增加对身体的投资，如各种身体保养、水疗等。

让你拥有小巧明星脸

◎瘦脸的穴位按摩法

与单纯按摩不同的是，瘦脸按摩前要先抹瘦脸霜，再按压穴位并进行按摩。步骤如下：

①涂上瘦脸霜，放松脸部肌肉。按摩从下颌开始，到耳边，然后再以额头为中心点向外侧按摩，眼周的按摩方法是从鼻子到眼角两侧做旋转式按摩。

②用手掌或手指按压锁骨凹陷处，刺激淋巴。如果指甲太长，则用“手指肚”紧紧压住锁骨的凹陷处，3秒钟后放开手指，连续做3次。

③用大拇指顶起下颌两侧的凹陷处。将头部的重量全部由大拇指来支撑，也就是用大拇指托起头部，每次动作 3 秒钟，同样做 3 次。

④将下颌的凹陷处往上压。顺着脸的线条向上压，让脸部线条逐渐清晰起来，动作要有力但避免戳伤下巴的凹陷处，同样做 3 次，每次做 3 秒钟。

⑤从下颌到耳边轻轻抚摸。从下颌到耳根背后，再从鼻翼两侧到颧骨下的凹陷处，最后回到耳边，做来回的平滑按摩，做 10 个来回。

⑥按摩额头。用食指、中指、无名指三根手指，轻轻横向按摩额头，做 10 个来回，让额头舒展开来。

⑦内眼角用大拇指往下压。用大拇指紧紧将内眼角往下压，让眼皮的肌肉变得紧实，但注意眼睛要放松，做 3 次，每次 3 秒钟。

⑧从内眼角到外眼角轻轻按压。紧实眼部肌肤，一定要沿着眼睛下方的骨线往下压。从内眼角到外眼角，由内到外地按压，做 3 次，每次 3 秒钟。

⑨沿着眉骨按摩眼皮。两眉用食指轻压，要沿着眼睛的上方骨，按摩到眼尾处，同样也是做 3 次，每次 3 秒钟。

◎瘦脸从现在开始

①运动法

运动也可瘦脸！运动减肥的效果是全方位的，如果你的脸真的“肿”了，剧烈运动后的大量排汗，可有助于水分迅速排出体外。

②饮食法

平日三餐中多吃那些可以消肿利湿的蔬果，如冬瓜等。

如果你的脸是因肌肉硕大引起的肥胖，就请拒绝口香糖、甘蔗等锻炼咀嚼肌的食品，因为它们只能促使你的面部肌肉更加健硕。

③沐浴法

我们都知道高温沐浴是瘦身的好方法，同样高温沐浴也可以瘦脸。你可以每天在38℃的水温中坐在浴缸里沐浴，水深达心窝处，并配合瘦脸霜按摩面部，浸浴时间以20分钟为宜。

④面部减肥操

有氧按摩：按摩过程中着重刺激睛明、太阳、四下关、颊车几个穴位，能有效预防面部赘肉横生。

准备运动：进行3分钟有氧运动。

第一步：从额头到太阳穴，双手按压3～4次。

第二步：双手中指、无名指交替轻按鼻翼两侧，重复1～2次；再以螺旋方式按摩双颊：由上颌至耳下，耳中、鼻翼至耳上部按摩，重复2次。

第三步：以双手拇指、食指交替轻抚下颌线，由左至右往返3次。

第四步：以双手掌由下向上轻抚颈部。

⑤洗脸

改变平常洗脸的方式，用温水冷水交替洗脸，来促进血液循环及新陈代谢。

⑥饮茶

喝杯利尿的乌龙茶（或咖啡）将脸上多余的水分迅速排出。

⑦冷敷

用毛巾包住冰块，敷在浮肿的眼皮上3分钟，以利用热胀冷缩的原理消肿。

◎快速按摩瘦脸法

①脸部赘肉消除按摩法

在你洗完澡或是看电视等空余时间里，做做瘦脸的按摩，可以帮助消除脸上的赘肉。

先按压或拍打右耳下方到下颌的脸颊，手肘张开，左右手交替由下往上滑动按摩右脸颊肌肉，接着以相同的方式按摩左脸颊。

沿着下颌至耳下的曲线，两手的大拇指及食指抓住下颌肌肉，以手腕的力量向左右两侧利落的拔捏。

②瘦脸产品加按摩法

除了做瘦脸按摩、口部瘦脸操外，用效果好的瘦脸产品加以按摩，就会收到更好的瘦脸效果。

在搽上瘦脸产品后，将双手放在下巴两侧，以食指、中指、无名指的力量分别往两边的颌线上提按摩，再用以食指、中指的力量，从嘴角往脸颊部位以画圆的方式按摩，尽量缩小按摩的范围，增加按摩的部位。

瘦脸产品可以试用一下含有咖啡因成分，利用肌肤遇冷会燃烧的方式，达到瘦脸功效。

第五章
走出减肥的误区

这些减肥观念正确吗

每天称几次体重可以起监督作用

在运动、健康观里，以及有规律的饮食下，体重会慢慢地下降，有时候也会突然停止下降，这时候绝不可以放弃。因为这时正是脂肪的燃烧量和紧绷肌肉的热量增减的时期，度过这个时期，肌肉比脂肪增加的量，及热量基本的新陈代谢会增加，且在第二阶段中会更明显地减轻体重。而这时候在体重开始下降时，更禁止一天中多次的测量体重。因为若比早晨多出500克时会有无意义的失望感，而受到挫折。一星期一或二次，固定时间测量体重，才是重要的关键。

肉感就肥胖

肉感的意思是指肉体上的官能美而言，但一般人都误以为是专指臀部肥大而说的。肉感并非坏的形容词，而是美的代名词。肉感，中等身材，还是苗条，不是光凭眼睛就能衡量的，而是有数字统计作为依据的。

其计算方法，若以胸围对身长的百分比表示则数据如下：60%以上为肥胖；57%～60%为肉感；54%～57%为中等；51%～54%为苗条；50%以下为太瘦。

标准体型的人不会发胖

算不算胖？虽然由体脂肪率来决定，但是光看体重，是没法判断的。有些人由外观来看，或经由测量体重，并不会让人有肥胖的感觉，但却是体脂肪率较高的“隐藏肥胖者”。

这种隐藏肥胖者的脂肪含量，在体重中占去了较多的分量，而蛋白质、矿物质、糖类所占的比率较低，但这些成分是形成肌肉、内脏、脑等器官所不可或缺的物质。因此，隐藏肥胖者便显得较为纤瘦，虽未达到所谓的肥胖状态，但重要内脏的力量反而更为衰弱，比单纯的肥胖者更容易产生问题。

所以，仅凭体重判断，就认为自己很苗条的人，很可能会造成极大的误解。

所谓“结实型”的人要瘦很不容易

胖有分为看起来脂肪很多的“胖嘟嘟型”和看起来很结实的“坚实型”，而坚实型在瘦身方面比较困难。因为坚实型的人，骨骼比较结实且脂肪也较硬。脂肪柔软较容易燃烧，而硬脂肪首先要让它柔软之后才会燃烧。所以脂肪变硬之后，要消除比较困难，需要较长的时间。胖嘟嘟型的人，脂肪本来就柔软，稍微按摩就很容易燃烧。而坚实型的人，要先使脂肪柔软，所费时间比胖嘟嘟型的长，因此较不容易瘦下来。所以，不管做什么都需要耐性。不中途而废，可以说是瘦身的重点。

容易产生脂肪的部位不容易瘦

“最近胖了！”因为自己发觉到裙子的腰围变紧了；“唉呀！瘦

了点！”因为又发觉腰围松了。从上面可以了解，容易产生脂肪的部位，也容易瘦下来。腹部或腰部，本来脂肪就多。由脂肪多的部位开始着手瘦身为原则。而腰及腹部的脂肪，是附在内脏外而产生的，其特征是热量容易燃烧。所以，真的想瘦身的活，不要以为腹部脂肪消除了就安心了，要到下个部位也瘦下去为止，所以，不要忘了继续努力。如果裙子的腰围松了，就认为自己瘦了而高兴，实际上瘦身才刚开始，应该朝下一个目标努力。

这些减肥方法科学吗

仰卧起坐可以使腹部平坦

局部减肥的效果并不好，仰卧起坐并不能使腹部平坦，就像踢腿不能收缩胯部。想使腹部的肌肉消失，就要全身运动，比如长距离散步。不过，全身运动，仰卧起坐可以改善腹部肌肉线条，使减去脂肪的腹部更加美丽。

吃药可以消溶脂肪

这只是个美梦。科学家研究证明，减肥药减重的机能并不是消减真正的脂肪，而往往是水和体液，因此只能维持在你吃药的期间。一旦停药，体重就会在短时间迅速反弹。

要减肥则每周要进行剧烈运动

如果想要变得结实，就要有剧烈运动，但这并不意味着一定会燃烧脂肪。当你气喘吁吁、汗流浃背的时候，身体更多地在消耗碳水化合物，而不是脂肪。节奏放慢些，使你在活动的时候可以和同伴进行简短的对话，这种运动量就会动用脂肪作为能量来源了。真正能够减肥的运动是长时间的且并不觉得吃力的类型，研究报道表明，只要改变一些小习惯，就能够增进效果，比如不坐车而走路，不坐电梯而上下爬楼梯等。

素食可以使人变得苗条

说来你可能不信，一块牛排、一块蔬菜奶酪和一块菠菜饼的脂肪含量是递增的，一块牛排可能含 4 克，而一块饼可能是 42 克。所以，严格素食并不一定能减肥，牛精瘦肉、鸡瘦肉或者鱼类都有类似的脂肪含量：大约每百克重量含 2 克脂肪。

早晨喝蜜糖水会加快脂肪堆积

有人说每天早上以一杯蜜糖水代替鲜奶、豆浆及其他饮料可达到减肥的效果。但应该知道，蜜糖除有轻泻作用外，其高浓度糖分同样会加快脂肪聚积。

禁食面食或谷类食品

想要苗条，首先要保证早餐。从另一方面讲，谷类食品或面包的纤维不会令你发胖，它们会像新鲜蔬菜的纤维那样在胃里膨胀，但不被消化，而是吸收血液中的脂肪成分并疏通肠胃。这一切需要有足量的面包和水分。

只吃精细食品

吃精细食品饥饿感会很快出现，迫使你用零食救助或以更大的胃口迎接下一顿。糖分（碳水化合物，即淀粉类）能使你长时间保持不饿，用低糖，即少吃碳水化合物来减肥，体重虽会较快减轻，但真正失去的只是水分。这不仅会导致疲惫，产生丙酮，使呼吸受阻，而且一旦再次进食就会重新发胖。要多吃蔬菜、蛋和含有淀粉的食品，因为淀粉类食品是人体不可或缺的。这类食品在烹制过程中，已经将那些可能促进存积的淀粉除掉。

零食代替正餐

或许你的零食经过了精心搭配，既有蛋白质又有维生素和矿物质，但它们口味单调，难以吸收，无法与丰富可口的饭菜相比，甚至不足以补充人体所失。一旦你想找回吃饭的快感而补吃正餐时，则要小心营养过剩。要知道，零食并不能减少正餐的饭量。尽可以吃些可口的肉和蔬菜。为了避免挨饿，每一顿不管是否低热量，能享受吃的快乐才是可取的。

青睐特效减肥药

目前，国外研制生产了食欲控制剂。能量消耗增强剂、阻止消化吸收药、影响脂质代谢药、轻泻药、利尿药等，这些药物在我国也有生产，但客观地讲，迄今为止，还没有一种对各种肥胖百分之百有效且没有任何副作用的特效减肥药。减肥药只是用于那些肥胖已危及健康不采取快速减肥不行的肥胖者，并且应在医生指导下使用。近十几年来，我国公众也认识到肥胖的危害，有关专家也运用我国特有的中草药资源与中医理论研制了一些减肥中药，如西施美减肥胶囊、消胖美等，但均不是单一使用所能奏效的。

药物减肥必须与运动减肥结合起来，才能达到减肥效果。

盲目抽脂减肥

抽脂减肥术是减肥方法当中，最能够对局部立即见效的方法。报上广告说在几十分钟内就可以把肥胖凸出来的部位消除，这对于生产后的妇女和对减肥失去信心的肥胖者，非常具有吸引力。事实上抽脂减肥真的那么安全有效吗？答案是否定的。抽脂虽然只在肚子表面挖一个小小的洞，但是插入的探针却是在破坏身体皮下脂肪，皮下脂肪并不是一个死的组织，而是一个活生生有血有神经的人体组织，插进去的探针会把血水一起抽出来，而抽出来的部分包含了血液、组织细胞和脂肪细胞。假如此人脂肪厚度不够或者是医师提取的皮下脂肪太靠近于表皮的话，病人手术后会使皮肤产生凹凸及皱纹。

盲目禁食减肥

为了有副苗条的身材，许多爱美姑娘采取了盲目的禁食办法，一整天粒米不进，仅吃一点青菜聊以充饥。要知道，如此减肥会“胖未消，病却来”。

节食减肥是减肥的重要手段之一。但节食应当科学地节食。我们知道一个人一天的活动，要消耗一定的热量，这热量的供给来源于食物摄取，如果食物摄取多了，就会转化为脂肪贮存在体内。因此，节食减肥一是节制过量的饮食，防止转化为脂肪；二是使摄入略低于人体活动需要，所需的热量则靠促使体内贮藏的脂肪转化提供，以消耗体内的脂肪。但这种节食一定要以保证人体正常活动需要为前提。

如果盲目长期过度节食乃至禁食减肥，则会危及健康。因为节食不仅消耗脂肪细胞，体内的其他正常细胞也同时被消耗。有人进行过研究，饥饿疗法使体重减轻，其中丧失的体重中只有35％是脂肪组织，而非脂肪组织却占65％。短时间禁食会导致低血糖，出现头晕、乏力等现象，长期过度节食，则会造成贫血、营养不良，导致皮肤粗糙，毛发枯干或脱发，面部皱纹增多，头晕乏力，肢端冰冷，脉缓无力，身体抗病能力下降，性功能低下，影响智力，严重时可出现重度酮症、高尿酸血症等及神经性厌食症。

所以说饮食减肥应是调整膳食结构和减去过量摄入部分，而不可随意禁食或过度节食。如果确需短时间内骤降体重，需要采用全饥饿疗法时，应住进医院，在医生指导下进行。

不吃早餐

由于每日劳作的需要，人们一日三餐已成习惯，整个消化功能也随之适应。

如果不吃早餐，胃不进食将长达十七八个小时之久，那么整个上午的活动所消耗的能量完全要靠前一天的晚餐来提供，这就远远满足不了营养的需要。人体内贮存的能量转化也有限，这就导致血糖降低，出现头晕、眼花、乏力、心悸。

与肥肉断交

肥胖病与动脉粥样硬化、高血压、冠心病等的饮食原则中都有少食动物脂肪一条，也就是说少吃“肥肉”。因此，许多人把肥肉当作禁品，将肥肉视为多种疾病的病源、祸首，谈起吃肥肉犹如“谈虎色变”，敬而远之。

其实，肥肉不仅是传统的美味食品，而且是促进生长发育和脑、体健康的营养要素，也是防病、防癌的长寿食品。不论男女老少适当地吃点肥肉都是有益的，不必顾虑重重。

肥肉含有丰富的脂肪。脂肪可以促使脂溶性维生素A、K、E、D的吸收和利用。长期戒食脂肪易引起脂溶性维生素缺乏症，造成视力、凝血和骨骼发生障碍。肥肉中的脂肪是人体热量来源的原料之一，脂肪产热量比糖高一倍。肥肉对运动员和体力劳动者十分重要，可以保证精力充沛，防止疲劳。老年人如无一定的脂肪储备，瘦骨嶙峋，将难以抵御疾病的侵袭。育龄妇女体内脂肪少于体重的17%者，生育能力将受到影响。正常人体内应保持10%～20%的脂肪。

肥肉的弊端就是含有饱和脂肪酸，有损于人的血管。但日本医学专家研究发现，肥肉经过长时间的炖煮，饱和脂肪酸可以减少50%，因此，吃肥肉主张炖食，不宜爆炒，如此就可以扬长避短了。

除了肥胖臃肿的人应少吃或不吃肥肉外，标准体重者和青少年男女预防肥胖的人请莫与肥肉“断交”。

过量食用瘦肉

为了减肥，提倡膳食时少用动物脂肪而增加动物蛋白质食量，于是有人将此奉为戒律。肥肉一口不吃，瘦肉吃起来没有控制。

其实这样做也不科学。据有关资料报道，医学科学家们发现造成动脉粥样硬化的因素，并非仅仅是肥肉中富含的胆固醇。在人体酶的催化作用下由蛋氨酸分解成的半胱氨酸亦是动脉硬化的重要因素，而瘦肉中的蛋氨酸含量较高。动物实验证明，同型半胱氨酸会直接损害动脉细胞，形成典型的动脉粥样硬化斑。

因此，减肥时瘦肉食用也要适度，做到平衡膳食、营养全面。

过量食用豆制品

豆类与豆制品所含人体必需氨基酸与动物蛋白相似，同样也含有钙、磷、铁等人体需要的矿物质，含有维生素 B_1、B_2 和纤维素，其营养价值可与肉、蛋、鱼媲美，而豆类与豆制品中却少有导致肥胖的脂肪和导致血管硬化的胆固醇。因此，有人提倡肥胖、动脉硬化、高脂血症、高血压、冠心病等患者多吃豆类和豆制品，少食肉类，特别是肥肉。

但根据最近研究表明，豆类与豆制品食之过多，也是有害的。

滥用减肥偏方、秘方

减肥药不可滥用，减肥偏方、秘方更不可滥用，尤其是不能相信街头游医药贩吹嘘自己治疗肥胖特效的谎言。

许多人认为秘方、偏方用的全是中药，中药嘛，全是草根树皮，吃不好，也吃不坏。这种认识有失全面，中药中也有不少属于剧毒药物如砒霜、乌头、马钱子等药材，毒性就很大，不需多少就可丧命。

中药减肥如果用了泻下比较厉害的大黄、巴豆、番泻叶等药材，无证、无量地滥用一气，会把人泻出病来，很容易因排泄水分过多，引起虚脱、休克，甚至电解质紊乱，同时还易导致患有高血压、冠心病的肥胖者的病情加重。

第六章
减肥门诊病例分析

单纯性肥胖

单纯性肥胖，对于人们来说太常见了，当我们的生活正在走向小康的时候，您会觉察到周围人群中的胖子正在悄悄地多起来。于是，对生活环境敏感的人，在利用宣传的媒介——报纸、广播、杂志等向人们大声的疾呼：肥胖的人该减肥了！

然而，事实上人们对于肥胖与疾病、肥胖与减肥的真正了解远没有那么清楚，肥胖所带来的社会问题已大大超过您的想像力，在那些被褒贬为“富态”的胖子后面，却隐藏着各种各样的灾难。

W某，女性，27岁，在北京市某单位工作，因为肥胖常常不敢出门，她的第一次就诊是由其表姐领来的。

原来，这位女性是家中惟一的女孩，父母亲对她从小就比对兄弟们溺爱，每当买来营养丰富的食品总是第一个给她吃，每当放学回来或从操场上回来，父母亲总是为她准备好了香甜的蛋糕，芳香的水果，油光的熟肉，以致使她在上学时就有了“女胖娃子”的美称。后来进了工厂，整天坐在椅子上做着工作，长时间的不更换体位，使臀部显得格外膨大。当结婚生孩子时，在家庭习俗的影响下，月子间整日大鱼大肉进补一番，刚过满月，一称体重，“唉哟，我的天哪，一下子长了5千克”她不由地倒吸了一口凉气。

就在她就诊的那天，看到体重计上显示出的数字，也使医生感到惊讶。才1.67米身高，体重竟达到了88千克。尽管她平素加强运动，可体重仍无减轻的趋势，仔细了解她的情况及有关生化指标的变化，医生判断她是单纯性肥胖。

肥胖是人体脂肪积聚过多的状态。当食入的能量高于能量的消耗时，脂肪组织就积聚下来，体重随之增加。体重的增加，除因脂肪过多外，也可是水分潴留和肌肉发达。我们通常所说的肥胖，就是指因脂肪积聚过多，使体重超过标准体重20％的状态，而体重仅超过标准体重的10％，只能认为是超重。单纯性肥胖就是肥胖病中最常见的一种。

精确地分析人体化学构成是一项非常复杂的工作，需要建立许多方法，分析人体的体脂亦不例外。科学家们已经初步弄清了人体的基本化学物质构成，仅以65千克男性为例：

化学物质	蛋白质	脂类	碳水化合物	水	矿物质
重量(千克)	11	9	1	140	4
百分比(％)	17.0	13.8	1.5	61.1	6.1

如果我们把人的骨骼比做盖楼房用的钢筋，其他部分就是构成人体的“水泥”、“砂子”和水，及一些装饰材料。从而人体就成了①＋②＋③。

人体的几类化学物质通常是在三大类组织中存在：

①细胞群，是构成机体各种活性组织，执行机体各种活动的作功和功能；

②细胞外支持组织，支持各种细胞的作功和维持细胞功能。它包括细胞外液的支持作用以及由矿物质、蛋白质、纤维所构成人体骨架的支持作用。细胞外液包括血浆、淋巴液、滑囊中的液体、脑脊液和其他（诸如前列腺液等）能使细胞在其中浸泡着的各种液体；

③脂肪，它以脂肪组织的形式储备人体的能量。包括皮下脂肪、内脏层脂肪等。现在已经能够测定体内的总脂，以30岁为例，正常男性的总脂占体重的15％，女性为22％，通过测量的方法测

出体内总脂，男性超过 25％，女性超过 30％～35％，即为肥胖。

事实上，精细地测量人体内的脂肪含量是很困难的。

为了解决测体脂难的问题，人们曾经设想过许多办法，如把外科手术中移出的体脂，即手术中必须弃去的部分，经乙醚抽提脂肪，在 37℃时，其比重为 0.9000 克/毫升，不同性别和身体各部位所测的脂肪比重，其变异甚微，这可以认为用比重法测出的体脂比重，从而求出全身脂肪的比例是一个比较可靠的参数。

就在这时，人们也注意到温度对于脂肪体积的影响是不可忽视的，平均每改变 1℃，脂肪比重的改变为 0.00074 克/毫升（在 15℃～37℃范围之内），所以发热的病人和低体温的人，其体脂的体积将有所变化。

由于比重法测体脂不方便，于是，科学家们又以测量体内水含量求体脂。

布鲁兹克(broozek)综合了化学法分析人体水的含量，其平均值是当年龄为 35.3 岁，身高 176.8 厘米，体重 65.4 千克时，水含量为 62.6％，脂肪 15.3％，蛋白质 16.4％，灰分 5.7％。其中以无脂肪部分计算，水的比例平均为 73.9％(69.6％～77.9％)。

诸如此类的问题，最终就得考虑一个问题，肥胖时体脂到底增加了多少。

肥胖是体脂增加的结果，可它最终表现出的是体重的增加。

在生理状态下，由于一年四季穿衣的不同，以及测体重前未排尿排便，都时常使人感到体重无缘无故地增加了 1 千克，更何况水平衡的一日间波动量在 1.4 千克左右，这并不为奇。妇女在月经期前，体液积聚可高达 2 千克。

实际上，如果一个健康的成年人，从 30 岁以后，也可能在 20～24岁以后，体重的变化常常固定在一个正常的波动范围，体重不应该有太大的变化。在南非的祖卢人(Zulus)，他们长期生活在乡间，饮食以谷类、水果和牛奶为主，体重可维持不变，直到 60 岁以后，体重才开始下降。在我国的一些农村、山区也有这种规律，城市里从事某些体力劳动的人，在正常饮食条件下，其体重变化亦不大。

医生们想了解一个胖人的皮脂情况，通常是用皮脂厚度计，在人的肱三头肌、肩胛骨下，胸廓下腹，腹部，回肠上部，面颊或股部来测量皮下脂肪的厚度。就中国人来讲，肱三头肌皮肤皱襞厚度测定时，男性成人皮肤皱襞厚度大于10.4毫米，女性大于17.5毫米为肥胖。正常男性的腹部皮肤皱襞厚度为5～15毫米，大于15毫米为肥胖，小于5毫米为消瘦；正常成年女性的腹部皱襞厚度为12～20毫米，大于20毫米为肥胖，小于12毫米为消瘦。对于40岁以上的妇女，测量此部位就更能反映体内脂肪有储存量。肩胛下皮肤皱襞厚度测定，正常成人此处皮肤皱襞厚度的平均值为12.4毫米，若超过14毫米为肥胖。最简单的方法是用拇指和食指捏起皮肤，再用尺子测皱襞上缘的厚度，超过1.5厘米以上者意味着肥胖。

至今为止，大部分医生都赞同用体重指数来判断肥胖症。体重指数（BMI）＝体重（千克）/身高（米）的平方，当体重指数大于24时为肥胖。

单纯性肥胖症的病人，全身脂肪分布比较均匀，没有内分泌紊乱的现象，也无代谢障碍性疾病，多有明显的家族史及营养过剩的情况。也正是这种原因，该种肥胖的病人，脂肪主要分布在躯干、腹部，脂肪细胞的体积往往较大，而细胞数量不增加（成年起病型肥胖症）。若是从小时候就胖，则脂肪细胞的数量常常增加，细胞肥大遍布全身（幼年起病型肥胖症）。一位肥胖人全身的脂肪细胞数量可比同龄正常人脂肪细胞数量增高到3倍以上。

前述的那位病人，正是从小到成年逐渐形成的肥胖，是单纯性肥胖中治疗较困难的病人。

单纯性肥胖症是肥胖病中最常见的一种，在全世界范围内，有人统计：大约5千万男子和6千万女子属于体态臃肿的胖子。更因地域、生活因素，表现出更高的发生率。据“世界体重监察会”调查，联邦德国（不包括原民德地区），超重者占50%以上，墨西哥却有44%的人痴肥，瑞士、澳州都在40%以上。

国内肥胖者亦不少见，有人曾经对上海、延安的人群进行调查，肥胖者占被调查人数的21.6%。据北京儿童医院内分泌门诊统计，肥胖儿童占18.1%。1991年，我国8个研究单位对北京、上海等9个城市16.7万名7岁以下儿童进行抽样调查发现，每100名儿童中就有一个患有单纯性肥胖。有人估计北京地区大约就有10万～20万人患有单纯性肥胖症。如此比例的肥胖，已不仅仅是医学问题，而越来越成为很大的社会问题。

随着肥胖体型的形成，继发而来的高血压、冠心病、糖尿病、高脂血症、动脉硬化、肝胆疾病、通气不良综合征及各种感染症，如潮水一般地到来。

肥胖人中间的糖尿病发生率4倍于非肥胖人，40岁以上的人约70%～80%病前有肥胖。

肥胖人中间的年青人（20～30岁）高血压病发生率比非肥胖者高出5倍；40～64岁肥胖者高血压病发生率增加50%。

肥胖的中年男性体重超过30%者，猝死和心绞痛的发生率提高4倍；脑血管病发生率提高7倍；动脉硬化的发生是普遍现象。

肥胖人中的30%～50%的人合并有脂肪肝；胆固醇性胆石症为非肥胖者的3倍。

肥胖人骨关节病发生率为12%～43%，而骨关节病病人中肥胖人占12%～45%；痛风性关节病病人肥胖者占50%。

寻找单纯性肥胖的病因发现：

约有近30%～33%的单纯性肥胖有明显的家族史。有人调查发现：父母均胖其子女肥胖者约占70%～80%。异常的嗜食是导致肥胖人能量过剩的重要原因，油腻香酥的刺激，大开肥胖人的胃口，以致使每天所吃食物的 90% 都被吸收，犹如饿狼扑食，芳香汽水、鲜啤果酒等等，导致异常饥饿综合征的出现。

不科学地减肥、误餐再度刺激肥胖。曾有人做过实验，将一天的食量分 1、2、3、4、5 次食用，结果发现一日一餐的人长得最胖。难怪有些一日两餐的妇女，节食半个月后，食欲反大增。

不要忘记高糖饮食会导致胰岛素及血糖水平的升高，刺激脂肪合成，再度激发肥胖。

人为因素的好逸少动，降低了体能的消耗，加之营养丰富，自然能量的摄入大于输出，多余的能量转化成脂肪，人怎能不发胖。

如此，对于单纯性肥胖的成因就有了：高胰岛素血症论；脂肪细胞增殖；误摄食型论；遗传论；运动不足论；热产生机能障碍论……

难怪人们交谈：减肥这样难！

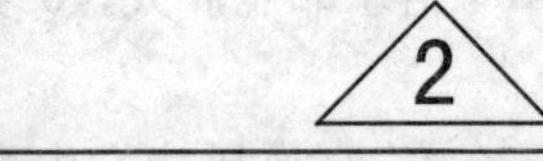

水肿性肥胖

许多来就诊的肥胖病人，或多或少地伴有浮肿，而中重度肥胖病人更是如此。

此类病人有以下特点：浮肿、呈周期性出现，四肢、骨盆带、腹部及乳房均有浮肿，在其严重的时候，还会看到眼睑浮肿，面部常溢油脂，起床活动后下肢、躯干渐肿，晚饭前体重较早饭前体重增加 1 千克，正常人可增加 0.5 千克。某位妇女就患有此病，劝她多休息，尝试一下，水肿体重有所缓解，只要一站立，水肿就明显。急得她非常气恼，常常失眠，面部一阵阵地发热，手足发热，半年来月经紊乱，或提前、或错后，经量减少，小腹及乳房憋胀不适。因此，不得不节水，可口渴的感觉刺激，使她口舌干燥，皮肤增厚、变硬变凉，劳动后气急，休息一阵子，一坐起来就头晕(体位性低血压的表现)，进一步查体，病人心、肝、肾均正常。难道是低蛋白血症，血清蛋白的化验结果正常，查查肾上腺功能、甲状腺功能一切均正常，这与以前看的单纯性肥胖并不一样！

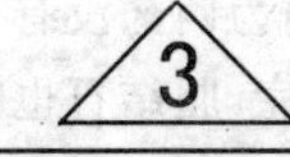

肝大性肥胖

医学上没有肝大性肥胖这一名词，为了叙述方便，我以下面的实例来反映此型肥胖者的特点。

像所有肥胖病人一样，某单位的朱某患肥胖病已有7～8年的历史了，所不同的是这位65岁的老先生，却从没有把肥胖当病来看待，最近因为肺炎才不得不住院了。

经过几周的治疗，朱老先生的肺部炎症消退了。只是大腹便便，不愿活动。某周六的下午，妻子前来探视，无奈才陪妻在医院里的花园中散步，转了几个弯，他们来到了新建的门诊楼前，妻子想看一下，就叫他一块进去，宽阔的大厅，明亮的灯光，鲜花盛开，与身穿五颜六色服装的求医者交映在一起，上了二楼，妻子猛然间发现在内分泌科215诊室的门上，清楚地写着肥胖病专题门诊，于是，就动员朱老检查一番，听听医生的指导。

敲开诊室的门时，我正在和医生探讨如何避免医源性疾病的问题，见到病人来了，我们主动地站起来，招呼病人，并请他们坐下，开始询问病史。

朱老先生是位机械制造方面的专家，祖籍湖南长沙，平素喜食辣椒，由于这几年来，事业上颇有成就，故而信心十足，经常是连吃饭时也看书工作，有时干脆一整天坐在工作椅上，一动不动地搞设计。没过两年，朱老的体重渐长，体重由75千克长到了107千克，裤子越做越大。尽管如此，1984年做了甲亢手术后，妻子照顾的就更殷勤了，因为加夜班，妻子经常给加夜餐，节假日便喝些酒，没有食欲便加辣椒，一来二去朱老先生就常觉腹胀，肝区不适，在A医院检查是脂肪肝性肝肿大；因为西药没有什么特殊方法，拖了几年，又增添了高血压病、高脂血症，胆结石也时常发作，常搅得他彻夜不眠，半夜里上医院已不是司空见怪的事情了。

经过B超检查证实，朱老患有脂肪肝，轻度肝硬化。由此我们明白，朱老的这种肥胖除与饮食及活动过少外，还与脂肪肝有密切的关系，可以这样认为目前所处的状态为“肝大性肥胖”。

有资料表明，经肝组织活检证实，约50%的肥胖者合并脂肪肝，而肥胖人的胆囊炎、胆石症发生率也随肥胖的程度增加，糖尿病进一步加重了脂肪肝病变。

我们每个人的肝脏通常只含少量的脂肪，约占4%～7%，其中一半为中性脂肪，这就是通常所说的甘油三酯，其余为卵磷脂和少量胆固醇。肝脏为中性脂肪合成和运转利用的主要器官，而不是贮存脂肪的场所。肝脏不断将进入肝脏的脂肪酸合成甘油三酯，新合成的甘油三酯很快以脂蛋白(主要是低密度脂蛋白VLDL)的形式释放入血循环，如果肝内甘油三酯的合成和运转失调，则会造成中性脂肪在肝内堆积而形成脂肪肝。当中性脂肪堆积超过10%肝重时，就可在光镜下见到肝细胞浆内有脂肪小滴，如这种含脂肪小滴的肝细胞数超过20%即诊断为脂肪肝，低于20%为脂肪变性。

不育性肥胖

她曾经是典型的窈窕淑女，年芳24，高高的个子，浓眉大眼，突出乳房，苗条的身材，温柔的语气，以使她很快步入某大酒店的领班行列，并为众多的青年男子所倾倒。在她结婚以后，她慢慢地胖起来，无奈只好退出领班，另做它事。婚后两年，她只长肉和脂肪，不见怀孕的信息，引起家中一片深怨，邻里同事也在议论这位胖女为什么不怀孕，气得她时常发火，只好时常出没于医院。

这位女士曾患过结核性脑膜炎，经医院治疗恢复后，就开始发胖，只是因少吃才没有显示出肥胖的体型，也没有应用激素的用药史。这种肥胖的产生可能与以往的颅内病变有关。

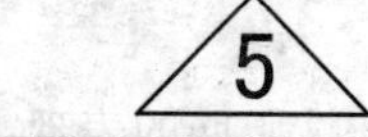

嗜睡性肥胖

读过英国作家狄更斯作品的人，也许还曾记得狄更斯在《皮克威克外传》中曾塑造了一个大胖子——皮克威克先生。他个头不算高，大腹便便，红光满面，但动辄气喘、疲劳、心悸，尤爱睡觉。后来有位叫伯尔威尔(Burwen)的医生在1956年就借用了这个典故，把具有肥胖、呼吸困难、嗜睡特征的病症称为Pickwickiaw-Syndrome(皮克威克综合征)，并列出了该综合征的八大特征。

①极度肥胖，平均体重为150千克左右，多见于男性成年人；肥胖的脂肪分布为向心性，易出现行动不便与活动后呼吸困难。

②嗜睡，常在昼间与人谈话之间鼾然入睡，但不能长时间安眠，时醒时睡。

③四肢及全身颤动。

④继发性红细胞增多症的表现，呈多血质外貌。

⑤睡眠时间呈周期性呼吸，时而呼吸加快，时而短时间无呼吸，交替发生。

⑥肢端多有紫绀。

⑦右心室肥厚。

⑧右心衰竭表现：心动过速，颈静脉怒张、肝大、腹水、水肿等。

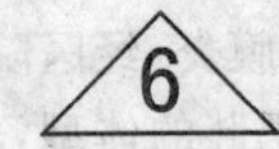

家族性肥胖

家族性的肥胖，多呈现单纯性肥胖的表现，有明显的家族史及遗传史。有人统计1556对（7组）肥胖夫妇，其下一代肥胖发生率，有的组高达87％，最低者也达63％，而在父母体重正常组中，肥胖发生率仅36％。电影演员殷秀琴父母兄妹均十分肥胖，其母与其肥胖程度相似。有些家族性肥胖，只是局部（上半身肥胖），如某女身高162厘米，体重172千克，其祖母也有同样类型的肥胖，体重记载为181.9千克，其脂肪主要集中在躯干部，两大腿相对较细。

在世界上最胖的一对孪生子，当属美国的两名大力士比利·麦克利里（BillyMCgreaRy）和本尼·麦克利里（BenrtyMcgeary），这一对孪生兄弟，生于1948年1月，1978年他们每人的体重为336.5千克，他们俩的腰围均为2.13米，他俩的体重最高记录为349千克。有一次，他俩到医院接受减轻体重治疗，历时6个星期，每人体重反而增加了2千克，他们同加拿大的一对姊妹结了婚，这对姊妹的体重分别为52千克和59千克。（引自《世界之最》科学普及出版社1980:9）

并非所有家族性肥胖均与遗传有关，有些家族性肥胖还与风俗有关，在太平洋的岛国汤加，国人均以胖为美，在那里女性不胖没人娶，并且要求美女必须脖子短，身体上下一般粗，胖得没有腰身，而不胖者必须用布裙掩盖起来。汤加国里的姑娘在嫁人之前，就要先养胖，具体做法是把待嫁的姑娘，单独安置在茅屋里，足吃足睡少活动，直到肥胖的够出嫁标准为止。在一些阿拉伯较富裕的国家里全家人均肥胖者亦不少见。

中国的唐朝、明朝、清朝前中期，以肥为美的观念较为突出，许多达官贵人整日养尊处优、无所是事，因而肥胖者较多，其最有代表性的当属杨玉环（即杨贵妃），而也正是这种原因使许多中医学家开始注意肥胖与疾病的关系，"肥胖人多痰湿"、"肥胖人多中风"已成为中医的名言，以致许多中医名家在给胖人诊病时，劝其饮食清淡，用药时多以利湿化痰方药为主。慈禧太后爱吃烤鸭已成为历史，可慈禧太后常吃一些中药大黄降脂消肥以利通利，且较为人鲜知。

现在仍有一些国家有以胖为美的习俗，如毛里塔尼亚的有些地区就认为越胖越美。这种习惯助长了形成家族性肥胖，乃至整个国家的胖人增多，这些风俗与医学的认识，往往是背道而驰的，作为医生应予足够的注意。

嗜食性肥胖

大多数肥胖人都有食欲旺盛，可高某的肥胖却有着特殊的经历，在改革开放以前，她常常饥着肚子，她又是长女，所以总要让吃于弟妹。当弟弟、妹妹不在场时，她就使劲地吃，由此而来，一种特有的条件反射，就诱使她多吃，故而时常受到母亲的训责。

她自己也常感奇怪，为什么自己这样能吃？可食物的芳香怎么也抑制不住她嗜食的要求，不论是医生怀疑甲亢，还是怀疑颅内病变，均不能对此予以确诊。显然是与她的心理状态有着密切的关系，大抵患有神经性厌食症的人，在治疗后的一段时间内都会产生食欲亢进，饮食习惯与食量固然是重要的原因。

性格的内向、运动不足也有明显的关系，心理障碍则加剧了这一过程的形成，当情绪波动时有 74％的肥胖症患者食量增加，而非肥胖症在心理障碍时吃的就会较少。以父母认识来看，肥胖症患儿的家长大都以体重增加作为孩子健康的指标，缺少活动与肥胖症之间有着相互促进的恶性循环。胖人懒动，不动更胖。

又如：我国著名胖人电影演员殷秀琴，自 3 岁开始肥胖，由于家庭富裕，饮食过度，且少活动（上学用汽车接送），肥胖随年龄渐增．自诉喜食甜食、奶油、炼乳、肉食，19 岁进入影坛，体重已达 90.72 千克，由于生活条件好，肥胖程度有增无减，弯腰、穿鞋困难，洗澡等均需家人帮助，1958 年时 48 岁的他，身高 164 厘米，体重竟达 150 千克。他除了嗜食外，还与家族遗传有关。（引自杨纲主编《内分泌学》武汉出版社 1988:760）

再如:某女,48 岁,没有肥胖病的家族史,体重 136.4 千克。最高时达 172.7 千克,病人经常贪婪地摄食甜食、点心及淀粉类,加以活动甚少,以致腹部脂肪堆积下垂。当弯腰时其腹部脂肪完全可遮盖前阴,而她的检查并没有内分泌及性功能方面的其他障碍,根据这种情况,令其节食,坚持运动,二年内体重减至 68.2 千克,体型基本恢复正常。

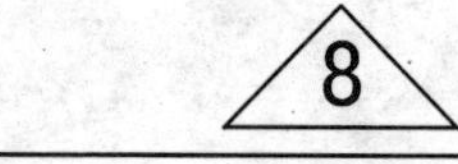

心理性肥胖

肥胖症的发生是多因性的,饮食习惯与食量过多是重要原因,性格内向、喜静、运动不足的人多具有发生肥胖的可能性。有人发现当情绪波动时有 74%的肥胖症患者食量增加,而非肥胖症者在心理障碍时则吃的较少。另外,一个重要的心理变化就是肥胖人随着体重的增加,活动日渐减少,从而造成一种恶性循环。

苏联医学学者瓦·立乌科夫博士的临床观察统计表明,多数肥胖者能量过剩的主要原因是身体活动少,不爱从事体育活动,且常常躺在床上,饶有兴趣的是,其越是肥胖躺在床上的时间越长,他(她)们或是酣睡,或是躺着看书,或吃东西。一俟离开床时,活动时间亦很少,一旦有可坐处,他(她)们就即坐下,他们在办公室或教室里也爱伏案看书……一句话,他(她)们懒,一有机会就想躺或坐着。(中国体育报 1991.9.11)

更为有趣的是,贪躺或贪坐的肥胖者中,多数人喜吃贪甜或辣味品——姜、蒜和葱头等。须知这些辣味品可使肥胖者的消化液分泌大大增多,促使胃口大开,再加上甜食中糖分多,更易"能量过剩”而加重肥胖。

除了这种心理性肥胖外，有些精神病人也会因种种病态而导致食欲亢进，进而出现肥胖，这些病人必须由精神科医生在治好精神病的同时，采用行为疗法加以治疗。

书名	定价
豆腐菜肴200种	6.00元
辣味菜肴烹调270种	5.00元
四川火锅	10.00元
沙锅菜肴精选	24.00元
汤粥羹汁制作300例	5.00元
家常美味汤谱	6.50元
消暑解热汤谱	3.00元
营养早餐60套	11.50元
早餐食谱	6.00元
电烤箱食谱	3.50元
微波炉食谱	7.50元
宝宝营养食谱	5.70元
婴幼儿食谱	7.00元
孕产妇食谱	5.00元
主食花样360种	10.00元
北京风味小吃	5.60元
成都风味小吃	4.00元
广东点心	8.00元
上海小吃	10.00元
美味面点400种(第二版)	10.00元
家常面点制作60种	8.00元
精美茶点	22.00元
大众西餐	4.40元
大众糕饼点心	6.00元
食堂烹饪指南	9.00元
饮酒识酒趣谈	6.80元
鸡尾酒调制技法	6.00元
名优酱菜腌菜家庭制法300种（第二次修订版）	5.50元
家庭泡菜100例	4.00元
家庭自制冷饮300例	7.00元
生活小窍门1400例	6.70元
厨房小常识800题	6.90元
蔬菜的贮存与保鲜	6.00元
说茶饮茶	8.00元
口布折花120款	8.00元
家庭养花300问(第三版)	10.00元
中国盆景欣赏与创作	50.00元
盆景制作与养护（修订版）	32.00元
图说树石盆景制作与欣赏	15.00元
插花艺术问答	13.00元
怎样学剪纸	16.00元
民间剪纸技巧	12.00元
中国根艺	19.80元
中国石艺	25.00元
钓鱼与捕鱼(第二版)	9.00元
张三丰太极拳	6.00元
少年武术	12.50元
长穗剑基本技法	9.00元
剑术基本技法	8.50元
怎样学游泳	9.00元
女子减肥健美操图解	18.00元
二胡基础演奏法	24.00元
电子琴弹奏入门	6.00元
竹笛吹奏入门	9.00元

以上图书由全国各地新华书店经销。凡向本社邮购图书或音像制品，可通过邮局汇款，在汇单“附言”栏填写所购书目，邮购图书均可享受9折优惠。购书30元(按打折后实款计算)以上的免收邮挂费，购书不足30元的按邮局资费标准收取3元挂号费，邮寄费由我社承担。邮购地址：北京市丰台区晓月中路29号，邮政编码：100072，联系人：金友，电话：(010)83210681、83210682、83219215、83219217(传真)。